中国工程院院士

是国家设立的工程科学技术方面的最高学术称号，为终身荣誉。

中国工程院院士传记

汪懋华传

宋毅 夏明 张桃英 著

中国农业出版社
人民出版社

图书在版编目（CIP）数据

汪懋华传：中国工程院院士传记 / 宋毅，夏明，张桃英著. —北京：中国农业出版社，2017.8
ISBN 978-7-109-23261-7

Ⅰ. ①刘… Ⅱ. ①宋…②夏…③张… Ⅲ. ①汪懋华－传记 Ⅳ. ①K826.3

中国版本图书馆CIP数据核字（2017）第187362号

中国农业出版社出版
（北京市朝阳区麦子店街18号楼）
（邮政编码 100125）
责任编辑 刘晓婧 吴洪钟 徐 晖

中国农业出版社印刷厂印刷 新华书店北京发行所发行
2017年8月第1版 2017年8月北京第1次印刷

开本：700mm×1000mm 1/16 印张：27 插页：8
字数：300千字
定价：70.00元

汪懋华　中国工程院院士

留学苏联期间，与实验室主任、保加利亚留学生和中国访问学者参加莫斯科五一节庆祝游行

苏联留学期间留影

1960年夏在莫斯科火车站送别毕业学友

留苏合影，二排右一为汪懋华

2012年4月，农业部南京农业机械化研究所在深圳为世界上首台水稻插秧机发明者蒋耀研究员（前排左八）祝贺百岁华诞，前排左七为汪懋华院士，左六为中国工程院院士、沈阳农业大学陈温福教授，右六为罗锡文院士，右七为时任中国农业科学院党组书记薛亮

2012年11月，汪懋华院士在北京钓鱼台国宾馆“中国农机硬实力构造·2012年度行业峰会”上演讲

2007年8月28日，汪懋华院士（左五）出席农业部农业机械化技术开发推广总站专家委员会成立会，左六为时任农业部农业机械化管理司司长宗锦耀，左七为农业部农业机械化技术开发推广总站站长丁翔文

在四川农业机械研究设计院建院50周年庆典上，汪懋华院士向刘泽生院长赠送《中国农业机械化发展战略研究》咨询报告五卷集

在泰国亚洲理工学院任教期间，1992年10月12日，汪懋华应邀参加在印度尼西亚茂物召开的亚太地区农业工程国际会议，并在开幕式上受到印度尼西亚经济财政工业与发展部长接见，接见后作大会学术报告

1992年12月底，中国驻泰使馆李世淳大使（左三）、石继成参赞（右一）在使馆专门举办告别宴会，欢送汪懋华圆满完成海外教学任务回国工作（右三），并邀请亚洲理工学院诺斯院长（左一）等学院领导出席

1997年，中国工程院沈国舫副院长率团考察访问俄罗斯国家工程院期间，沈国舫院士（右三）、方智远院士（右二）、汪懋华院士（右一）等在莫斯科红场漫步

2005年11月，汪懋华院士率领“中国农业机械化发展战略研究”项目考察团参观“Agritechnica2005”国际农机展，全体团员在德国汉诺威国际会展中心前合影

2003年10月21日，汪懋华院士与蒋亦元院士、罗锡文副校长、中国农业机械化科学研究院院长李树君（时任副院长、中国农业机械学会副理事长兼秘书长）在农业机械学会成立40周年庆典的演出晚会上

2013年，汪懋华院士在中国农业工程学会2013年学术年会上作报告

2007年9月17日，汪懋华院士（中）在吉林大学考察地面机械仿生技术教育部重点实验室，右二为工学院院长佟金教授，左一为副院长杨印生教授

2010年5月，汪懋华院士（左三）、罗锡文院士（左二）、中国农业工程学会理事长朱明（左四）、江苏大学副校长李萍萍（右三）、浙江大学农业生命环境学部副主任应义斌教授（右二）、华中农业大学工学院院长廖庆喜教授等在华中农业大学工学院更名换牌仪式上合影

2012年11月11日，在农业与生物系统工程科技创新发展战略国际论坛上，汪懋华院士（左二）与俄罗斯学者鲁诺夫院士（右二）、美籍华人学者美国国家工程院王兆凯院士（左三）及罗锡文院士（右一）合影

2012年11月11日，海外华人农业、生物与食品工程师协会代表团在农业与生物系统工程科技创新发展战略国际论坛上向汪懋华院士祝贺八十岁生日

2012年11月11日，海外农业工程学者希腊Nick Sigrimis教授（左一），前任国际农业工程协会（CIGR）主席、美国农业工程学家Bill Stout教授（右一）和美国农业咨询师Marc Vanacht（右二）等与汪懋华院士一家合影

2012年11月11日，现任中国农业大学党委副书记宁秋娅（左五）、农业部设施农业中心实验室主任李保明教授（右二）夫妇，中国农业大学信息与电气工程学院院长杨仁刚教授（左二）、党总支书记高万林教授（右一），罗锡文院士（左三）以及英国Simon Blackmore教授（左四）共同祝贺汪懋华院士八十华诞

2012年，汪懋华院士一家人合影，图中前排右起：汪懋华、夫人张乃云，后排左起：外孙女容雨萌、大女儿汪宁、二女婿王宁、二女儿汪晓华、外孙王嘉磊

1998年，汪懋华院士与母亲（后排左三）和妹妹（后排右三）一家在广州合影

中国工程院院士传记系列丛书

总　　序

20世纪是中华民族千载难逢的伟大时代。千百万先烈前贤用鲜血和生命争得了百年巨变、民族复兴，推翻了帝制，击败了外侮，建立了新中国，独立于世界，赢得了尊严，不再受辱。改革开放，经济腾飞，科教兴国，生产力大发展，告别了饥寒，实现了小康。工业化雷鸣电掣，现代化指日可待。巨潮洪流，不容阻抑。

忆百年前之清末，从慈禧太后到满朝文武开始感到科学技术的重要，办“洋务”，派留学，改教育。但时机瞬逝，清廷被辛亥革命推翻。五四运动，民情激昂，吁求“德、赛”升堂，民主治国，科教兴邦。接踵而来的，是大革命、土地革命、抗日战争、解放战争。恃科学救国的青年学子，负笈留学或寒窗苦读，多数未遇机会，辜负了碧血丹心。

1928年6月9日，蔡元培主持建立了中国近代第一个国立综合科研机构——中央研究院，设理化实业研究所、地质研究所、社会科学研究所和观象台4个研究机构，标志着国家建制科研机构的诞生。20年后，1948年3月26日遴选出81位院士（理工53位，人文28位），几乎都是20世纪初留学海外、卓有成就的科学家。

中国科技事业的大发展是在中华人民共和国成立以后。1949年11月1日成立了中国科学院，郭沫若任院长。1950—1960年有2 500多名留学海外的科学家、工程师回到祖国，成为大规模发展中国科技事业的第一批领导骨干。国家按计划向苏联、东欧各国派遣1.8万各类科技人员留学，全都按期回国，成为建立科研和现代工业的骨干力量。高等学校从中华人民共和国成立初期的200所增加到600多所，年招生增至28万人。到21世纪初，高等学校2 263所，年招生600多万人，科技人力总资源量超过5 000万人，具有大学本科以上学历科技人才达1 600万人，已接近最发达国家水平。

中华人民共和国成立60多年来，从一穷二白成长为科技大国。年产钢铁从1949年的15万吨增加到2011年的粗钢6.8亿吨、钢材8.8亿吨，几乎是8个最发达国家（G8）总年产量的两倍。20世纪50年代钢铁超英赶美的梦想终于成真。水泥年产20亿吨，超过全世界其他国家总产量。中国已是粮、棉、肉、蛋、水产、化肥等世界第一生产大国，保障了13亿人口的食品和穿衣安全。制造业、土木、水利、电力、交通、运输、电子通信、超级计算机等领域正迅速逼近世界前沿。“两弹一星”、高峡平湖、南水北调、高公高铁、航空航天等伟大工程的成功实施，无可争议地表明了中国科技事业的进步。

党的十一届三中全会以后，改革开放，全国工作转向以经济建设为中心。加速实现工业化是当务之急。大规模社会性基础建设，大科学工程、国防工程等是工业化社会的命脉，是数十年、上百年才能完成的任务。中国科学院张光斗、王大珩、师昌绪、张维、侯祥麟、罗沛霖等学部委员（院士）认为，为了顺利完成中华民族这项历史性任务，必须提高工程科学的地位，加速培养更多的工程科技人才。中国科学院原设的技术科学部已不能满足工程科学发展的时代需要。他们于1992年致书党中央、国务院，建议建立“中国工程科学技术院”，选举那些在工程科学中做出重大创造性成就和贡献、热爱祖国、学风正派的科学家和工程师为院士，授予终身荣誉，赋予科研和建设任务，指导学科发展，培养人才，对国家重大工程科学问题提出咨询建议。中央接受了他们的建议，于1993年决定建立中国工程院，聘请30名中国科学院院士和遴选66名院士共96名为中国工程院首批院士。于1994年6月3日，召开了中国工程院成立大会，选举朱光亚院士为首任院长。中国工程院成立后，全体院士紧密团结全国工程科技界共同奋斗，在各条战线上都发挥了重要作用，做出了新的贡献。

中国的现代科技事业比欧美落后了200年。虽然在20世纪有了巨大进步，但与发达国家相比，还有较大差距。祖国的工业化、现代化建设，任重道远，还需要数代人的持续奋斗才能完成。况且，世界在进步，科学无止境，社会无终态。欲把中国建设成科技强国，屹立于世界，必须持续培养造就数代以千万计的优秀科学家和工程师，服膺接力，担当使命，开拓创新，更立新功。

中国工程院决定组织出版《中国工程院院士传记》丛书，以记录他们对祖国和社会的丰功伟绩，传承他们治学为人的高尚品德、开拓创新的科学精神。他们是科技战线的功臣，民族振兴的脊梁。我们相信，这套传记的出版，能为史书增添新章，成为史乘中宝贵的科学财富，俾后人传承前贤筚路蓝缕的创业勇气、魄力和为国家、人民舍身奋斗的奉献精神。这就是中国前进的路。

宋健

序　言

汪懋华院士是我国当代农业工程学科的开拓者之一，特别是20世纪80年代以来，为我国农业工程学科的发展做出了重大贡献。2014年，为纪念中国工程院成立20周年，中国工程院启动了出版院士传记系列丛书工程，这是一项利在当代、功在千秋的光辉事业，通过真实记录院士的主要经历，重点描绘院士们从事工程科学技术事业的奋斗历程，突出反映他们为工程科学技术事业毕生奋斗的先进事迹和无私奉献的高尚品格，通过弘扬院士们的科学精神，提升社会的正能量。在此之前，2012年11月，为庆祝汪懋华院士80岁华诞，中国农业工程学会、中国农业机械学会、中国农业大学、国家农业信息化工程技术研究中心共同发起，为汪懋华院士八十华诞编印了系列出版物，包括《汪懋华文集》《汪懋华院士风采录》《献身农业工程　促进学科发展——中国工程院院士汪懋华口述学术生涯》和《情满农工——恭贺汪懋华院士八十华诞随笔集》，其中由宋毅、夏明、张桃英3位记者执笔写作的《献身农业工程　促进学科发展——中国工程院院士汪懋华口述学术生涯》一书中，汪院士满怀深情地回顾了自己学习、工作、成长的经历，包括对年已96岁母亲的母子深情，对相濡以沫几十年妻子的夫妻恩爱，对已经成家立业女儿的父女情深，莘莘学子的刻苦与学业有成的自豪，对工作的热爱和对完美的追求，与学界同仁的友谊与交往等，读起来无不使人为之动情。此书出版后，引起了中国工程院有关部门的关注，3位作者根据中国工程院的建议，在此基础上继续访谈汪院士及其周围的人们，广泛收集有关汪院士的资料，历时近3年时间，终于完

2006年7月27日，罗锡文院士与汪懋华院士在黑龙江友谊农场

成了这本中国工程院院士传记丛书《汪懋华传》的写作。

我虽然没有直接上过汪院士讲授的课程，不是汪院士直接培养的研究生，但几十年来我一直在汪院士的指导下学习和工作，汪院士教育我做人，教育我做事。今天，我特以一个学生的身份，撰写此文，代以为序。

积极推进学科平台建设

汪院士强调，中国的农业工程学科发展，一定要集全国农业工程学者之力，发挥全国农业工程学者的智慧，共同为中国的农业工程学科发展出力，所以，一定要建设全国农业工程学科的大团队、大平台。1992年汪院士建议，每两年召开一次全国农业工程学科建设与教学改革学术研讨会，为加强与其他相关学科的联系，会议正式定名为“全国高等院校农业工程及相关学科建设与教学改革学术研讨会”。自1994年在南京农业大学召开第一届研讨会以来，至今已经举办了12届，20多年来，会议规模不断扩大，参会人员不断增加，会议质量不断提高。特别是2002年建立了下届研讨会承办单位申报制度，许多高校以能承办研讨会为荣，申报汇报成了每届研讨会上的一道亮丽的风景线。

为进一步扩大全国农业工程学者之间的交流，2004年，汪院士建议，我们要学习美国农业与生物工程师学会（ASABE）的经验，采取学术年会的形式，以让更多的农业工程学者，特别是研究生和本科生参加会议，以扩大交流，拓宽视野。在汪院士的支持下，2005年在华南农业大学召开了第一届中国农业工程学术年会，参会人数500多人，至今已经举办了6届中国农业工程学会学术年会。农业工程学术年会和全国高等院校农业工程及相关学科建设与教学改革学术研讨会成了我国农业工程领域最重要的两个学术研讨交流平台，不仅为推动我国农业工程学科发展作出了重大贡献，而且也促进了会议承办单位农业工程学科的发展。

努力促进学科方向凝练

汪院士指出，中国的农业工程学科发展，一定要立足于解决中国的“三农”问题，一定要为中国的农业发展提供先进适用的农业工程技术与装备。各个高校、各个单位一定要结合当地农业发展的需要，凝练学科方向，彰显学科特色。为了指导各地高校和科研院所的农业工程学科建设，汪院士带领相关农业工程专家，先后在东北、西北、华东、华中、华南、西南等地的高等院校和科研院所召开学科建设研讨会。在汪院士的指导和帮助下，进入21世纪以来，华中农业大学、西南大学、黑龙江八一农垦大学等一批高校的农业工程学科都办出了自己的特色，为当地的现代农业发展提供了有力的技术支撑。

为了研究中国农业机械化的发展方向，2004年年底，中国工程院决定启动“中国农业机械化发展战略研究”重大咨询课题，由沈国舫前副院长和汪院士主持，由汪院士组织实施，从2005年起，组织了全国近300位有关行业院士和同行专家，在全国范围内，就我国北方地区、南方地区、东北地区、草原牧区、农垦系统、丘陵地区、拓展领域的农业机械化、农业装备工业发展战略和发展保障体系等9个专题进行了调研，先后召开了几十次调研会、研讨会和座谈会，最后向国务院递交了5卷集共约190万字的中国农业机械化发展战略研究报告，直接向回良玉副总理和中央有关部委领导作了汇报，受到了回副总理的好评，为制定我国实现全面建设小康社会目标期间的农业机械化发展战略与技术路线图做出了重要贡献。

“精细农业”是现代农业发展的方向，也是当前农业工程学科研究的热点。从20世纪90年代初、中期起，世界上一些先进国家相继开展了精细农业技术的研究。汪院士敏感地抓住这一发展方向，率先在中国农业大学成立了精细农业研究中心，并在此基础上由教育部批准建立了“现代精细农业系统集成研究”教育部重点实验室，与国家农业信息化工程技术研究中心合作在北京小汤山建立了中国第一个精准农业示范基地，为在我国开展精细农业研究和实践提供了技术支撑，发挥了示范作用。

大力推进国际合作交流

汪院士强调，中国的农业工程学科发展要学习国外，特别是发达国家农业工程发展的先进经验，为此，他积极推行“走出去，请进来”的策略，大力推进与世界农业工程学科的交流与合作。从1985年起，汪院士数十次出访世界各地，特别是一些农业工程学科发展先进的国家，参加各种类型的农业工程学术会议，介绍中国农业工程学科的发展。在汪院士的努力下，越来越多国家的农业工程组织和学者了解了中国农业工程学科的发展，越来越多地关注中国农业工程事业的发展，越来越多地加强与中国农业工程学者的合作。现在，在世界上大多数重要的农业工程会议上，都可以看到中国人的身影，听到中国农业工程学者的声音。一些中国农业工程学者还在国际农业工程学会组织（如CIGR）担任了重要的职务。

邀请国际农业工程组织在中国举行会议，是学习发达国家农业工程发展先进经验的又一重要途径。在汪院士的争取和努力下，许多重要的农业工程国际会议先后在中国召开，如1989年第一次在我国北京举行的大型综合性农业工程国际学术大会和联合国粮食及农业组织（FAO）第九次农业机械化专家组会议；特别是国际农业工程学会（CIGR）2004年北京学术大会，被认为是CIGR召开的国际会议中最成功的大会之一，极大地扩大了中国农业工程在国际上的影响。十多年来，中国农业工程学会、中国农业机械学会及其下属分会，许多高等院校和科研院所，如中国农业大学、吉林大学、浙江大学、华南农业大学、国家农业信息化工程技术研究中心等先后召开了数十次各种类型的国际会议与学术研讨会。

鉴于汪院士为中国农业工程发展做出的巨大贡献和在国际农业工程中的影响，许多重要的国际农业工程组织邀请和选举汪院士在其中担任重要职务，如FAO农业机械化/农业工程专家组、意大利博洛尼亚国际农业机械化发展战略研究俱乐部、国际农业工程协会（CIGR）农业电气化与能源理事会等。早在1988年他就被认定为英国农业工程师协会会士。2006年国际农业工程协会（CIGR）第16届世界大会上，汪院士被授予CIGR“会士”荣誉称号，这是CIGR授予的最高学术荣誉，2010年第17届CIGR世界大会上，他又一次获得杰出贡献奖。

几十年来汪院士为了我国农业工程学科的发展，呕心沥血、不辞辛劳，为我们这些学生晚辈做出了榜样。高山仰止，“侪辈跟随愧望尘”。让我们这些“侪辈”加倍努力，发扬光大大师精神，不辜负汪院士的重托和期望。

这本书是在汪院士的口述学术生涯采访稿基础上写成的，但凡认识汪院士的人都深有体会，汪院士思路清晰、声音洪亮。他讲述的历史情景交融而又朴实无华，听者似醍醐灌顶，心灵得到启迪和升华。几位执笔的作者都是近年活跃在新闻第一线的资深人士，汪院士的经历也同样感染了他们，精彩的历史和文笔的珠联璧合，这本书不仅对农业工程和农业机械化从业人员具有很大的参考意义，对于青年学生的励志成长也大有裨益。从汪院士讲述的经历和成长史中，我们会得到人生的动力和发现努力方向。

祝愿汪懋华院士健康长寿！

中国工程院院士、
华南农业大学教授 罗锡文

二〇一七年七月

目　　录

第一章

兴宁一家人

1. 粤东璀璨明珠——兴宁

广东省兴宁县（1994年改名为兴宁市）是南国一个很美丽的小城市，地处广东东北部的兴宁盆地，北与江西省赣州市毗邻，位于东江和韩江上游，因宁江贯穿全境南北而得县名。史书记载兴宁古时属于龙川县管辖，在东晋咸和六年（331）设立兴宁县，算起来距今已经有1700多年的历史，历经朝代更迭，兴宁辖境数次变更，北宋以后才逐步固定下来。1985年，广东省实行市管县体制。兴宁县（市）一直隶属于梅州市。由于位于广东、江西、福建三省的交界处，很久以来一直是粤东、赣南、闽西一带重要的地区性商贸中心，行商坐贾不绝于旅，商业贸易相当发达，近现代历史上曾有“小南京”之称，兴宁人保持着悠久的经商传统。

兴宁是岭南客家人聚居的主要地方之一，当地民居、民俗、方言都具浓郁的客家特征。客家人的形成本身就是一个漫长的融合过程。宋代之前，居住在中原的汉人进行了5次大规模的南迁，史料表明，早在秦始皇统一六国前的秦王政二十四年（前223），秦国60万大军攻灭了楚国后，挥兵直指岭南，在占领这一地区后，秦王朝把岭南变成迁徙中原“罪徒”的一个流放地，后又“经略”开发，有秦一朝，被迫南迁的中原人计有3批、数十万人。1984年3月，考古工作者在兴宁新圩镇大村鬼树窝崩岗南坡出土6枚完整的编钟，经广东省博物馆专家鉴定，被认定为春秋战国时期楚国文物。这一考古发现说明秦汉之际兴宁一带已有南迁汉人的足迹，考古工作者判断，他们可能先是在这里驻军，其后代逐渐衍化成了岭南的居民；到了两汉、魏晋、南北朝时期，中原的汉人又发生过多次连续性的南迁转徙。到唐末五代，南迁客家先民，“其远者已达惠、嘉、韶等地，其近者则达福建宁化、长汀、上杭、永定等地，其更近者，则在赣南各地”，也就是说，北宋之前，客家人的分布已经遍及江西南部、福建西部和广东东部等地，由于兴宁县在历史上先后隶属过惠、嘉地区，所以这里一直是客家人的主要居住地之一。这些南迁的中原汉人，有的是被朝廷举家流放，更多的是为了躲避各种各样的战乱而南下。岁月荏苒，这些原籍在中原的汉族人逐渐在南方各省形成了独特风貌的客家民系，被称为中华汉民族八大民系中的一个重要支系，如今在河南省固始县等地，还建立有纪念祖先南迁的根亲文化博物馆。

1932年11月11日，汪懋华就出生在兴宁市的一户客家人家，并在兴宁小城渡过了自己的童年、少年、青年的初期阶段。汪懋华的祖先早年也是由北方迁来的，至于祖籍最早是哪里如今汪家人已经说不清楚了，但确切知道来梅州定居之前是住在江西，江西本身就是历史上客家人南迁途中重要的中转站。至于汪家是从江西哪个地方南迁的，汪家人现今有着不同的说法。据汪懋华回忆，他记忆中汪家的先祖是从江西婺源县搬来的，因为他从小就听说祖籍所在地是江西生长油菜花最多的地方，那里有许多客家人。而梅州市客家博物馆里展出的内容里，也显示婺源一带是客家人集中的地方之一。但是汪懋华大伯父的儿子、他的七堂弟汪棠华和九堂弟汪骏华却回忆说，他们汪家最早是在江西的弋阳县，与曾任中共中央副主席汪东兴的家族是一支，只是他们家后来搬到了江西抚州市的临川县，是从临川县迁到兴宁来的。无论哪种说法更接近历史真相，至少汪家早年生活在江西这一点是大家认可的。

2. 祖辈和父辈的故事

汪懋华的家庭在当地算是一个普通的城市贫民家庭，这类家庭的生活水平，比起城里的殷实人家不足，但比起广大农村的农民又要好一些，属于城镇中偏底层的阶层。那个年代，一个平民户要在城镇里持续居住生活下去，很重要一点就是要会点手艺、会做工、会做点小买卖，有维持家庭生活的一技之长。当然，20世纪30年代小城镇里根本没有什么像样的工业企业，所谓的“做工”，不过是做些小手工艺。

汪懋华的祖父和祖母

汪懋华出生时，汪家还是一个三世同堂的大家庭，家庭成员有祖父、祖母，伯父一家，父亲和母亲。父辈是兄弟俩人，父亲是老二，上面有个哥哥。父亲兄弟俩小的时候，祖父要养活两个孩子、养活全家，生活负担很重，经济上也不宽裕。当时广东很多人为了多挣点钱，就漂洋过海到东南亚做工，他的祖父也就步他们的后尘下南洋了。所谓“下南洋”，指的是广东、福建沿海一带的人们为生活所迫到南洋一带谋生。“南洋”从地理位置上讲是在中国的南方，即地图位置上中国的下方，这是明、清时期对东南亚一带的称呼，是以中国为中心的一个概念。下南洋的高潮始于明代、历经清朝到民国时期。汪懋华的祖父于1930年漂洋过海先后到过马来西亚和新加坡等地方，在那里苦苦地打拼，什么样的苦活累活都曾干过。虽说那时去国外打工的收入要比国内多，也的确有一些人在南洋赚了钱，甚至发了大财，成为华人资本家，但是他的祖父没有这么幸运，最终既没有成为资本家，也没有积累下多少资本，坚持了几年后看看发大财无望，只好带着些打工挣的钱回来了，即便是这样，也为家庭生计解决了很大的问题。

祖父回到兴宁老家之后也像别的普通家庭一样，做起了小手工生意，主要是做帽子，自己做，做了就拿出去卖。汪家做的帽子挺有特色，是学古装戏里的样式，带有“冒翅子”的那种“官帽”。兴宁客家人的习惯是喜欢饮茶和看戏，客家戏曲主要是当地民歌发展而来的采茶戏、山歌戏，以及由外地传入、逐渐与客家文化结合地方化了的戏种，如汉剧、傀儡戏等，此外，京剧、越剧、赣剧等在兴宁也有流行。戏的内容脱不开帝王将相、才子佳人那一套，于是，大家耳濡目染都很熟悉戏台上大人物佩戴的官帽。尤其是“帽翅”是古代官帽“乌纱帽”上的特殊标志，在帽子后面配上两根又平又长的翅，相传发明人是宋太祖赵匡胤，他为了防止大臣们上朝议政时在下面交头接耳，就发明了此物。大臣们一说话，后面的帽翅一动，他就能看得清清楚楚。同时，由于帽翅很长，人走路时必须保持四平八稳的步子，帽子才会不乱颤，方能体现出做官的仪态，所以带翅的帽子成为民间百姓的钟爱之物。当然，汪家做出的戏帽不可能真像宋代官场那样有那么长的帽翅，不过是体现出一种意思罢了，但这种帽子做出来适合老年男子戴，在当地很受欢迎，成为汪家最有特色的主打产品。后来，祖父在城里盘下一个小铺专门卖帽子，赚取的费用也够养活全家人。

伯父是家中的长子，因生活所迫，他只念完了小学就辍学回家早早开始承担起养家糊口的重担，帮助祖父打理营生、赚钱持家。这位伯父为人老实厚道，回到家里做手艺活子承父业，也是以做帽子、卖帽子为生。伯父长大成家后，家里不停地添丁进口，伯母一共生过14个孩子，几乎隔一年生一个，其中有11个是男孩，伯父和伯母一直背负着沉重的家庭负担。

汪懋华的伯父和伯母

汪懋华的父亲汪铿，原名叫汪兆荣，他出去工作后自己将名字改了。他是家中的次子，由于有父亲和哥哥的勤俭持家，才有了被送去上学读书的机会。从小学到中学，他一直是在城市里生活。特别是在上中学期间国内一直处于战乱状态，各种思潮风起云涌，社会动荡不安，他似乎很喜欢这种环境，对社会上发生的各种事情始终给予高度的关注和积极地参与。在跟同学们一起经历了社会的各种动荡、世面见多了之后，人变得很活跃，也较激进，像闹学潮一类的学生运动他都参加过，思想观念比较解放。高中快毕业的时候，父亲到广州寻找工作机会，机缘巧合进入了新闻界，当上了一名新闻记者，算是有文化的人了。抗日战争时期，中国军队和日本侵略者打仗，他又成了一名战地记者，经常出没于抗日前线，表现出一股爱国热情和勇气。

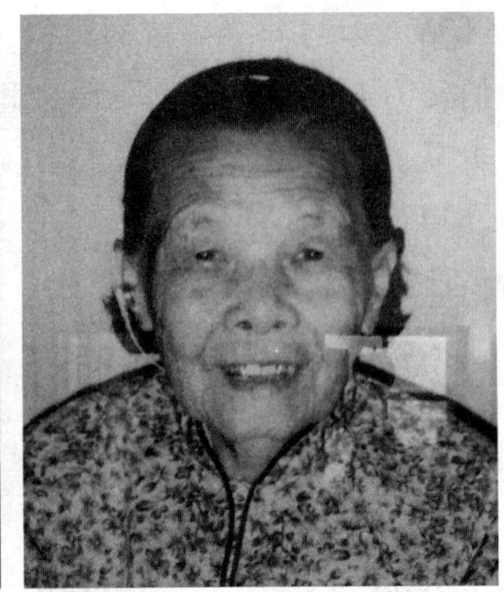

汪懋华的父亲和母亲

汪懋华的母亲在五六岁的时候就来到了汪家，她是家里给父亲订下的童养媳，因为进门时年龄尚小，母亲没有进过学堂、没有学习过文化，是个文盲。但她是一个性格善良温顺、吃苦耐劳的女性，在家里一直勤勤恳恳地伺候两位老人，成婚后又始终含辛茹苦地抚育一儿一女。

父亲离家在外闯荡期间，见到的世面广了，遇到的诱惑也多了，不顾兴宁家中已经有结发妻子和一对儿女，在外面又谈起了恋爱，对象是新闻界的一个女同事，一个新潮女性。那个年代，男人有了新欢也不需要和老家的妻子离婚，常常是你过你的，我过我的。父亲再婚后就在广州附近居住了下来，但还是不时寄来一些生活费补贴家用。以后，父亲和后来的妻子又添了一个女儿，经济负担骤然加重起来，加上在大城市里工作生活本身费用很高，渐渐感到力所不能及了，索性也就顾不上发妻和一双儿女了。所以汪懋华在耄耋之年回忆往事时说："我从小到大基本上没有得到过父爱，也没有依靠过父亲抚养，从我有记忆时起父亲已经不在家了，是母亲把我和妹妹两人抚养大的。"

汪懋华的母亲（左一）在汪家做童养媳时与家人合影（摄于1927年）

汪家人口多了，原有的老房子就不够住了。老房子在兴宁城南门城楼不远处的东南城脚，按照客家人的习惯，每家都有自己的堂号，要把堂号贴在自家大门的门框之上。汪家的堂号是“平阳”，因此，笔者在汪懋华家祖屋外看到，大门正上方有三个大字“平阳第”，表明这是汪姓人家的宅第；门两侧还留有春节时贴的对联“平阳衍绪”“越国流芳”。既然老房子住不下了，在家中主事的祖父于是拿出一生积蓄，出面主持修造了一栋新房子，新房离老屋不远，地点在中山东路时辰牌巷，占地面积比老屋大了许多，取名“南园小筑”，只是经过后来的翻盖，这所住宅变成了一座花园洋房，今天已经看不见当年的面貌了。有了这所房子，大家庭所有成

汪家祖屋

员还是住在一栋房子里，只是为了便于照料年事已高的祖父和罹病在身的祖母，全家人商量今后分家谋生，祖父跟着伯父生活，由伯父一家照料；而祖母则跟着汪懋华的母亲和兄妹两人独立生活。即便是分家单过之后，两家人依旧相互关爱、和睦相处。

祖母患病在身处于半瘫痪状态，起居基本不能自理，按照家里约定，由汪懋华一家负责赡养祖母。命运对于汪懋华母亲来说是不公平的：丈夫弃家出走，另立家室又不往回寄钱，家里的两个孩子要抚养，瘫痪在床的老母亲要赡养，这些他全然不顾了，所以，汪懋华家当时的难处是可想而知的。而且母亲身材瘦小，而瘫痪的婆婆上床下床都需要由她抱上抱下。每天早上起床后，母亲先要将婆婆抱到厅堂里，在椅子上坐稳安顿好后喂完早饭再去忙乎自己的事情。老祖母常常一坐就是一整天，吃喝拉撒一应事情全由他的母亲一人照顾，日复一日、年复一年。母亲对生活的辛苦操劳、对婆婆恪守的孝道，潜移默化地影响着汪懋华兄妹。汪懋华从小就很懂事，知道母亲的难处，从不惹母亲生气，尽量为母亲分担忧愁。特别是对待祖母，他表现出了超乎寻常的孝顺，和祖母的感情非常好。他还尽可能帮助母亲去照顾祖母，一直到高中毕业，他都是和祖母睡在一张床上，祖母对他也是分外疼爱。

3. 从手工制作帽子开始的童年

由于得不到父亲的经济资助，汪懋华家的生活来源完全要依靠母亲做手工活维持。受祖父的影响，他的母亲也学会了做帽子，然后拿出去卖。兴宁县城里做这种帽子生意的，主要是祖父传下来的这两家人，所以市场销路也还不错。他的母亲没文化但头脑却挺灵活，带着汪懋华专门做当地冬春季小孩戴的布帽子，而且经常能做出一些新样式。兴宁盆地属于南亚与中亚热带过渡气候，年平均气温在20.4℃左右，即使在常年最冷的1月，平均气温也有11℃左右，但极端最低气温可达零下2.7℃至零下6.4℃。为了抓住每年冬天的销售机会，汪懋华家从每年的9~10月就开始加班加点地赶工，即使这样，每年也只能做3~4个月的活，一过春节天气转暖之后就没有人买帽子了。唐代诗人白居易《卖炭翁》中所说的“心忧炭贱愿天寒”就是那时汪懋华家生活的真实写照。汪懋华记忆中的童年就是从和母亲一起做儿童帽开始的，最初是帮助母亲当下手，按照母亲的吩咐做些力所能及的零活；稍大点，到了上小学的年纪，就和母亲有所分工了，他管裁剪，母亲负责缝纫，他能顶事了，家里的生产效率也就大大提高了。

毕竟做的是小本生意，汪家没有多少本钱，赚回一点钱也只能将就着糊口。他和母亲平均每天能做好几十顶帽子，通常是傍晚时分，他就抱着帽子到街上去卖给零售商店，都是街里街坊，汪家的帽子又名声在外，基本不愁卖不出去。卖了帽子拿到钱后，汪懋华马上就得到街上的布店把原料布买回家，因为没钱无法积存布料，所以只能日复一日地现卖现买，好在这种循环模式一直被维持了下来。

制作帽子的流程是汪懋华负责裁剪布料，他先在模板上画出布料的样子，模板是用硬纸板做成的，用粉笔画好后按图把布料裁剪下来，再由母亲很熟练地使用缝纫机缝纫起来，母亲做出来的帽子样式，是大家都认可的那种标准样式。他一般在晚上6~7点开始剪裁，到8点左右就把一天所需要的布料剪裁好了，这时他的母亲开始进行缝纫，一般要干到夜里1点左右才能收工。第二天早上起床后母亲再接着做，到下午基本就做好了，母亲将成品码放在箩筐里，汪懋华下午放学回来后再帮着做最后的针线活，做完后抱出去卖给零售商店。每年9月至次年1月汪家几乎天天这样做活，基本可以维持住半年的生活。

每年正月是汪家帽子最好卖的季节，正月里有两个重要的节日，一个是中华民族传统的佳节——春节，岭南一带有逛花市、逛庙会、烧香拜佛等习俗，各种各样的小商小贩都适时推出各种琳琅满目的手工制品，汪懋华家做的儿童帽自然也在其中。春节刚过，兴宁境内又开始了独有的客家人节日“赏丁”，与其他客家地区不同，“赏丁”只在兴宁全境及五华县部分地区才盛行，从每年正月初九开始到正月十六；也有部分家族在正月十五到正月二十，还会有一次“暖灯”。汪家的“赏丁”日期定在每年正月十三，这一天是全家族最热闹的日子。“赏丁”的意思，一是观赏花灯，兴宁客家话里“丁”与“灯”同音；二是庆祝家族添丁，但是只有家族里生了男孩才能过“赏丁”节庆祝，生了女孩是没有资格“赏丁”的。“赏丁”的高潮是“升灯”仪式，升灯时鸣放鞭炮，还有各种各样的表演，每每要闹到深夜。“赏丁”的当天有些地方会请“花灯”，人们抬着用纸做的花灯从后门走出客家民居围龙屋，然后在方圆数千米内绕一大圈后回到围龙屋把花灯挂起来。“赏丁”与春节基本连接起来了，与元宵节又重叠在一起，每天城里街上到处人头攒动，黄发垂髫纷纷走出家门，尽情享受节日的氛围，人们或多或少总要给孩子们买些过节的礼物，所以，这十多天里是汪懋华家销售童帽的“黄金”时节。

春节一过，岭南天气骤然转暖，气温会蹿升到20℃上下，帽子也就没人买了，即使再做也卖不动，汪家只好收手不干了。可是冬天做帽子时经常会剩下不少碎布片，扔了又觉得可惜，汪懋华的母亲就想办法把碎布头利用起来做成小荷包等饰品准备到端午节的时候再卖。兴宁有个民俗就是人们在端午节时要戴荷包和香包，特别是要给小孩子戴香包。怎么才能让荷包变得香起来呢？当时汪懋华家没有香精或化妆用的香粉之类的东西，于是就用五香粉做替代品，将五香粉撒一些在荷包上，然后再掸干净，香味就出来了，做出来的效果当地百姓觉得也很好。端午节前几天，他负责用棍子支起横架把荷包等小饰物挂在横架上，举着上街边走边叫卖，价钱不高，挺受大人孩子喜爱。但是这些饰件也只能卖4~5天，即农历五月初一到初四，过了初五又没人买了，一家人又在盼望下一个冬天的到来。

除了做帽子外，汪懋华家有时也会到别的老板工厂里领些零活来做。比如做背心的工厂经常要给背心的领口和袖口缝个边儿的活，手巾工厂制品需要四边缝纫锁边，于是做帽子的淡季母亲就从做服装的工厂里领出一些半成品布料，用自家的缝纫机加工锁边。当时汪家唯一的，也是最值钱的生产工具就是一部脚踏式缝纫机，而且买的还是旧货，它上面有一种装置，只要把布料往前推，就会自动地进行卷边缝纫。

抗日战争期间，军队军需品的需求大量增加，兴宁是后方，担负支援前线的重任，和当地大多数家庭一样，汪懋华家又开始给部队加工军帽。那个时期抗日的队伍无论是共产党领导的，还是国民党领导的，都叫国民革命军。军帽正面是一个圆形青天白日帽徽，做帽徽首先要买到工厂里用冲床冲压出来的凸起圆形铁片，然后在上面钻出两个便于缝在帽子上的小孔。铁片通常不是白色的，所以要用白漆一个一个地将其涂成白色，再用软印子蘸上蓝色的胶刷上青天白日图案，晒干了就成了帽徽。当时，很多东西都是汪懋华家自己动手制作的，如裁剪布料模板需要使用画笔，为省钱就琢磨自己动手制作画图的工具。画笔一般是用白粉做的，用白色或者浅黄色的黏土，在自制的模子里做成型，晒干后就成了画笔，而且还很好用。

在二十世纪三四十年代，像汪懋华家这样有手工活做、每年还有几项固定收入，生活过得又节俭的家庭，虽然生活在城市的底层，但还不是城市里最贫穷的人群。他的母亲虽然没有文化，但凭着她的坚韧和节俭，硬是把兄妹二人抚养长大成人。

4. 接受正规新式教育

父亲离家不归，母亲又没有文化，汪懋华幼年时期的启蒙教育几乎没有得到过家庭的什么帮助，都是在学校里完成的。

客家人有一个传统美德就是崇文重教，这种精神1000多年来在兴宁一带可说是长盛不衰。人们探寻兴宁这块土地上文人学者辈出的原因时，普遍认为客家人崇文重教主要基于两个因素：一个是传统因素，早年客家人从中原举家南迁时，有不少人是逃避战乱的官员，也有许多人是在原籍有社会地位和文化层次的人，到了人生地疏、相对落后的岭南，他们还是希望子女们能继承家族的读书传统，这种传统一代一代传承了下来；另一个是地理因素，客家人由中原来到南方，一般都是在丘陵山区地带落脚，不可能去珠江三角洲等富庶之地安家，为改变现状，客家人更是发奋读书，以此作为改变命运、改变生存环境的方法。所以，从古至今，兴宁可说是人才济济，近80年间，就从兴宁盆地走出了45位大学校长和5位院士，包括原广东省立文学院院长罗香林、原东北大学校长张如心、原华南理工大学校长刘焕斌、原中国科学院副院长王佛松、原北京农业工程大学副校长汪懋华等。5位院士是中国科学院院士、原东北大学校长张如心，中国科学院副院长王佛松，原长春光机学院副院长张作梅，中国工程院院士、原北京农业工程大学副校长汪懋华，俄罗斯工程院和圣彼得堡工程院院士、原华南理工大学校长刘焕彬。此外，活跃在各条战线的兴宁籍博士生导师60多名、享受国务院特殊津贴的专家200多人，兴宁被人们誉为“大学校长的摇篮”。

兴宁崇文重教的标志性建筑是坐落在县城里的兴宁学宫，它建

兴宁学宫

于明代成化年间，一直是当地的最高学府。兴宁学宫古称文庙，民国以后改称孔庙，已历700多年沧桑。兴宁老县城过去只有两条交叉着的主要道路，一条是衙前路，是县衙门前向前延伸的道路；另一条是学前路，就起始于兴宁学宫。史载明洪武四年（1371）县丞刘昭辅始创学宫于县衙的东南方向。明成化十八年（1482），巡按御史徐瑁改建学宫于旧岭东道地（今兴民中学校址）。此后历经重修和扩建，到清末庙制方定。学宫至今保留着清同治年间重修的多处古建筑，如大成殿、尊经阁、东西庑、泮池、棂星门等，占地600平方米的大成殿，殿内“万世师表”匾额为康熙手书。清末废科举后，学宫改建成兴民小学，著名爱国志士丘逢甲曾担任首任校长，后来兴宁县立中学设立于此；1925年，黄埔军校校长蒋介石率领黄埔学生军东征时，曾在学宫内设立临时指挥部。1962年，学宫被广东省列为省级文物保护单位，目前为兴宁市的兴民中学所环围。

兴宁学宫大成殿里供奉的孔子像

正是在崇文重教的环境氛围下，汪懋华的母亲虽然自己没有文化，却懂得一定要让儿女上学学习文化知识的道理。汪懋华上小学的时候正值抗日战争期间。他是在兴宁家乡上的小学，学制6年，接受的是正规新式教育。汪懋华小学一年级是在在城里的立范小学上学，学校就在距他家约30米的地方，靠近城边，上下学都很方便。无论上学、放学、与同学玩耍，因为离家近，都逃不出大人的眼睛。自己方便，母亲也很放心，这是他童年时期度过的一段比较愉快的时光。但后来由于日本军队不时进行空袭，学校怕学生在学校上课时遭遇轰炸发生危险，没上多长时间，立范小学就关门了。为躲避轰炸，家里把他转到城外几里路远的培英小学继续上学，这所学校的学生很多，几乎都是一个乡的，不管怎样，这里的确要安全得多。

小学期间，汪懋华的学习成绩一直很好，虽然每天放学后要帮助母亲做工，他尽量利用下午放学后和晚上的时间把要做的活做完。在家时，白天基本没有他什么事，汪懋华自己就在屋里看书，做作业。那时他就表现出了聪慧和机灵，他很能读书，坐得住冷板凳；本身自律性又强，家里的活没做完或是功课没做完他就很少出去玩耍，这样一来，他的考试成绩一直很好，而且在学校、在家里从不调皮捣蛋。

5. 兴宁第一中学往事

1944年汪懋华从小学毕业了，他很顺利地考上了当地最好的中学——兴宁第一中学（简称兴宁一中）。兴宁一中原来是在城里办学，同样是为躲避日本飞机轰炸的原因，也搬到离城10千米外的农

兴宁一中旧址，今为兴民中学

村去了，校址在一个叫“钟屋”（客家钟姓围龙屋）的地方。上培英小学时，离家不远还能够每天回家，而中学离家10多千米了，就不能每天回家了，同学们大多住在学校里，一般是一周回一次家。

那时的生活比较艰苦，往返学校要走很远的路，还要自己从家里背粮食，每次必须带足一周的大米，否则就有可能饿肚子。学生集体住宿在围龙屋里，这是客家风格独特的民居。早年客家人从中原南迁而来时，要在人生地不熟的南方环境中生存繁衍，只能采取家族群居的方式。围龙屋是建筑对外封闭、内部敞开的居住地。兴宁的围龙屋规模一般都比较大，造型也较为独特，被中外建筑界称为中国民居建筑一大奇观。围龙屋不论大小，大门前必有一块禾坪和一个半月形池塘，禾坪用于晒谷、乘凉和其他活动，池塘具有蓄水、养鱼、防火、防旱等作用。大门之内，分上中下三个大厅，左右分两厢或四厢，俗称横屋，一直向后延伸，在左右横屋的尽头，筑起围墙形的房屋，把正屋包围起来，正中一间为“龙厅”，所以叫“围龙屋”。

围龙屋里没有安装自来水，学生们用水全靠院子里面的一口井，打水也没有摇把辘轳，每个学生都是自备拴着根长绳子的瓶子或小铁桶，小心翼翼地把瓶子或小铁桶垂直吊入井中，把水打上来。一小桶一小桶往上提水，一次也提不了多少，学生们洗脸、喝水、做饭都要靠它。虽然在学校的伙房搭伙，但做饭的米是学生们自己带的，实际上还是自己吃自己的。各位同学将米洗好后装在自己的饭碗里再放上水，然后交给食堂，由大师傅放在大笼屉里一起蒸，蒸熟后个人再去认取自己的饭碗。菜也是自己从家里带来的，由于家境的原因，汪懋华吃饭一直很节俭，从家里带来的基本都是萝卜干之类的咸菜，每个礼拜带一次，就是这样在学校还不能保证每天都有菜吃，更谈不上吃肉了。

客家围龙屋有很多间房子，汪懋华和同学们按照年级、班级划

兴宁客家人的围龙屋（模型）

广东兴宁第一中学“一桌两院士”，汪懋华（左）和王佛松（右）

分几个人住一个房间。每周一至周六学校上课，周六放学后大家都急忙往家赶。但是为保护学校安全不被偷盗，学校规定每周六都要有人轮流值班。值班是件痛苦的事情，每当轮到汪懋华值班时，他看着别的孩子都走了，只留下自己一个人守着几间宿舍，感觉特别孤独，很难熬、也很想家。

值得庆幸的是，尽管那时的学习、生活条件异常艰苦，但兴宁一中设置的课程却很正规，跟今天的中学教育相差无几，数学、物理、化学等课程都开设了，教学水平也比较高。在学校里，两个学生共用一张课桌，汪懋华初中一年级的同桌也是当地人，叫王佛松。王佛松家住乡下，父母都是目不识丁的文盲，家境也比较贫寒。他的父母一共生了12个孩子，他是家中最小的一个。1933年他出生时父亲已经48岁，母亲也已46岁了。老来得子的王家老父高兴之余，为他做的第一件事情就是把他卖名给观音娘娘做干儿子，求观音娘娘保佑他长寿。同时，按照当地农村客家人的习惯，将他过继给叔父，做叔父的儿子，就是因为叔父生的儿子都养活了，还都长得很好。由于亲生父母是文盲，不会给儿子起名字，他的父亲请村里面唯一一个有知识的叔舅帮助起名字，叔舅根据他的生辰八卦中缺木的特点，又听说他已经卖名给观音娘娘做干儿子，因此就给他起名叫“王佛松”，佛是纪念观音娘娘，“松”是弥补缺木的遗憾。王佛

广东梅州市院士广场上为王佛松院士（左）和汪懋华院士（右）分别立的雕像

松11岁小学毕业升入中学一年级时，因为和汪懋华身高相近，俩人就成了同桌。几年之后，王佛松于1950年高中毕业时考上了武汉大学化学系，因成绩优异毕业后留学苏联，进入了列宁格勒大学化学系，1960年获苏联化学科学副博士学位。回国之后长期在长春中国科学院应用化学研究所工作，历任助理研究员、副研究员、研究员，室主任、所长等职务；1988年调北京任中国科学院副院长，1991年当选为中国科学院院士，是著名的高分子化学家，长期从事定向高分子聚合物研究工作，领导和参与了我国合成顺式异戊橡胶稀土催化剂研究工作，20世纪80年代以后主要从事导电高分子纳米复合材料研究工作。此外，他还担任过第七届全国政协委员，第八、第九届全国人大常委会委员。而汪懋华高中期间因患头疼病休学一年后，于1951年高中毕业考入北京农业大学农业机械系，当年的兴宁一中一桌出了两院士，经媒体广泛报道后被传为佳话。

6. 人生十字路口与“天降”考大学机遇

兴宁县是1949年中华人民共和国成立后建立人民政权的。解放的过程波澜不惊，没有给汪懋华的高中生涯带来太大影响。兴宁一带在中华人民共和国成立前一直活跃着共产党领导的武装，抗日战争时期是东江纵队的一部在这里活动，到解放战争时期由东江纵队改编成的两广纵队仍然在这里坚持斗争。相反，国民党的武装势力并不太强，随着解放大军解放广东，兴宁县境没有打过什么大仗就被共产党领导的武装给解放了。他上高中时，正值黎明前的黑暗期。随着年龄的增长，汪懋华的思想逐渐变得进步起来。学校老师中有顽固的国民党分子，也有中共党员，同学中也有“地下党”色彩比较浓厚的同学。贫困的生活经历和对真理的向往追求，使高中时代的汪懋华倾向共产党的主张，带进步色彩的同学发现了汪懋华追求光明的一面，也一直和他保持着沟通联系，这一时期汪懋华经常会收到地下党组织散发的宣传推翻国民党统治、建立人民政权的传单，每次他都照单全收，而且会在无人注意的时候拿出来仔细地阅读。所以，家乡兴宁一解放，学校里成立中国新民主主义青年团组织时，他就积极申请加入了团组织，由于在学校里表现出色，政治立场坚定，他还被选为学校的团总支委员，而当时的团总支书记是由老师担任的。

1951年上半年，汪懋华就要高中毕业了，这时他面临了人生旅程中的第一个“十字路口”，毕业后该何去何从？由于他在学校里的学习成绩一直很好，本人求知的欲望又非常强烈，中华人民共和国成立后，劳动人民当家做主，像他这样的优秀学生是很有希望考上大学的，汪懋华本人对上大学也是憧憬已久。但现实生活是残酷的，多年以来都是母亲靠做手工活来养活一家人，这点微薄的收入无论如何也是没办法满足他上大学的需要的，更不要说还得提供路费等。摆在汪懋华面前有两条路：要么毕业后赶快找一份工作，挣钱帮助母亲补贴家用；要么想办法解决上大学的费用，继续考学深造。这个时期，汪懋华无比的苦恼，中断学业、挣钱养家他不甘心，而短时期内筹到足够上大学的钱款，看起来又是那么不现实。苦恼之余他时常关起门来自己在房间里哭，哭得很伤心，心里又很彷徨，全然不知道命运给他带来的是什么。

就在这个时候，一个出乎意料的机会在汪懋华的身上降临了，而这个机会与他早已离家在外的父亲有关。汪懋华的父亲一直从事新闻记者的职业，从年轻时起爱国热情就较高，抗日战争期间对报道广东当地的抗日救亡活动始终积极参与，而且自己还主编了一份刊物，宣传内容大都与抗战的形势有关。到1945年年初，在日本军队的攻势下，广州、汕头相继沦陷，父亲自己主办的报刊不得不从广州迁到韶关。后来粤北也开始吃紧，日本人占领广州后就往北方打，韶关也快要保不住了，整个广东就是粤东一带日本人还没有过来。所以这年初，他突然给家里拍来一封电报，陈述了当前的困境，说是为了避难，他作为主编要和报社一道搬回兴宁家乡。他父亲以及他后来的家人还有报社同仁们在兴宁家乡先

高中时的照片，是汪懋华青少年时期唯一的照片

后办了将近一年的报纸，到抗战胜利以后，他和他的报社才又搬回到了广州。1946年以后，父亲又开始办起了杂志，还是自己当主编。所办杂志的办刊宗旨带有明显的政治倾向，汪懋华有时也看父亲编的这本杂志，给他留下印象很深的封面标题是《欧洲之解放乃红军之功绩》，与亲美、亲西方的国民党当局公然唱反调，渐渐地为当局所不容。1948年，广州的国民党当局有关部门要查封这本杂志，并且还要逮捕相关人员，他的父亲和报社的同事们听到风声后马上将杂志社关门，跑到香港躲藏了起来，并从此定居在香港。

到汪懋华高中毕业的时候，他父亲人虽然在香港，但对子女毕竟心中有所惦记。父亲在广州还有一些朋友，其中有个朋友当时在广州市人民政府工作，与他是小时候的同乡玩伴，关系非常好，而

今日兴宁市第一中学

且与汪懋华的母亲、祖母等家人也都熟悉。汪懋华高中临近毕业的一天，在老家突然收到广州市人民政府的这位处长写给他个人的一封信，信中说道："我想，你应该已经长大了，也不知道你现在是读书还是做什么工作？你的父亲1950年曾回过广州一趟，我与他见过面，其中也谈起了你，我们商量过你的事情，他很关心你，不知道你现在怎么样了，读了书没有？"这封信对他来说无异于雨中甘霖，让一个对上大学几乎绝望的青年重新燃起了希望，因为信中透露出了父亲愿意帮助他上学、对他有所表示的信息，这简直就是一个奇迹。汪懋华毫不迟疑地给父亲的这位朋友回了信，信中说，我高中就要毕业了，现在不知道将来该走什么路，因为上大学需要钱，目前的家庭环境决定了我不可能有这么多钱去上大学。很快，这位好心人把这封信转给了他的父亲，父亲明确表示说上大学的费用由他来负责，叫他放心，并叮嘱他一定要考大学，再后来汪懋华和父亲也直接通信联系了。由于父亲正式表了态，他升学路上的拦路石终于被搬开了。

7. 壮哉，兴宁升学团

汪懋华高中时担任学校的团总支委员职务，有机会与担任团总支书记的老师经常接触。抗战胜利后，兴宁一中搬回了城里，校址就在今天兴民中学和兴宁学宫，离汪家很近，汪懋华经常是在家里听见学校预备上课的钟声响起才离家抄近道赶往学校，基本不会迟到。中华人民共和国成立前后，经历了短暂的新旧政权更迭，学校教学秩序很快恢复了正常，办学的条件也比较好了。校团总支书记是中山大学工学院机械工程专业的毕业生，他对团干部汪懋华填报大学志愿的事情比较上心，有心给他当个参谋、出出主意。老师问他想报考什么样的专业，汪懋华略加思考后告诉老师："我数理化基础比较好，想报考工科专业。"老师望着他不高的个子、单薄的身材摇摇头说："你考工科不合适，你个子都没车床高，搞工业是要有把子力气的，你那么瘦弱，上工科有点问题。"听了这话后，汪懋华觉得老师讲得有道理，于是改变了想法，改为报考农科。这时他发现农科中有一门专业，既学农业、又学机械，又工又农，很对他的胃口，这就是农业机械专业，他想，报考这个专业既可发挥数理化基础好的优势，又能满足他喜欢工科的心愿。

其实，促使他报考农业机械专业很大程度上是受到了苏联电影的影响，中华人民共和国成立初期，西方资本主义国家对中国实行政治、经济、文化封锁，国内人们所能看到的外国电影只有苏联等几个社会主义国家的，其中苏联的电影最多、影响也最大，苏联电影的内容主要集中在十月革命胜利、反法西斯战争胜利、城市开展社会主义建设、农村兴办集体农庄等几方面。一部介绍苏联农村集体农庄的影片叫《幸福的生活》，片中有一首《丰收之歌》在当时非常流行，影片中介绍了苏联集体农庄丰收的景象，画面上出现了一片金黄色的麦浪被大型康拜因一扫而光的场面，给汪懋华留下了难以磨灭的印象，以致影响到他在决定人生未来的关键时刻，毫不犹豫地选择了农业机械。

1951年考大学还不是件容易的事，不是随便在哪里都可以参加高考。兴宁县虽然崇文重教，历史上就是文人学者辈出之地，但这里并没有设考大学的考场，兴宁籍考生必须想办法到有考场的地方参加大学招生考试。周围方圆数百里有3个地方设立考点：广州、汕头和韶关，3地距离兴宁都差不多远，广州约370千米、汕头300多千米、韶关也是300~400千米。出去考学需要筹集路费，汪懋华的父亲没有食言，从香港给他汇来拾圆钱；他伯父家众多堂兄弟中的大哥，1948年高中毕业后参加了共产党领导的地方游击队，中华人民共和国成立后成了国家干部，也在经济上支持汪懋华一下，解了他的燃眉之急。

作为校团总支的干部，汪懋华当仁不让地担负起组织同届毕业生中想考大学的同学一同出去考学的责任。经过比较，他们决定到广州去报名考试。虽然3个设考点的城市与兴宁之间的距离都差不多远，但广州毕竟是省会城市，交通较为便利，而且各方人士会聚在那里，其中不乏兴宁老乡，有什么情况也便于找人帮忙。一共有45位同学报名参加高考，他们为这次“远征”起了个好听的名字——“兴宁升学团”，并且制作了一面大旗，举着它告别了父母亲人浩浩荡荡地向广州出发。

去广州的路途还是比较艰辛的，从兴宁包一个大卡车去龙川老隆镇12千米车程，转包人撑民船沿东江乘船顺流而下。东江，古称湟水、循江、龙川江，是珠江水系干流之一。发源于江西省寻乌县，向西南流经广东省龙川县、河源市、紫金县、惠阳县、博罗县至东莞市石龙镇进入珠江三角洲，于增城市禺东联围东南汇入狮子洋，集水面积35 340平方千米，占珠江流域总面积5.96%，约占广东境内珠江流域面积的24.3%。由于东江不流经兴宁县县境，汪懋华和他的兴宁升学团只得先乘坐大货车行走50多千米山路，到龙川县城老隆去乘船，龙川县属于河源市管辖，在兴宁县的西面，东江干流在龙川县合河坝村以上那段名字叫寻邬水，从合河坝开始称为东江。一行45人就从那里花钱包了人工撑的木船由东江沿江而下，然后再转到珠江，顺水走了整整两天两夜才到达广州的长堤。

从兴宁出发之前兴宁升学团专门和广州市团委、省学联都进行过联系，请求他们帮助解决到达广州以后食宿等方面的实际困难，省学联答应帮助兴宁学子们安排住的地方。当45个人经过漫长的漂流到广州离船上岸之后，却发现并没有人前来接站，大家都是第一次来到省会广州，人生地不熟，谁也不知道该上哪里去。于是，汪

1951年，兴宁升学团部分同学在广州越秀公园合影

懋华组织大家商议，决定大部分人在码头原地休息等候消息，同时，派出几人做代表去找省学联联系。很容易就找到了省学联，接待他们的人说，早给你们安排好住处了，就在中山四路的中山大学附属中学，学校里有个老庙似的图书馆老楼，地上一层空出来了供你们暂住。汪懋华和同学们按图索骥赶过去一看，老楼的地上二层是附中的图书馆，地上一层都是平地，住人没有问题，面积起码有70~80平方米，40多个男女同学相互分开，沿着墙围成一圈，各人把自带的席子、铺盖往地上铺好，挂好蚊帐，大家都住在一个大房间里，就算安顿下来了。

在广州期间吃饭也是个大问题，因为备考、考试加上等待消息，在广州停留不是一天两天，靠吃饭馆根本就吃不起。这时，他们联系上了一个叫刘富兴的兴宁人，他在广州开了一个小饭馆，从住宿地中山四路到他开的饭店走路至少要半个小时，但这也比没有地方吃饭强。45个人决定集体在刘富兴的饭店里搭伙，一个月9元钱伙食费，三餐都在他那里吃，这样吃、住两大基本问题算是顺利解决了。

到广州安顿下之后，汪懋华父亲的那位在广州市人民政府工作的好友听说他如愿来到广州参加大学入学考试很是高兴，立即赶来看望他，问寒问暖，对他非常关心，告诉他在广州如果有什么困难，尽管直接去找他。汪懋华父亲后来的妻子在广州的两个兄弟以及他们的母亲听说他到广州后也来到他住的地方看望他，并且告诉他，是你父亲总挂念你，让我们来看望关心你的。

兴宁升学团的45个人抱定了“有去无回”的决心，既然出来了就不可能再走回头路了，目标就是考上大学。有三类大学是他们确定的主攻方向：第一个是南方大学，这是所革命干部学校，在现在的华南理工大学所在地，考进去之后可以吃饭不要钱，穿衣不要钱，全部由国家包了。第二个是中原大学，即现在的中南财经政法大学学前身，也是一所革命干部学校，也是吃饭穿衣全都不要钱，地点在武汉。第三个是参加全国统考，个人根据自己的实际条件和兴趣去选择学校，为了保险起见，几乎所有的人把这三类学校都报了。

凭借扎实的功底，汪懋华报考的三个志愿全部都被录取了。最先放榜的是南方大学，兴宁升学团中的大多数人认为南方大学比较容易考取，报这所学校的人也比较多，实际上也基本上都考取了这所学校，初战告捷，证明了兴宁县当时的教育水平还是很不错的。这时大家反倒有点拿不定主意了，究竟要不要进南方大学？有些人感觉统考不一定考得上，考上后上学的费用也有困难，于是就决定进入南方大学，这些同学很快就穿上了南方大学免费发放的制服、吃上南方大学的“公家饭”了。接下来放榜的是中原大学，同学中又有几个人去武汉进了中原大学，这是所财经类的大学。汪懋华自然也拿到了中原大学的录取通知，但他总感觉有点不甘心，认为自己考得比较好，自信能够考上统考院校，所以一咬牙再等待一下，把前面两个学校放弃了，专等着统考最后放榜。

统考放榜让汪懋华如愿以偿，他被北京农业大学农业机械系录取了，这是1951年夏天的事情。

第二章

大学五载
理论实践同丰

1. 艰难的北上求学之旅

大学统考放榜，汪懋华被北京农业大学农业机械系录取了，还没来得及高兴，又有了新的愁事：想去北京上学，上哪里去找路费呢？他从广州给家里写信，一方面向家人报告考上北京农业大学的喜讯；一方面也说了去北京上学没有路费的窘境。中华人民共和国成立之初，从广州到北京真不是件简单的事情，那时候火车不能直通到北京，流经武汉的长江像一道天堑，把江南江北划分成两大块。在1957年10月15日被誉为“长江第一桥”的武汉长江大桥建成通车之前，列车从广州到武汉过长江时还要借助于轮渡，一列火车分成几节车厢，开上专用轮渡，从武昌运抵汉口后再重新连接好继续北行，从广州到北京坐火车通常要耗掉近3天时间。

拿到大学录取通知书的时候，汪懋华的手里只剩下父亲给的10元钱了，肯定不够去北京的路费，他打听了一下，广州到北京火车最便宜的坐票也要30多元钱。无奈之下，汪懋华只好硬着头皮向家里人开口，母亲永远是最疼爱他的人，知道他的处境后，尽最大努力帮助他实现上大学的愿望。中华人民共和国成立前夕由于国民党政府金融改革失败导致金圆券贬值，母亲卖帽子挺长一段时间都拿不到现款，有段时间是以物易物交易，每每卖掉帽子后换来一包包棉纱储备起来，以维持家庭作坊简单的再生产。这时为了支持汪懋华北上求学，母亲也顾不了这么多了，毅然把家中仅存的几包棉纱拿出来卖掉，帮助儿子凑上学的路费。但母亲的能力毕竟是有限的，也不能完全解决问题。这时，当初坚决支持汪懋华考大学的堂哥听说他考取了北京的大学，再次解囊相助，帮助他最终凑齐了路费，就这样汪懋华带着全家人的关心和期望，于1951年9月初离开南国广东，开始了北上求学的生涯。

2. 进入全国农业的最高学府

从广州到北京是汪懋华第一次乘坐火车，也是第一次从岭南到北方。京广线纵贯祖国南北，途经多个省份和明珠一样串在一起的城市。老式蒸汽机车冒着黑烟、喘着粗气逶迤向北驶去，一路不断变化的风光引起汪懋华的浓厚兴趣，很多过去在中学教科书上读到的地名、地形、地貌这次实实在在地见识到了，看不够的风土人情，让火车上一路颠簸着的青年学子丝毫不觉得枯燥与疲惫，当列车鸣着汽笛缓缓驶进前门火车站时，汪懋华才蓦然意识到，梦境中的北京到了，中国最高的农业学府——北京农业大学到了。

1951年北京农业大学校门

北京农业大学的发展过程比较复杂漫长，她的前身可以追溯到清朝末期。1898年7月，清朝光绪皇帝上谕批准在北京设立京师大学堂，将地安门内马神庙地方的一座空闲府第作为大学堂暂时开办场所，由户部按照皇帝圣旨筹拨开办京师大学堂的

经费；经过短暂筹备，1898年12月31日京师大学堂正式开学，原计划招生500人，可实际上只招到了不足100人。两年后义和团运动爆发，1900年8月，八国联军攻占了北京，慈禧太后仓皇出逃，京师大学堂被德俄联军所占领，师生四散，学校被封闭，图书设备损失殆尽。《辛丑条约》签订后，1902年1月慈禧太后回到北京，清廷于1月10日下令恢复京师大学堂，并在丰台的瓦窑村、小屯村、郭家庄一带购买土地1 329.7亩[①]，作为京师大学堂建各分科大学之用；这年8月清廷颁布了《钦定京师大学堂章程》，规定大学堂设大学院、大学专门分科、大学预备科，大学分科设有政治、文学、格致、农业、工艺、商务、医术共7科35目，其中农科分为农艺、农化、林学、兽医4目。1902年12月17日，京师大学堂恢复开学，北京师范大学、北京大学（1949年前）一直以此日为建校纪念日。1904年1月，清政府又颁布了《奏定学堂章程》，其中的《奏定大学堂章程》规定京师大学堂分8科46门，8科为经学、政法、文学、医科、格致、工科、商科、农科；农科包括农学、农艺化学、林学兽医，并且详细规定了农科大学的课程设置。1905年11月，清政府选择在德胜门外操场地方建设分科大学校舍，把京师大学堂原先购买的丰台瓦窑村一带土地拨给农科大学使用。辛亥革命后，1912年1月中华民国成立；5月，京师大学堂改称北京大学并重新开学，农科大学仍为北京大学的分科大学之一。1914年3月，国立北京农业专门学校改组成立，农科大学脱离北京大学独立了出来。1923年2月，国立北京农业专门学校改名为北京农业大学。直到1928年11月，北平大学成立，南京国民政府又将北京农业大学改为北平大学农学院。北京大学农学院多年来一直以1905年为建校开端。

1949年10月中华人民共和国成立不久，中央人民政府教育部立

① 1亩＝1/15公顷。

即着手北京大学农学院、清华大学农学院、华北大学农学院合并的有关事宜。12月下旬，由三校联合组成的农业大学校务委员会召开会议，讨论确定校名等问题。此前征求意见时，学校的教职员工中，多数人赞成校名为“北京农业大学”，而在学生中多数人同意定名为“中央农业大学”。最后会议决定将两个名称一并上报，请教育部采择核准。1950年4月8日，中央人民政府教育部高三字（266号）通知：你校校名问题经本部研究决定，命名为北京农业大学。4月10日，校委会常委会讨论，初步决定12月17日为校庆日[①]。三个农学院的合并，把我国老一代的农学精英们真正聚集在一起了，尤其是旱作农业的精英专家们大多都聚在了这里，包括很多留学美国或其他国家的学者，他们中有不少人后来当选为新中国的院士，其中包括全国最著名的小麦专家蔡旭教授等人。

汪懋华入学时，北京农业大学校址还设在现翠微路附近的罗道庄。北京刚解放的时候，城市规模还不是很大。出复兴门往西，过了公主坟一站地就是现在的翠微路，那时候叫“新北京”，从翠微路向北走不远，就是北京农业大学的校址。北京农业大学沿用的是京师大学堂农科的校址，所在地罗道庄俗称为“骆驼庄”，与今天的钓鱼台接邻，除校园本部约100余亩平坦肥沃土地外，其余为自校园东门直达钓鱼台围墙的人工堆土而成的一长条土丘，以及龙王庙附近约2 000亩芦苇塘水面，主要用来做农业试验研究和学生实习场地；土丘上则栽植着自德国引入的速生洋槐树。校园本部四周建有围墙，与作为教师家属宿舍的宫王四住宅和公主坟为邻。学校“工”字楼的门顶上，还保存着清朝时期书有“农科大学”的石刻。出入校门时最引人注目的是写在校门旁边墙上的“教民稼穑”4个大字，生动体现了北京农业大学一贯的办学理念。校区南侧盖了不少小楼，供学校里著名专家教授们居住。

① 中国农业大学百年校庆丛书编委会，《百年纪事》，中国农业大学出版社，p. 73。

汪懋华从南方初来乍到，人生地不熟，气候也不适应。进入9月后，北京的气温渐渐转凉，早晚温差较大。从家里出来时，他随身只带了一个小箱子和一个布包，箱子里面放着一床被单。即使是旅途上省吃俭用，毕竟要在火车上挨上几天，必要的开支还是不能少的，因此到北京之后，汪懋华的口袋里只剩下10元钱了，既要吃饭，又要生活，同时在南国广东长大的人，既没有北方人秋天穿的毛衣毛裤，更没有冬天穿盖的棉衣棉被，怎样御寒成了他到北京后碰到的第一个难题。幸好他所在班的班长是位老北京，对汪懋华格外关照，他有辆自行车，见汪懋华不会骑自行车，就抽空带他练习骑车；见他穿得单薄，就专门带他到宣武门附近的地摊上购买别人穿过的旧棉衣、棉裤和棉被。汪懋华穿上的第一件棉衣是用粗布缝制的，是别人卖的旧棉衣，里面的棉花不是新的，出卖前连布表面都染过了。即便这样，有总比没有强，以后大学几年，汪懋华一直穿着这件棉衣，时间一长，棉衣穿得棉花都碎掉了好多。

庆幸的是，汪懋华赶上了好时候，政府对贫困学生们伸出了援助之手，对于困难学生，学校发放助学金帮助他们念大学，甲等助学金每月15.5元。在整个大学读书期间，汪懋华的开支是交伙食包干费每个月12.5元，剩下3元钱要应付买笔记本、肥皂、卫生纸、理发等日常生活用品开支，可以说，大学五年他一直过得非常简朴。

3. 停而复办的北京农业大学农业机械系

汪懋华就读的北京农业大学农业机械系（简称农机系）是当时

北京农业大学中唯一的工科系，这个系在汪懋华入学之前曾经因为办学条件制约考虑过停止招生。1949年北京大学农学院、清华大学农学院和华北大学农学院合并时，农机系是华北大学农学院带过来的，北京大学农学院、清华大学农学院都没有农机系。华北大学与清华大学和北京大学不同，来自艰苦的革命老区，是在战争环境中办学，人才培养上也以服务革命战争的需要为主要目的。农机系本身建系时间不长，中华人民共和国成立前办学条件也比较简陋。比汪懋华高一年级的师兄张家颉回忆道："读大一时只见到过一台福特轮式拖拉机。系里没有教授，只有两位讲师，多数时候是助教在讲课。"这种状况让学生们不免有些失望。由于农机系是工科性质，所学基础课与农科专业相差较大，与田间生产劳动结合得也不如其他专业紧密，所以农机系的同学对校领导产生了不少意见，加之不少新生到校报到后一看这种条件就不辞而别，使得校领导认为农机系缺乏继续办下去的条件，曾经研究决定停办农机系事宜，并将1949、1950两个年级的部分学生转到了天津大学水利系。

当时，一些有志学习农业机械化的学生不服气，认为既然要向苏联学习，中国早晚也要走农业机械化这条路，有一天也会像苏联一样建立专门的农业机械化高等院校。于是，他们开始联络奔走，将意见反映到主管农业机械化工作的农业部农政司，时任农政司副司长孙景鲁是位老干部。孙景鲁1933年参加革命，战争时期任过党的秘密交通员、八路军鲁西工作队队长、冀南区党委宣传部编辑、冀南五地委前线报社社长、冀南区干校教育主任、晋冀鲁豫边区政府主席秘书，中华人民共和国成立后任过华北水利推进社副社长、华北农业机械总厂厂长、农业部农科所副所长、农业部机械局副局长、农政司副司长等职，1952年10月经批准建立北京机械化农业学院后又任过学院党委书记、中国农业机械化学会筹备委员会主任等职务。他十分赞赏同学们继续办农机系的想法，并且大力支持、亲自出面沟通协调，赶在1951年招生季之前，在北京农业大学又重新组建了农机系，而且孙景鲁兼任了农机系主任，他的同事、农政司的处长、留美学习农业工程归来的陈立兼任系副主任。但此时，留下的1949、1950级入学学生继续在农机系学习的人数由90人锐减到不足30人。

1951年，汪懋华和同班同学在罗道庄合影

汪懋华1951年秋天入学时，正好赶上了农机系的恢复重建，他丝毫没有受到停办复办的影响，学习农机专业是汪懋华的自主选择，一入学他就对所学专业表现出浓厚兴趣，忘我地融入到大学的学习生活之中。农机属工科专业，对他来说，最熟悉不过的就是学校的物理学教研室。校系领导也认为学机械的学生数学物理基础好非常重要，于是专门指派物理教研室主任来做农机系新生的班主任，这样一来，物理实验室向他们打开了方便之门，不但做试验更便利了，有什么课余活动也可以安排在物理实验室，连同学们学习苏联跳集体舞、交谊舞的舞会都在物理实验室里面进行。汪懋华在高中时代就是学生团干部，对组织集体活动、参加集体活动始终抱着积极的态度，大一时有一次在物理实验室里练习跳集体舞，他旁边的一位男同学舞蹈动作过猛，手臂挥的幅度过大，一不小心把他的上门牙给碰掉了，害得他不得不花费一笔冤枉钱，重新装了一颗门牙。

4. 卢沟桥农场的农耕实习锻炼

1951年9月开学后，汪懋华这届新生只学习了一个学期多一点的基础课，就开始了为期半年的大一农耕实习。时间是从1952年的3月底到10月。实习地点在北京丰台区永定河畔的北京农业大学卢沟桥实习农场。北京农业大学有个规定，大学一年级所有系的新生都要进行全过程的旱作农耕实习，不管学习什么专业，农学系、畜牧系、农经系、农机系、园林系，统统不分专业，要到卢沟桥农场按照统一的实习大纲参加半年多的农耕实习。

北京农业大学为什么要组织一年级新生去农耕实习呢？这与学校的第一任校长乐天宇先生有关。乐天宇是湖南省宁远县人，我国著名的农林科学家、教育家、中国农民运动的先驱者之一，他于1920年考入国立北京农业专门学校林学科，于1922年成立了本校的第一个青年团支部，担任团支部书记；抗战时期延安自然科学院成立后，他被任命为农业科主任兼陕甘宁边区林务局局长。1947年起，担任北方农业大学农学院院长，1948年11月北方大学农学院改为华北大学农学院，他仍任院长；1949年12月“三校合并”时他出任北京农业大学校务委员会主任兼党总支书记。他主政北京农业大学期间，致力于解决学校和农业生产相脱节的问题：“三校合并”之前，解放区的华北大学农学院有春耕秋收时节学生短期下农村参加生产劳动的安排，而北京大学、清华大学则是一、二年级学习基础课和专业基础课，到三、四年级才接触专业课的模式。北京农业大学成立后招收的一年级学生主要来自城市，普遍存在不了解农村、不懂农事操作的情况，缺乏亲近农民的思想基础，而且学农的专业思想也不牢固等问题。于是，学校提出了农业教育要联系农业生产实际，不能只空讲理论，制定了大学一年级新生必须参加农耕实习的制度，学校成立了农耕学习委员会，由校教务处负责人任主任。

汪懋华进入北京农业大学时，是孙晓村校长主政的时期，孙校长是民主党派中国民主建国会的领导人，待人谦和、作风民主，在社会上享有很高威望。20世纪50年代，刘伯承元帅、陈毅元帅在筹建解放军军事学院期间，曾专程到北京农业大学向孙晓村校长讨教大学与学院的区别。他坚持了乐天宇时代定下来的农耕实习制度，要求所有新生都要经历从春耕整地施肥播种耕作到作物栽培、收获以及农牧业生产全过程的实际锻炼，目的是让学生们了解熟悉北方旱作农区作物种植的完整过程。

北京农业大学的校本部在北京西郊罗道庄，与卢沟桥农场相距较远，那时公路交通不方便，公共交通车也很少，为便于加强对实习学生的管理，学校就在实习农场里成立了青年团总支委员会，这个团总支是跨系组建的，汪懋华被任命为团总支委员会委员，团总支书记由学校的老师兼任。

除了劳动锻炼以外，半年里要学习的内容非常丰富，比如要学习大田作物种植过程中怎么整地，小麦、玉米等作物怎么播种，西红柿、黄瓜等蔬菜怎么种植，以及怎么中耕、管理、怎么收获等。教学方法是每天上午都上综合课，在实习农场简陋的大礼堂听教授们讲大课。所讲内容是面向全体学生的，不论他是属于哪个专业的，讲课内容通常是综合性的报告。授课的都是北京农业大学的知名教授，比如关于北方最主要粮食作物小麦的专题报告，就是由著名小麦专家、农学系主任蔡旭教授来做的。蔡旭教授是小麦栽培及遗传育种专家，我国小麦杂交育种的开拓者和新中国小麦育种工作的奠基人之一。他早年毕业于南京中央大学农学院，20世纪40年代进入美国康奈尔大学农学院和明尼苏达大学农学院进修考察，1946年回国后任农学院园艺系副教授，汪懋华入学时，他已是学校的农学

1952年，汪懋华和同学们在卢沟桥农场实习劳动

系主任。他的专题报告深入浅出地为一年级新生们讲述了小麦有什么品种、怎么种植，怎么培育，它有几个关键的苗期，田间应该怎么管理等。总之，在此期间各系学生一律统一教学大纲、统一实习时间。

下午时间学校一般会安排学生到农田参加整地、中耕除草和观察作物等劳动，尽可能多地让学生们增加对作物生长、管理的感性认识。到6月迎来了小麦收获季节，同学们一起到附近农村参加麦收。那时，麦收没有联合收割机，主要用手拔麦子，或用镰刀割麦子，学生们当然是用手拔麦子。“打棉柴、傍堤、拔麦子、脱坯”俗称北方最累的“四大活”，拔麦子与用镰刀割麦子相比，好处是麦粒损失要少，拔完后不留麦茬，农民可以把麦秸拉回家里当柴火烧。但拔麦子非常累，干活时两脚前后打开与肩同宽，头要低，腰要躬，伸出双手上下薅住一大把麦子，拧劲，挺腰，拔起，然后以脚磕去麦根余土，放成堆，扎成捆，这才算完成一个连贯动作。别看动作并不复杂，也不难学，但连续拔起来，不常干这活的人一时半会还真吃不消，而且最初几天，手上往往会被麦秸磨出一个个水泡，水泡破处难免疼痛钻心，破处长好后手上就会结出一层老茧，学生参加农业劳动“磨出一手老茧”是那个时代与工农打成一片的标志。

麦收一般在早上天刚放亮时进行，那时麦秆上还沾着露水，一方面天气凉快，干活不那么累；另一方面太阳把麦子晒得太干了拔麦时容易掉粒。拔的麦子不是学校农场试验田的，他们是在帮助附近卢沟桥一带的农民拔麦。与农民在一起拔麦就显出学生与农民的差距了、农民干活的效率很高，体力好是农民最大的优势。学生们也不甘示弱，使出全身力气想和农民一比高下，但拔麦子里面讲究技巧和体力，往往手上越没劲越想抓紧麦秆，越想抓紧就越抓不牢，手上打滑，就会被勒出水泡或者血泡，因此学生们根本没有办法和农民相比。麦收期间学校安排学生吃在农村，有时是去老乡家吃饭，汪懋华记得在老乡家吃到的最好的饭是炸酱面。把煮好的面条一捞、用炸好的酱一拌，这是给学生最好的待遇了。

除了学习和劳动外，实习期间还要参加农户访问调研活动。汪懋华晚上经常和同学一道组织访贫问苦，到农民家里去，坐在炕头和农民拉家常，问问生活怎么样、家庭怎么样、庄稼收成怎么样、经济收入怎么样，并把调查来的资料整理出详细记录，实习结束后给老师提交相关内容的调查报告。

应该说，卢沟桥实习农场初期的条件是很艰苦的，教学条件甚至不能与城里的普通中学相比，校舍不足，实验室和图书馆根本没有，教室也很少，满足不了全体实习生上课的需要，有时只能坐在马扎上露天上课，有的班级几十号学生挤在一个长方形教室上课，坐在后排的学生因距离远，往往看不清楚老师在黑板上写的是什么。课余需要自习，但自习室的座位也很少，不少学生只好回到宿舍趴在床铺上写作业。宿舍是仓库改造而成的大房间，几十个学生睡在几个大通铺上，厕所要学生们自己轮流清理，早上洗漱都是在院子里，喝的热开水要集中提取。即使这样，汪懋华还是认为通过实习了解了农民、接触了土地、摸到了作物，奠定了他以后学习实践的农学技术基础。

5. 北京机械化农业学院成立

1952年6月起，教育部开始制定全国高等学校院系调整规划，大规模调整了全国高等学校的院系设置，把民国时代的现代高等院校系统改造成苏联模式高等教育体系，这次调整的特点是：许多高等学校被分拆，大力发展独立建制的工科院校，相继新设钢铁、地质、机械、航空、矿业、水利等专门学院和专业，工科、农林、师范、医药院校的数量大幅增加，综合性院校则明显减少，高校失去了教学自主权，社会学、政治学等人文社会科学类专业多数被停止和取消，私立教育在中国退出历史舞台。

北京农业大学也在院系调整之列，作为在校生，同学们自然都很关心院系调整的情况。北京农业大学隶属于中央人民政府农业部。中华人民共和国成立初期，农业部在今天北京火车站对面的地方办公，与在罗道庄的北京农业大学相距较远，但为了了解消息，同学们听说农业部要讨论院系调整的消息，就跑到东城区的农业部机关旁听。尽管汪懋华和同学们只是大学一年级、二年级的学生，但每次去农业部从没有谁阻拦不让他们参加旁听，汪懋华旁听了不止一次，每次听完后回来向同学们转述农业部讨论的情况，这些情况不时在同学中引发热烈的议论和激烈的争论，作为学生干部，汪懋华是个有心人，有时也会把同学的意见和想法收集起来，通过正当渠道向老师和学校反映。

1952年7月，根据教育部制定的全国高等学校院系调整规划，农业部决定由北京农业大学农机系、农业部双桥机耕学校合并成立北京机械化农业学院，学校地址选在北京。当时，南京农学院农业工程系的前身是由民国时期国立中央大学农业工程系与金陵大学农业工程系合并组建的。这两个农业工程系是民国时期中国仅有的两个农业工程系，是20世纪40年代首任中国驻联合国粮食及农业组织筹委会代表邹秉文先生与美国万国农具公司商定，由万国农具公司出资、出设备，由美国艾奥瓦州立大学农业工程系为主派出4名专家教授来华帮助建立起来的。中华人民共和国成立时，国立中央大学培养出了5名农业工程专业的毕业生，金陵大学农业工程系培养出了10多名毕业生；到全国高校院系调整时，因为全盘学习苏联，就不再在高校设立农业工程系，取而代之的一律叫农业机械系。农业部双桥机耕学校是1950年4月1日由农业部批准成立的，前身是农业部第一个国营机械化农场——河北冀衡农场的拖拉机培训班，校址设在北京东郊国营双桥农场（简称双桥农场），由农业部国营农场管理局局长李直兼任校长，从成立到1952年10月，先后举办拖拉机手、康拜因机手培训班、拖拉机大修师范班、机务班、财务班等，共培养出学员2 595人。

北京机械化农业学院1952年在北京东郊国营双桥农场成立

1952年10月全国高等学校院校调整时，北京农业大学被一分为三，以农机系为基础，新组建北京机械化农业学院；森林系独立出来，合并组建了北京林学院，校址建在北京海淀区的清华东路；北京农业大学本部为了更加接近农村，1953年经校方与苏联专家联合选址，决定在西郊的马连洼购地建校，马连洼由于地势低洼，盛产马莲草而得名，当时是一个偏僻的小村庄[①]。

中华人民共和国成立初期，今天的河南省分为河南、平原两个省，新乡市就是平原省的省会，平原省有个农学院，院系调整时把平原农学院的农学系、经管系、畜牧系都合并到北京机械化农业学院来了。所以学院一成立，就有3个4年制本科专业：农业机械化、农学、经营管理；4个2年制专科专业：农业机械化、经营管理、农学、畜牧。

成立北京机械化农业学院需要有教师，于是以北京农业大学农机系教师为基础，从华北农机总厂、农业部拖拉机总站、中国农业科学院、平原农学院等单位调来一批老师，组建起了学院最早的一批教师队伍。第一批生源则是把北京农业大学农机系1949年以后入学的各届学生转到了北京机械化农业学院，汪懋华所在的1951级学生自然也被转到了新的学校。同时还把华北农机总厂农业机械化专科学校1952年毕业班的30名学生转学到学院继续上大学。华北农机总厂农业机械化专科学校是1949年12月由农业部决定在北京九龙山华北农业机械总厂内设立的，学制1年，由时任农业部副部长张林池兼任校长，清华大学著名农业机械学者刘仙洲教授兼任教务长，留美归来的陈立任副教务长。学校先后招收两届学生100余人，于1951年4月入学，分铸造、机制两个班。

1952年10月15日是汪懋华一生中最难忘的一天，北京机械化农业学院成立，他的一生从这天起和这所学校紧紧地联系在一起。

① 中国农业大学百年校庆丛书编委会，《百年纪事》，中国农业大学出版社，P92。

在北京双桥农场双桥机耕学校举行的成立大会上，北京机械化农业学院代院长张省三致了开幕词。到1953年7月13日，高等教育部和农业部联合通知北京机械化农业学院，进一步明确学院的任务是为国营农场、机器拖拉机站、集体农庄培养农业机械化高级专门人才和经营管理干部，专业调整为以农业机械化和社会主义农业企业经营管理为主。专业调整后，北京机械化农业学院更名为北京农业机械化学院。

6. 双桥农场的过渡时期

北京机械化农业学院虽然成立了，但面临的现实困难却是没有现成的校舍。关于学校的校舍问题，1952年10月24日的农业部常务会议是这样定的：在北京西北郊小月河以西、清华东路北侧划定一块地皮，建设北京机械化农业学院新校舍，所有建筑及机械设备的费用都从农业部的预算中划拨。

建新校舍需要时间，远水解不了近渴，学校要办，学生们还要上课，因此农业部决定将农业部的双桥农场作为过渡的办学场所。当时双桥农场有个归农业部管辖的国营拖拉机站，我国从苏联进口的拖拉机大都先到这个拖拉机站，然后再分配到全国各地，那里还经常住着苏联专家，指导中国技术人员从事拖拉机的维修和驾驶。

汪懋华和同班的21个同学很快由罗道庄的北京农业大学整体转到了双桥农场，组成北京机械化农业学院的各路人马短时间内也按照上级要求迅速汇集到双桥农场。农场简陋的大门两侧，一侧悬挂着“国营北京双桥农场”的牌子，另一侧则挂着“北京机械化农业学院”的牌子，到1952年秋新生入学后，全校学生共有688人，包括本科生233人，研究生59人。农业部任命的学院领导班子成员也陆续到位，两位副院长孙文郁和孙景鲁1952年11月21日到学院上任后，立即着手组织学生开课的有关工作，3天后的11月24日，1952级新生就开始正式上课了；学院的第一任院长、参加过广州起义和东江暴动的老红军徐觉非奉调进京于12月初到任，此前他在湖北省任农林厅厅长、荆江分洪工程指挥部的指挥长。

徐觉非院长到任之前的代院长张省三是位1926年入党的老党员，早在燕京大学农牧系上学期间就开始从事革命活动，中华人民共和国成立前后，担任过晋察冀边区政府农林合作科科长；冀中行署农林厅厅长、冀衡农场场长、华北农业机垦处处长、中央农业部垦务局局长、国营农场管理局局长等职务。调他作代理院长是因为他曾经在黄泛区建立起了华北第一个机械化国营农场——冀衡农场，在那里主办过拖拉机培训班，对国营农场和现代化农业机械比较熟悉。当时国家能称上机械化农业的地方除东北国营农场外，就是在黄泛区国营农场里还有少量现代意义的农业机械。东北农场使用的拖拉机机型主要是苏联德特54型（即后来的东方红）和斯大林80型；冀衡农场的机械主要是联合国善后救济总署（UNRRA）援助的一批美国制造的拖拉机和农机具。

比汪懋华高一两届的学生，也就是1949年、1950年入学的两个年级学生不在双桥农场上学，他们是在京郊九龙山华北农业机械总厂（后改为北京内燃机总厂）上课的；其中，1949年入学的学生有10余人，因新校区建设的需要，他们基本都不上课了，被学院直接抽调去参加建校筹备，帮助做基建，施工管理等工作，这届学生毕业后基本都留在学校工作了。学院基本建设自1952年10月动工，建设速度很快，到1953年6月就初步建成。其余各级学生在6月以后陆续搬进了清华东路北新建的校舍。

让汪懋华感到幸运的是，在双桥农场他接触到了多种类型的拖拉机，驾驶操作实习条件很好。当时从苏联进口的机型都是链轨式拖拉机。另外，农场里还有几辆小轿车，汪懋华等也有了练习汽车驾驶的机会。学习拖拉机维修技术的实习条件很好，那时拖拉机的维修保养基本都在双桥拖拉机站，站里云集了一批技术过硬的工匠师傅，都是能够起带头作用的技术骨干，维修机械不仅技术熟练而且干出的活干净利索。汪懋华本来动手能力就很强，又喜欢动脑子，他很愿意跟着这些师傅们在拖拉机底下爬进爬出，或是给师傅们当当下手，或是跟师傅们一道检修、拆卸、清洗油泥；一些关键的部件、一些常见的机械故障，他都用心去记，每每都有心得。在师傅们的传、帮，带下，他在双桥农场期间初步有了拖拉机驾驶、拖拉机保养方面的实践经验。

在双桥农场校本部里，汪懋华不但经常能接触到苏联生产的拖拉机，有时还可以直接接触到苏联专家。苏联援华的拖拉机方面的专家很多都驻扎在那里。因为与苏联专家接触，产生了学习俄语的需求，同时，由于政治环境的影响，我国正在“一边倒”地学习苏联，大学也开始把俄语作为大学生的第一外语。不仅如此，北京机械化农业学院成立后设置的农业机械化专业，在国内没有现成的教材，不得不引进苏联的教程，然后再翻译成中文，以致北京农业机械化学院初创时建立的教学体系和教材都来自苏联，连拖拉机随机配送的说明书上注明的一、二、三、四号保养规程也都是俄语的。开始时，教学上面临的最大困难是老师和学生都不懂俄语，于是首先要解决的问题就是学习俄语。当时学校里有一个俄文教研室，俄文教研室的老师们成了学校里最吃香的群体，他们中有不少是从东北地区的学校过来的。抗日战争胜利以后，从大连到哈尔滨很多大学都有苏联人来华任教，帮助东北当地培养了不少俄语人才，这些人才有了发挥作用的舞台。

根据这种情况，学校决定组织师生们搞俄文突击学习，在1952年冬天突击学习一个月，这成为学校里的一个重大事情，而且是老师和学生一起学习，由学校的俄语教师和聘请的苏联专家为师生们授课。汪懋华在这期间表现得很勤奋，每天背单词、背句子，抓住机会找老师、找同学练习对话，不懂的地方就虚心请教，一个月下来真有了不小的进步。但是他发现学习俄语进步最明显的还是他的老师们，像曾德超、万鹤群这些年轻教授都是中华人民共和国成立前留学美国学习农业工程归来的，接受过英文教育，英文功底很好，而外国语中很多技术名词和发音是有共性的，掌握学习规律也比学生们要快，这些老师很快就能对付着看俄文资料了，只是与苏联专家进行口语交流还不太行。同时，他们懂农机专业，熟悉英文的专业教材，有了一些俄文基础后就可以翻译教材了。正是这些老师的努力，汪懋华和同学们在大学期间，就能够学习到从苏联引进的专业课和基础课教材，如电工技术、理论力学、材料力学基础和汽车拖拉机、农业机械学等。

总体上讲，学院在双桥农场过渡期间，汪懋华这一届的学生基

北京农业机械化学院从双桥农场搬迁之前，师生们摘下挂在场门口的学院牌子

本上没有继续上过正规的理论基础课，主要任务就是驾驶实习、机器维修实习和俄文学习。

7. 海南岛垦殖实习

1952年12月，时任国家林业部特种林业司司长的何康找到学院副院长孙景鲁，告诉他，中央得到消息，在苏联，斯大林与毛泽东主席会谈的时候说，我们整个社会主义阵营，除了中国广东雷州半岛南部和海南岛、云南省西南部分热带地区可以种植天然橡胶之外，其他地方都种植不了。斯大林从战略高度考虑，社会主义阵营造飞机轮胎必需的天然橡胶，靠资本主义阵营提供原材料是靠不住的，要加快速度，建设社会主义阵营自己的天然橡胶生产基地，这是从国防角度提出来的战略思考。苏联在第二次世界大战（简称二战）中膨胀起来的军事工业和战后恢复的庞大经济建设计划，都离不开天然橡胶，而当时所用的橡胶几乎全部从西方阵营的渠道进口，也曾委托中国通过华侨到东南亚代购，代购单上开出的数量很庞大。朝鲜战火一起，冷战开始，这些路子断了，斯大林为此十分焦虑。当时苏联的科技水平可以与美国媲美，能够制造出原子弹，但就是生产不出天然橡胶。幅员广大的苏联国土，全部处于温带和寒带，只能种植少量的橡胶草，而胶液含量极少的橡胶草，基本上没有战略资源利用价值。尽管后来生产出了人造橡胶，也无法完全替代天然橡胶，在某些使用领域，非天然橡胶莫属。比如飞机的轮胎，必须用上等的天然橡胶制造，才能经受得住飞机着陆时巨大的冲击力。中国可以大面积种植橡胶树的信息，在斯大林看来比爆炸成功一个新的原子弹更有价值。所以，两国政府商量决定派几十位苏联专家、几百台拖拉机（主要是斯大林80型和德特54型链轨拖拉机），还有些挖坑机械等，到中国帮助垦植天然橡胶，试种品种是巴西三叶橡胶树。为此在广东雷州半岛和海南岛成立了13个用于开垦橡胶林的拖拉机站。

紧接着，何康在12月来学校做了动员报告，主要是强调巩固社会主义阵营，打破帝国主义的经济封锁以及加强国防建设的重要性；并且说明准备把1951级的21个学生和上一年级16个学生共37人派到广东省的华南垦殖局实习，参加拖拉机垦荒种植橡胶林，希望同学们珍惜这次与专业相结合的实习锻炼机会。何康是福建福州人，毕业于广西大学农学院园艺系，1939年经董必武介绍加入中国共产党，中华人民共和国成立前一直做地下工作，1949年上海解放时，任上海军管会农林处处长、华东军政委员会农林部副部长，中华人民共和国成立后长期工作在农业战线，20世纪80年代担任过农业部部长，他对我国培养新一代农业机械化专业人才和农业机械化事业的发展给予了很大关注。

1953年1月，北京机械化农业学院1950级、1951级的37位同学从北京前门火车站启程，他们是：1950级的张珍、董葆莘、黄尔立、陈家凤、郭惠芳、柏胤庆、瞿名扬、余维浩、张家颉、刘先珩、郭茂德、张庆安、张绍裘、暴纯武、萧镜、季荣照；1951级的汪懋华、张林伯、叶德真、杨芳、林舜英、许大兴、毛节荣、晏金钟、钱文林、马博森、周嘉德、李宝会、冯新华、高渊、韩铣光、李荫棠、符锡琛、李宗唐等；学校指定张珍、董葆莘和汪懋华3人为领队。乘火车到达武汉时一看，和汪懋华当初北上求学时一样，还是要从汉口坐渡船过长江，这次南下旅途虽然同样辛苦，但与他一年多前北上求学时相比，心境全然不同，没有了焦虑、没有了不安、没有了孤独，身边是一群朝气蓬勃的同学，前方是祖国的事业召唤，昂扬的激情相互感染，汪懋华感受到这是一次愉快的旅行。

到达广州后，华南垦殖局广州代办处负责接待参加垦殖开荒的学生，为他们安排吃住，稍事休息以后，就着手安排送学生们去湛江市的赤坎区报到。华南垦殖局是1951年11月初由中共中央发出通知成立的，中央任命中共中央华南分局第一书记叶剑英兼局长，中共广西省委书记陈漫远、中南财经委员会华南分会副主任易秀湘、海南军区司令员冯白驹兼任副局长。成立之初，总部设在广州市沙面珠江路一座英国人留下的欧式洋房里，南濒珠江的白鹅潭。到1952年年底，由于粤西的高（州）雷（州）地区被确定为种植橡胶的重点地区，军人出身的叶剑英做出决策：像打仗一样靠前指挥。华南垦殖局从广州搬迁到湛江市政府所在地赤坎区，广州只留有一个垦殖局的代办处。广州代办处帮助学生们联系了五辆苏制GAS-51型卡车运送学生。这是一种矮帮车，37个同学平均7 ~ 8人乘坐一辆。卡车并不是只拉人，还要载货，学生们就坐在货物上面，车厢没有座位，只得把各自行李绑好后坐在行李上面。从广州到湛江不过四五百千米路程，今天走起来只用半天就可到达,但在当时，却是艰辛的旅途，狭窄的广海公路穿过珠江三角洲西缘后，就开始在丘陵和山区蜿蜒，上坡、下坡、拐角、急弯，路况极糟，大段大段的沙土路面像搓衣板，很多路段还留有山洪冲刷出的沟凹。途中大概要过10条以上的河流，汽车隔一会就要上一次渡船。走走停停第一天只开到阳江，住在了那里；第二天晚上才到赤坎区，整整用了两天的时间。这当中还出了个小意外：汪懋华从家里出来上学时，随身带的东西除有一个小箱子外，还有一个自己家里缝纫的蓝布包，他很珍惜的一直带在身边，但在阳江过夜的时候放在车上一不留神被小偷偷走了，令他十分惋惜。

湛江是座中西文化杂糅的城市，由赤坎和霞山两个城区组成，20世纪50年代初，两区之间有一条长11千米的公路连接。位于北面的赤坎区是老城，一条大街贯穿南北，大街两旁的广式骑楼遮挡了背面古老低矮的砖瓦建筑群。城区中心，一些法国风格的楼房围出一个小广场，叫南华广场，华南垦殖局的办公新址就设在南华广场旁的南华酒店。在赤坎区住下之后，华南垦殖局领导马上找张珍、董葆莘、汪懋华3位领队谈话，听取他们关于垦荒人员情况的工作汇报，并向他们交代工作任务和相关安排。华南垦殖局下辖高雷垦殖分局、粤西垦殖分局和海南垦殖分局，根据工作需要，决定安排北京来的37人中的11人过海去海南岛垦荒，其他26人留在雷州半岛；留在雷州半岛的人又分成两部分，三分之二的人下到拖拉机站，原则上每个拖拉机队一个人；剩下的几个人留在总局的机务处工作，专门做一些帮助领导写材料的事情和陪领导到各处去检查工作。同时还作出决定，由副领队汪懋华带领11个人去海南岛，参加那里的垦荒工作。

领受任务后，汪懋华一行11人立即从赤坎区出发乘车到了海安县的渡船码头，海安县是广东陆路最南端的一个县，隔琼州海峡与海南岛相望，几年前，解放海南岛的战役，第四野战军的勇士们就是从这里乘船出发的。汪懋华和他的队伍上船的时间是在晚上，登上的是一条露天甲板船，船上没有棚子。上船后只见甲板上已经排列好五六台链轨式拖拉机，不用问，肯定是用于海南岛垦荒种植橡胶的。汪懋华心想，人员有了，机器有了，就等着大干一场了。夜里12点左右船启航，海上黑蒙蒙的一片，第一次乘船出海的汪懋华抑制不住好奇，站起身来放眼向四周望去，前方和两边一片一片尽是小礁的阴影，他乘坐的船就在礁石间小心翼翼地钻来钻去。直到钻出了礁群，他提着的心才放回了胸腔。夜晚海浪很大，船走得不稳，汪懋华一行就躺在拖拉机旁边的甲板上休息，没有床铺，天当被，甲板当床。拖拉机的链轨随着船身摇摆有些松动，不时哗哗作响，他只能平躺着，听着链轨的哗哗响声彻夜难以入睡；船不停地摇晃，他不敢坐起身来，一起来就会有晕船反应，难受的情况可想而知，直到快天亮时终于到达了对岸的海口。

到海南岛后海南垦殖分局对汪懋华带领的11个同学再次进行了分配，他和另外两名同学被分在了位于澄迈县景福山镇的第十拖拉机站，当他们到第十拖拉机站后又继续向下分配，每个人都被单独分到一个拖拉机作业队，与队里那些东北调过来的部队拖拉机手们混编在了一起。结果，到海南的11个人形成了东线一队、西线一队，分别隶属于几个拖拉机站。

早春的海南岛到处是蓬勃的翠绿，这里全年都没有真正意义上的冬天，绿色会覆盖着一年四季。但和北方一样，这里也有季节的区别，只不过四季的温差没有北方那么大罢了。冬天，越过南岭的北方寒流偶尔要在这里光顾一下，一些树种也要落点叶子，有的植物还会出现枯黄；到了夏天骄阳似火，大地蒸腾，溽热难当。拖拉机队为了方便作业选择了在山坡、田野里安营扎寨，他们搭起草棚，能在里面睡觉就行，草棚随时可以拆掉，往往是在一大片地开完荒后拆掉住过的草棚，转移到另一大片地，再搭建新的草棚子，无法建设固定的住房。虽是冬末春初，但海南岛的温度依然较高且多雨潮湿，再加上蚊虫叮咬、设施简陋，学生们一时感到很难适应环境。

汪懋华到拖拉机队后的主要工作就是开拖拉机垦荒作业，但一开始时队里并不让这些学生们开，只能坐在拖拉机上给驾驶员当助手。队领导不知道，由于在双桥农场上学时经常接触和练习驾驶拖拉机，还经常动手参与维修保养拖拉机，汪懋华的拖拉机驾驶和维修技术还是说得过去的。只是那年代人的思想观念朴实，领导让做什么就做什么，既不讨价还价，也没有怨言，当助手就当助手吧，每天白天汪懋华下地随拖拉机干活，一到晚上只要有空闲就在煤油灯下看从北京带来的俄文拖拉机资料。

因为拖拉机作业时间长、作业强度也大，时不时就有拖拉机要进行保养。进口机械比较讲究，隔几天要做一号保养，再过几天又是二号保养。由于汪懋华平时比较注意知识积累，对什么时候该进行保养了，比如进行二号保养时的1、2、3、4步程序都是些什么，他都已经从拖拉机随车带来的俄文说明书上看明白了。但部队调过来的驾驶员不知道这些，经常是第二天该做保养了，晚上才捧着说明书来问他说明书上的洋文都讲了些什么。汪懋华每到这时就会耐心告诉驾驶员师傅，一号、二号保养都要做些什么，如何去判定油泵油嘴的零件是否需要拆下来冲洗，还会给他们指明哪些地方需要打润滑油、润滑黄油枪该怎么往里打等，书本上的专业知识这时开始发挥作用了。在他看来，其实做到这点并不难，拖拉机的说明书上都是有配图的，清楚地告诉你到哪里去找黄油嘴，如何使用油枪，只不过说明书是俄文的，当时队里只有他一人能看懂，还能与实际操作紧密结合起来。这类小事积攒多了以后，周围人们渐渐地发现，北京过来的这小孩挺聪明的，有文化、懂技术、会操作，开始对他刮目相看了，所以没用多长时间，汪懋华就当上拖拉机驾驶员，自己也可以带助手出去作业了。

20世纪50年代初，海南岛地处国防前线，时不时还有空投特务的事情发生，在他们之前到垦区的垦荒队伍所到之处，当地党委和政府都要做好保卫工作，民兵们风餐露宿、不辞劳苦地放哨保卫。同时，广袤无垠的田野里原始树木丛生，也要避免野兽和虫蛇的侵扰，比如野猪，如果作业时碰上它最好远远避开，野猪发起怒来会龇开长嘴，露出獠牙，嗷叫一声，发疯似的冲向目标，力气大得能把小树拱倒。海南的湿地水田里面伏满蚂蟥，作业过程中不小心脚伸进水里，蚂蟥会密匝匝吸住人的小腿，把腿部吮得鲜血淋淋。此外，蛰伏在林间、草丛中的毒蛇是致命的威胁。

汪懋华所在拖拉机队的垦荒工作昼夜持续进行。海南浅丘地形多，地广人稀，作业时间很长，有时在狭长地块作业，晚上天黑了接班开始驾驶拖拉机向另一头开，一路进行着翻地作业。夜里12点左右，开到了这块地的另一头，远远看见对面闪烁着煤油灯的亮光，那是挑着担子送夜班饭的人在那里等着。吃完夜班饭，他又往回开，开回这一头的时候天就亮了，一夜时间只走了一个来回，可见垦荒规模有多大、距离有多远。有时，他开着拖拉机往前走，灯光一照，荒野里的野兔子都朝灯光围拢过来，伴着灯光乱窜乱跑，在荒原上驾驶拖拉机不容易出交通安全问题，你只管把稳方向盘照直向前开就行，有了这些小动物在拖拉机旁做伴，干活时他反而感觉不出枯燥。

除翻地外，另一项艰巨任务是拔树，拔的都是原始森林里的树。海南由于土壤好，气候好，原始森林里的树根扎得深，长得很粗大。拔树时需要在树上捆上很粗的钢丝绳，用两台斯大林80型拖拉机把钢丝绳绷紧，负责指挥的人一声哨响，两台拖拉机同时加大油门向两个方向一齐拉才能把树连根拔下来。拔下来的树用钢丝绳捆好后再用德特54型拖拉机拖出去。拔完大树后还要清理灌木林，对付这些用的是砍树机和挖根机。为了清除在地里的树根，还需使用单铧犁犁地，这不是为了深松，而是要把埋在地下的树根拉出来，单铧犁通常可以深松到50厘米的深度，但这种犁只有斯大林80号大型拖拉机才能拉动。有差不多半年的时光汪懋华就是这样度过的。

华南垦殖局的十几个拖拉机站里都是苏联提供的设备，每个站里起码有两名苏联专家。在学校临出发前汪懋华就听说华南拖拉机站里有苏联专家，现在离苏联专家们近了，他感到这是非常好的学习机会，又能学习俄文，又能学习专业技术，想象着遇到什么问题后都可以当面向苏联专家请教，他感到机会太难得了。到海南岛后，汪懋华和分在一个拖拉机站的另两个同学约定，每个星期天他们分别从各自所在的作业队出发，行走到拖拉机站去和苏联专家见面，每人差不多都要走10 ~ 20千米路，平时遇到了什么问题、技术上有什么想法，积累起来去当面请教苏联专家。这些苏联专家不过是些技术人员，也不是什么大牌专家，但对拖拉机的技术掌握得都比较好，汪懋华经常跟他们见面练习俄语，逐渐地敢张嘴说俄语了，也为以后留学苏联打下了一定的语言基础。

垦荒过程中后来出现了一些问题，起因来自两个方面：一是来到华南垦殖局后，学院领导对学生们的情况很少过问，大家有种失落感。当时有个重要的秘密只有几个领队和副领队知道：华南垦殖局的领导在学生们下拖拉机站之前给几位领队交了个底“你们这批学生这次过来垦荒，当地领导很重视，你们有文化，又是学习这个专业的，还懂俄语，实习后就希望你们留在这里别走了。”同时又叮嘱说：“你们要有组织纪律性，先别和其他同学说，你们心里有数就行。”对这件事汪懋华也没有过多地去想，只是按照上级要求保了密，也不知道学校是不是已经把他们当成华南垦殖局的人了。二是那些没有下到拖拉机站留在了垦殖局总部机关的部分同学心里产生了不平衡，他们认为你们下到拖拉机队天天开拖拉机练了本事，我们每天跟着领导到处检查工作学不到技术，与来实习前做动员时讲的情况不相符。于是同学们之间经常通信，说是学不到技术、荒废了时间，提出让3个领队回北京去找院长告状。当时汪懋华在海南岛，回北京一趟没有那么方便，同学们就提出让另两位领队张珍和董葆莘回去，商量来商量去，最后选派了1950级的萧镜和1951级的叶德真两位同学作为代表回了一趟北京，当面向孙景鲁副院长汇报情况，反映说这部分同学才上大学二年级，天天跟着领导跑，学不到技术，没有达到实习的目的。孙景鲁副院长人很正直，听说后大吃一惊：“啊？我们的孩子在那里是这种情况？这样干不行，让他们都回来。”1953年6月就把这批学生全部从广东调回了北京。

8. 重读一遍大学二年级

1953年6月末，从海南岛回到北京时，学校已经从双桥农场搬进了学院路的新校舍，汪懋华和同学们的学习环境安定了，可新问题又出现了：首先是大学二年级的课程他们因为去垦荒实习根本就没有学过，落下了很多课，高等数学、物理等课程实际上还是在大学一年级学过半年多时间，从1952年3月底到10月开始农耕实习就没有上过基础课和专业课。进入大学二年级后，经院系调整、首先在东郊双桥农场开办北京机械化农业学院，之后还突击补习过一个月俄语，接着又去海南岛参加拖拉机垦荒直至1953年6月末才回到学校，实际上没有上过一年级下半年的基础课。当时，1952年入学学生的一年级下半年课程已经上完，马上要放暑假了，再开学后1952级的学生就要升入本科二年级了。鉴于这种情况，学校决定从海南回来的1951级学生和1952级入学的学生合并进入二年级学习。这样汪懋华所在班级实际上就在学校多留了一年，等于多上了一年实践课。为保证他们开学后能够跟上课程进度，学校在1953年的暑假期间还特意给华南农垦局实践回来的同学补课，专门开了一些落下的一年级下半年必修的基础课。

20世纪50年代，新落成的北京农业机械化学院主楼

1952年9月新学期开始，学校农业机械化专业第一次扩大招生，这届学生分设6个班，每班30人左右，约180多名学生。这时，前一年的实践锻炼经历对汪懋华在学习上的帮助显现了出来，特别是学习理论力学、材料力学、机械原理、机械零件等专业基础课程时就感觉比较形象了。学理论力学时，他们在拖拉机田间作业实践中碰到过的许多实际问题，如机械怎样受力？机械元件和牵引杆被拉断、扭曲是什么原因造成的？学习理论力学以后马上意识到：原来是这么回事。同样，汪懋华实习中也看到过构件断裂，但不知道是怎么断的，学习材料力学时，因为头脑里有了力学与材料分析能力，对材料问题、强度问题、应力应变问题的理解也容易多了。学习机械原理、机械零件设计时，老师讲到哪儿，他都有很大的兴趣和联系实际的理解。

最让汪懋华欣慰的是，垦荒实习的苦没有白吃，有了生产实践这个环节，重新回到课堂后，一是学习兴趣浓了，知道了什么知识最重要，应该掌握哪些学习重点。二是理解力强了，有了实践基础，对理解理论有很大帮助，后来他的学习就很顺畅了，大学期间除了两三门课程考试成绩是“良”外，其他的都是“优”。在后来大学学习期间，教学实践环节依然很好，让汪懋华感到满意。回来后重上大学二年级期间，有一个月的金工实习，要求学生们练习使用钳工、开车床、铣床、电焊，这些训练使汪懋华动手操作能力提高得很快。有了金工的基础，以后他们到哪去实习都能动手干活。

大学三、四年级在校期间，学校还安排了先后三次去东北农垦农场实习，每次约一个月。第一次是到黑龙江九三农场参加联合收割机麦收实习，七、八月份小麦收获，正是暑假期间，与当初在卢沟桥试验农场拔麦子不同，在北大荒他见识了大型康拜因收获小麦的壮观景象。第二次是到查哈阳农场实习，农场位于黑龙江省齐齐哈尔市以北，是拖拉机冬季大修实习，时值一月份，是一年中最寒冷的季节，在那里实习拖拉机大修。当地气温零下30度，汪懋华是南方人，还是个穷学生，根本没有足够的御寒服装。怎么办呢？他在棉鞋里把两双厚袜子一块穿，身上裹着件棉衣，因为东北是烧火墙，屋子里面温度不低，如果不出门还比较暖和。只是在修理拖拉机的车间里比较冷，要有一定的毅力才能挺住。在这一个月时间的修理拖拉机实践中，汪懋华实习拆装整个拖拉机，把全部零件拆下来清洗，然后再装上，三下两下，使他完全熟悉了拖拉机的内外构造。第三次是到克山农场进行一个月的春播实习。克山农场在哈尔滨市和齐齐哈尔市之间，要从北京坐火车到哈尔滨，再换车到达那里。每次去东北实习都是坐火车去，学校给学生们包节车厢、买硬座票，硬座车厢每排有3个座位，面对面坐着的6个人中，有几个人钻到座位下面睡觉，还有两个在座椅上面睡，大家轮换着躺在座椅上休息，苦中作乐。正是如此多的实习环节，使汪懋华到大学毕业时懂了专业知识，也有了一定的职业技能。

1953年，汪懋华大学二年级时留影

9. 热心学生工作的团干部

汪懋华曾坦言：一生和理工科结缘，很少涉猎文学作品，原因是不喜欢也没时间看小说。但《红楼梦》《水浒传》《三国演义》等文学名著他都读过，而且古典名著也就只看过这三本。看这些书是在家乡兴宁县快解放时，国共两党打着拉锯战，学校不得不停课，夏天也不是帮家里做帽子的季节，没有事情做，他就趁机读了一些文学作品。

上大学期间，汪懋华吃的苦比一般同学要多些，因为他发现了自身的不足。在家乡上中学时，汪懋华在同学中间是比较优秀的，所以高中毕业敢于报考并且考上了北京的大学。但上了大学一年级后，和北京、上海等大城市来的同学一比，就看出了差距：大城市的教育水平到底要高一些，班里几个上海和杭州来的同学见识广、很聪明，学新知识也快，所以一上大学他的学习成绩并没有表现出领先。但他的长处是爱学习、能吃苦、敢吃苦，他的成绩虽不领先但一直也没有掉队，处在中上水平的位置。他给自己打气，在这个基础上就拼吧。寒假来临，上海等大城市的同学都回老家过年去了，而汪懋华回不了家就只有看书，白天到图书馆看，晚上一个人在房间里看，还不时整理学习笔记和学习思路，寒假期间基本不出校门。不出去是因为学校地处郊区，位置较偏，上哪都得坐车，而他舍不得花费车钱。

1955年，汪懋华（前排左一）与同班同学同游颐和园

从大学二年级起，汪懋华一直是北京农业机械化学院的团委委员，是宣传部长。从个人性格讲，汪懋华不是一个活泼的人，唱歌跳舞都不是他的强项，但他的长处是热心公益性的工作，当团委主管宣传的学生干部，他要管的事情还包括每天下午5点钟组织动员各班同学下楼跑步锻炼，不让他们在教室里久待。星期六晚上学校举办舞会，他负责出面要求各团支部书记带头，都到礼堂去跳交谊舞。他本来不会跳舞，可是要动员别人跳，自己就得带头跳，常常是主动带领大家走进舞池跳舞。

除组织文体活动外，汪懋华还有很多社会工作要做。1955年新生入学时，农业机械化专业招了15个班、400多人。这么多班级，开学前需要临时配备班干部，指定各班的临时团支部书记和支部委员。团委给他的分工是帮助看新生档案，了解每个人是从哪个学校来的，家庭出身怎样，个人政治表现如何，看看谁适合当各班班长、副班长，谁适合当团支部书记，谁适合当组织委员和宣传委员等，这些都需要学校临时指定，以后再正式选举，以便新生入学训练的时候有人出面组织。通过这类社会活动，他认识了很多人，他的夫人张乃云就是1955年入学的农业机械化系新生，是经他手挑选出来的班级团支部组织委员，只是当时还没有交男女朋友的意思，开会时大家见过面，平时也没有什么联系。

因为汪懋华和15个新生班的班干部都熟悉，虽然他只是个高年级的学生，但他还是常以校团委宣传部长的身份召集15个班的班干部、团干部开会，给他们布置要做的工作。当时学校里也有一些学生干部把主要精力放在了组织学生活动的方面，结果罔顾了自己的学业。汪懋华知道自己能到北京读大学不易，就时常提醒自己：我不能这样做。在这方面他的确处理得很好，他经常利用吃饭的空暇，在饭堂里端着饭碗和同学们聊聊工作，或利用业余时间做团委工作，工作也做了，还没有耽误学习。大学的这种生活对他思想上的成熟很有帮助，那个时代提倡的是要培养关心别人的人，要关心同学、关心周围的人、关心社会，不能只想着自己，学生干部要带头做好这些。学生干部的经历对他的思想方法、工作方式、组织能力都是极好的锻炼，使他学会了处理学习和工作的关系，从不在上课时思想开小差去想工作，以致以后一生中都养成了“干什么时想什么”的习惯。

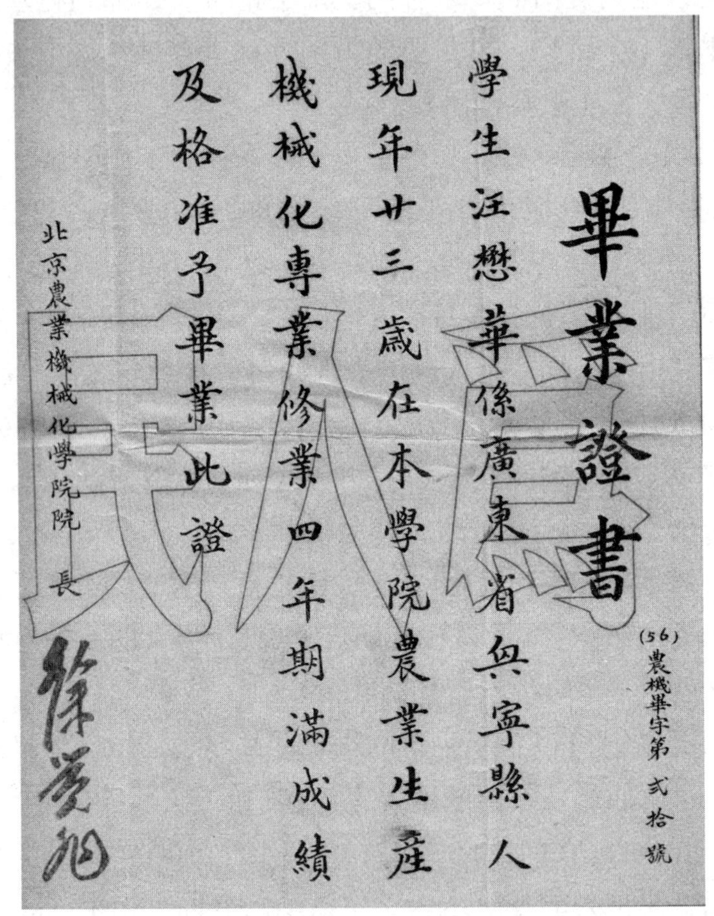

(56)农機畢字第 弍拾 號

畢業證書

學生汪懋華係廣東省興寧縣人現年廿三歲在本學院農業生產機械化專業修業四年期滿成績及格准予畢業此證

北京農業機械化學院院長

汪懋华大学本科毕业证书

第三章

留学苏联前后

1. 入　党

1956年夏天，经过5年的校园生活，汪懋华就要从北京农业机械化学院毕业了，大三大四期间，他在学习上的后发优势充分显现了出来，越到后来成绩越好，已经在年级里名列前茅，具备选拔去苏联留学的条件了。大学毕业前一年，学校就开始在汪懋华这届学生中着手准备选拔留苏预备生。选拔赴苏联留学生的工作始于中华人民共和国成立初期，1950年《中苏友好互助同盟条约》的签订，为中国学生留学苏联铺平了道路，1951年7月，高等教育部发出《急速选拔留学生的指示》后，当年就首次向苏联选派了300多名留学生，整个20世纪50年代，这项工作一直在进行着。汪懋华在校学习成绩优异，但在选拔过程中他却遇到一个问题，他不是中共党员。虽然在大学时代他一直当着校团委干部，但始终没能加入中国共产党，这样政治条件上就有所欠缺了。当时派往苏联留学，首先强调的是政治条件，政治上若不符合标准，其他一切都无从谈起。

汪懋华入不了党的原因还是与父亲有关，这让他在社会关系方面过不了关。父亲汪锃在中华人民共和国成立前在国民党政权时期办过杂志，又和家人一起一直在香港居住，这样汪懋华就是有海外关系的人，虽然那时父亲在方方面面根本不能给他提供什么实质性的帮助，但对他的海外社会关系影响是抹不去的，那个年代海外关系经常会给在国内学习、生活、居住的人们带来不必要的麻烦。

所幸北京农业机械化学院领导对汪懋华这个学习尖子还是很呵护的，对他的前途很负责任。为了搞清汪懋华的海外社会关系问题，学校专门派从事人事工作的同志到广州对他父亲的情况进行外调，

1956年毕业时，全班同学与孙景鲁院长（后排右五）合影

力求给他做出一个公正的结论。外调的同志根据汪懋华提供的线索，到广州后找到一位早年与他父亲共过事、了解他父亲情况的老革命，此人当时正担任《南方日报》总编辑，地位高，说话很有分量。这位前辈听外调人员说明来意，并且了解到如果搞不清事实真相就有可能影响到汪懋华的前程时，马上坐不住了，当即给汪懋华出具了一份证明，证明他的父亲在中华人民共和国成立前是位开明的进步人士，抗日战争时期是位爱国的新闻记者，一直在宣传民族抗战；抗战胜利后，又在所办刊物上宣传进步思想，因为躲避国民党当局的迫害才被迫移居香港，在香港也是一位爱国进步人士。有了这份证明，排除了汪懋华海外社会关系上的疑点，1956年1月学校党组织根据他本人的申请，批准他加入中国共产党，实现了他多年来的政治愿望，这样一来出国留学的政治审查自然也就没有问题了。

2. 留苏预备部——出国前的准备

汪懋华所在的年级共有180多名学生，按照国家的计划安排，学校根据个人政治表现和学习成绩，从中挑选了十几个人准备选送出国留学，除了到“老大哥”苏联外，还有派往东欧其他社会主义国家的。被挑上的人要参加业务考试，农业机械化专业要考机械零件、力学、数学、外语等科目。汪懋华在考试中再次展示实力，考的成绩都在90分以上。

1956年9月新学年开始后，汪懋华进入北京外国语学院留苏预备部，地点在西城区西单的鲍家街43号。这是清朝末年醇亲王的府邸，早年，5岁的光绪皇帝就是从这里走出来被送入宫廷的。光绪皇帝进宫后，这里成为“潜邸”，醇亲王府搬往了什刹海一带。1951年，中央人民政府委员会秘书长林伯渠在苏联进行为期几个月的疗养和考察，期间接触到了大量新中国派往苏联的留学生，详细了解他们的学习和生活。回国后，林伯渠向刘少奇和周恩来介绍情况：据中国驻苏联大使馆反映，高等教育部第一批派往苏联的留学生300多人，其中95%俄语不好，学生听课困难。他提出建议：以后再派学生去苏联，须先在国内进行预备教育6个月或多一些时间（或到苏联后，先集中教育一个时期）。首先教俄语拼音会话，尤其在政治上应先说明赴苏学习的必要性，加重其责任感，并须详细告诉他们到苏联以后的生活情形（如饮食、气候，这些是可以渐渐习惯的）。

林老的意见引起了周恩来总理的高度关注，随即做出批示，指定时任教育部副部长钱俊瑞和中共中央组织部副部长安子文、外交部副部长伍修权三人负责筹备留苏预备学校。经过研究将留苏预备学校设在北京俄文专修学校内，成为俄文专修学校二部，由俄文专修学校校长统一领导。北京俄文专修学校成立于1949年10月1日，校长由著名翻译家、毛泽东主席的俄语翻译师哲担任。这所学校后来归属到北京外国语学院，成为该校的留苏预备部。

留苏预备部的学制为一年，学生在出国前都要到那里学习一年俄语。预备部总共只学两门课程，除强化训练俄语外，另一门是哲学课。汪懋华有一定的俄语基础，从双桥农场突击学习俄语时算起，他学习俄语已经有4年时间，但他仍然不敢掉以轻心，还是像在大学时代一样抓紧时间刻苦练习。修哲学课程是苏联方面提出的要求，哲学在苏联是大学里研究生的学位课，所有读研究生的学生都必须学。因为派出去学习，最重要的事情是学好俄语、专业基础课与专业学位课程，完成学位论文答辩并获得相应专业学位，所以经过两国政府协商，苏联方面认同中国学生在留苏预备部学习期间学习哲学课程的考试成绩，这门课汪懋华通过得也很顺利。

1957年夏季，为期一年的留苏预备部学习即将结束、大家准备前往苏联时，出国留学工作出现了新的情况。据苏联方面反映，在苏联的中国留学生普遍有一个弱点，学习基础不错，但动手实践能力偏弱，从培养专业人才的角度出发，希望留学生出国之前，对所学专业要有一定的专业实践基础。因此，教育部门要求所有留苏预备生先不急于出国，都要找个企业或单位实习一年。

北京农业机械化学院孙景鲁副院长了解这个情况后说，我们学校1958年要新办农业机械制造系和农业电气化系，但缺乏年轻师资，从现在起就开始培养。他指示从留苏预备生中挑选两名学习成绩优秀的学生，作为农业电气化系的师资培养对象。经过学校遴选，两个人被选中，一个是汪懋华，另一位是与汪懋华同年级不同班的冯悟庸，学院让他们两人去苏联后由农业机械专业改学农业电气工程专业。冯悟庸来自上海，人很聪明，在整个大学本科期间，他的学习成绩都是全年级最优秀的，汪懋华对他始终很敬佩。但这个转变对他们两人来说实在有点太大、太突然了，在大学本科阶段他们没有学过电气工程专业的电路原理、电机学等课程，学过的只是普通电工学，改学电气工程专业意味着需要重新补习本科的专业基础课。针对这种情况，孙景鲁副院长决定，汪懋华和冯悟庸俩人下一年的专业实践不需要到企业去了，就留在学校里自学电气工程学科的基础课程。

学校在五四楼给他们两人单独安排了一个房间，让他们静下心来自学电气工程专业的基础课程，要求他们必须在一年内自学完电气工程类本科专业基础9本教科书，其中4本电路原理、4本电机学和1本电工测量学，这些都是苏联工科大学电气工程类专业的基础教材，他们要用这些自修成果来代替一年的劳动实践锻炼。按照学院领导的安排，他们俩一起开始了闭门苦读，一切几乎都是从零开始，没有老师做系统讲授，没有人为他们辅导，全靠自己在那里啃书本，慢慢地自学消化。除自学基础理论知识外，自学电路、电机学等课程也免不了要动手做实验，于是学校就安排二人到普通电工学实验室帮助组织指导1955级学生的电工实验课。每堂实验课前，他们都要准备实验仪器、仪表等设备，在和本科生一起做实验的过程中他们加深了对书本上理论的理解和基本电工技能的训练。

时间如白驹过隙，一年自学下来，汪懋华记了很多本自学笔记，还做了大量的习题。这个过程很艰苦，但也大大锻炼了他的自学能力，他能从农业机械领域成功转行到电气工程领域，最初所具备的电气工程学科基础全是自学来的，并不是老师教出来的，不但学习重点是自己梳理出来的，要点和难点也是自己去消化的。他所学的9本教材都是当时国内工科大学组织翻译过来的苏联电气工程专业的基础教材，很有权威性。当然，自学过程中他也得到过一些恩师的热心指教，电气工程系教研室有个罗光荣老师，实在学不懂的地方就去请教他，罗老师总是很耐心地辅导启发，帮助他俩并不是罗老师的教学任务，他是在尽一种义务，时隔多年，汪懋华对罗荣光老师还怀着深深的感激之情。

3. 出国前回乡探亲

1957年夏天，西单鲍家街的留苏预备部被撤销了，作为北京外国语学院的留苏预备部，整体搬迁到了位于西郊魏公村的北京外国语学院院内。

回到北京农业机械化学院准备补习电气工程基础课的汪懋华赶上了学校放暑假，这时他萌生了回家乡兴宁探亲的念头，于是他趁着假期第一次踏上了回乡省亲的旅途。从1951年离家北上后，已经6个年头过去了，家乡的一切都让他梦绕魂牵。当时正处在社会主义建设的高潮来临和发展国民经济“一五”计划期间，祖国各地都在发生着变化，家乡兴宁的变化大不大？家乡的亲人生活得如何？年复一年辛勤操劳的母亲身体是否还康健？这些都是他最想知道的。在此之前，自汪懋华来北京后一次也没有回过老家探亲，不是他不想回，是回不去，主要原因是没有路费，他不愿意也不好意思给母亲增加负担开口向家里要钱。1953年年初在海南岛实习垦荒种植橡胶的那段时间，华南垦殖局每月发给每人39元工资，比在雷州半岛实习的同学还要高一些，当时汪懋华的经济状况的确好了很多，海南岛期间平均每月吃饭也就花10多元钱，手头还能有点积蓄。他来回都路过了广州，距兴宁只有375千米路程，尽管他与祖母、母亲的感情很深，思念之情也非常重，但因为是和同学们一起的集体行动，他还是个副领队，领导上没有安排，他也放弃了回家看看的想法。

大学毕业后，同级毕业的同学有的留在学校正式上班，工资是每月62元，汪懋华因为处在出国留学预备期间，还不算是正式参加工作，就比他们低一级，每月拿56元。尽管这样，他也很满足了，不但有钱回家探亲了，每月还能寄20元钱回去给母亲补贴家用。

第一次回家乡探亲有一件很让汪懋华欣慰的事情，就是和家里的祖父、母亲、伯父家的堂兄弟们第一次照了几张全家合影。此前，在他离开家乡上学之前，只有1948年上中学期间照过一张学生照，还从来没有照过合影。中华人民共和国成立前的兴宁县城里就有照相馆，但那时除了有钱人家又有谁愿意花钱去照相呢？以后出去考大学前，他也没有想到离家前要和家人照个相留作纪念；学校里也是如此，与中学同学们更没有照过相，毕业时学校也没想到要组织大家照个毕业合影。

倒是在广州考大学的时候，几十个人考完试没有什么事情了，在广州等待放榜消息，心情也不错，就到位于解放北路的越秀山上游玩。越秀山是广州市内的著名景点，因西汉南越王赵佗曾在上面建有“朝汉台”而得名，上面建有著名古迹镇海楼、古城墙、佛山牌坊、四方炮台、中山纪念碑、孙中山读书治事处碑、伍廷芳墓等景点。这时一起出来的同学，不知道是谁带了照相机，大家就在一起照了几张照片，这是汪懋华最早的合影。

4. 出国前的实践活动

汪懋华和冯悟庸于1957年夏从北京外国语学院留苏预备部回到北京农业机械化学院补习电气工程学科基础课程时，由于学校的安排，他们没有下到企业进行为期一年的劳动实践锻炼，于是就把党的组织关系从留苏预备学校临时转回到了母校。这个时期，学校里有一个苏联专家办的研究生班，班里有党支部，由于汪懋华和冯悟庸两个人已经是被苏联大学录取的研究生了，学校就把他们的党组织关系挂在了这个研究生班，让他们参加研究生班的组织生活。虽然组织关系编在了一起，但他们两人自学任务很重、时间很紧迫，和研究生班同学承担的学习任务不同，有着很强的独立性，经常可以不和他们一起参加活动。

1957年夏天，席卷全国的“反右”运动轰然而至，但汪懋华所在的留苏预备部里没有人在运动中遭难被打成“右派”。因为大家来自不同单位，来的目的就是为了学习俄语，所以没有什么利害冲突，人际关系也没有那么复杂。但回到北京农业机械化学院后就不同了，他们学习再紧张也还是要参加一些政治活动，比如参加开展对“右派”分子的斗争，这是严肃的政治态度问题。电气工程系教研室有位教授在运动中被错划成“大右派”，以后的岁月里历经磨难，吃了不少苦头。那个年代人人都把参加政治运动当作头等大事，但汪懋华和冯悟庸是“独立战士”，相对自由一些，他们知道自己的首要任务是做什么，况且自学电气工程基础课程占去了他们的大部分时间，因此不是所有研究生班党支部的活动他们都去参加，而研究生班对这俩人也是睁一只眼闭一只眼，毕竟他们正式的组织关系还都在北京外国语学院，这里不过是挂靠而已。

1958年夏天，为期一年的工作实践将要结束时，汪懋华又赶上了“大跃进”运动，学校里不论师生每个人都以空前高涨的政治热情投入到“大跃进”运动之中，连北京外国语学院里面也立起了小炼铁炉，汪懋华在这里体验了一回大炼钢铁运动。大学本科期间，他参加过各种各样的劳动实践锻炼，干体力活对他来说算不了什么，加班加点、不分昼夜地“超英赶美”，占用了他不少宝贵的学习时间，这是让他最感惋惜的事情，但在当时纵然有想法也不敢说出口，稍微流露出真实想法就有可能马上被打成对立面。

与此同时，根据北京农业机械化学院领导的要求，汪懋华开始做一些了解国情、特别是本专业情况的工作。作为电气化专业的研究生，出国前需要了解我们国家农业电气化的现状如何，不然的话，出国后去学什么又怎么学？于是汪懋华来到天津附近的静海县唐官屯搞调查，看到那里正在大炼钢铁和建平原小水电站。当地人将水渠拦起来抬高水位，形成了一定的落差，安上个小水轮机就开始发电了。看多了，他也清楚了，这就是

1958年赴苏联留学生在北京外国语学院合影，左二为汪懋华

"大跃进"运动时期大力发展小水电的现实水平。

5. 难忘的留学生活

经历了两年预备留学的等待，1958年10月汪懋华终于启程前往苏联了。北京与苏联首都莫斯科之间有直达的列车，那时从国内前往苏联的人员很少人乘坐飞机，大多是走这条陆路通道。从北京登上列车一路向北行进，经过沈阳、长春、哈尔滨等东北大城市，又越过大兴安岭，进入一望无际的呼伦贝尔大草原，从中苏边境城市满洲里出境。由于苏联境内的铁轨和中国的铁轨宽度不同，在满洲里车站要把火车吊起来换到苏式宽轨列车底盘上才能继续前行。火车在中国境内开得很慢，北京到满洲里就花了两天两夜的时间，一路上不时碰上临时情况，搞不好就要停车让道。从满洲里出境后，眼前展现出新奇的旅程，贝加尔湖水域广袤，很长一段时间列车都是在绕着贝加尔湖走，一侧是湖水，一侧是无边无际的草原，风光无限旖旎；穿越西伯利亚的时候，两边都是连绵不绝的林海，偶尔会途径几座如珍珠般撒落在林海中的城市，让人真切地感受到苏联的辽阔。汪懋华和同行的学子们乘坐的卧铺车厢整整在旷野上走了近一个星期，他们大饱眼福。

到达苏联首都莫斯科以后，同批到达的留学生几百人，按照事先安排全部住进了在市区的莫斯科动力学院，等待着进入所分配的学校，各学校都会派人来接学生。中国驻苏联大使馆受中国政府委派负责管理留学生的学习生活，使馆相关负责人在留学生们抵达后很快赶了过来，专门给留学生们开会，重点交代一些留学期间要注意的事项。很快，各个学校到莫斯科动力学院来接自己学校的中国留学生，汪懋华进入的是莫斯科莫洛托夫农业机械化电气化学院

（后改名为哥里亚契金农业机械化电气化学院）。接汪懋华和冯悟庸去学校的是他们的老师鲁诺夫副教授，他是一位苏联卫国战争中的传奇战斗英雄，由这天开始，汪懋华与他结下了跨越半个多世纪的深厚友谊。当时进入莫斯科莫洛托夫农业机械化电气化学院学习农业机械化、农业电气化等专业的中国教师和留学生有十余人，进入学院后汪懋华立即进入了学习的状态，最让他满意的是动手做实验的机会多了起来。一进入课程学习他就向导师提出："苏联电气化专业的教科书我们在国内已经自学了9本，有了一定的基础，但书中规定的实验环节我们做得不多，只接触过普通电工学实验室设备，电气工程学科正规成套的实验设备、仪器自己还没有摸过，所以要求先学习电气化系专业基础课程和进入专业课程实验室，将所有应在实验室里完成的作业重新都做上一遍，希望能尽快补上这个环节。"系里和导师见他说得有道理，就同意了他们的要求，并为他俩提供了从基础实验到专业实验室的各种方便。苏联大学里的实验室非常正规，实验室里对需要做的每一个实验环节都有指导书，标明应该如何去做，应该注意些什么。汪懋华和冯悟庸就是对照

1958年，汪懋华留苏期间在莫斯科留影

着电气工程专业教学实验指导书一项一项完成实验作业。实验室主任对中国学生们也很关心，只要没有学生上实验课、实验室设备闲置的时候就尽量安排他们去做实验，而且要用什么实验仪器就开放什么实验仪器。没用多长时间，以前学过的教科书里规定的所有实验课程，汪懋华、冯悟庸俩人在实验室主任的支持下就全部做了一遍。

汪懋华留学期间的两位副博士研究生课程指导老师在苏联都是很有名气的学者，这让他倍感幸运。导师是苏联著名的电力拖动与自动化专家纳扎洛夫院士、教授，他对学生的要求很严格，帮助汪懋华制订了严格的读书计划，他强调学生要读经典原著，要求他多读本专业领域里著名专家学者们撰写的经典教材，并且还会适时指点他从哪些方面入手仔细研读、认真消化书中重要的理论阐述；原著读完后，纳扎洛夫院士还不放心，不时还要检查指导他做的读书笔记。到后来汪懋华撰写学位论文的时候，他更强调论文所引用的书必须是经典著作，不能是本书就随便拿来引用；在他的严格要求下，汪懋华在留学期间研读了本学科的一批经典书籍。

副导师鲁诺夫副教授身材高大，在二战期间是苏联红军的坦克手，苏联卫国战争英雄，战争结束后他退役成为专门研制苏联第一代电气拖拉机的学者，汪懋华去留学时他是名副教授。20世纪40 ~ 50年代苏联开始搞电气拖拉机，用的是德特54型机器，54马力的拖拉机上面没装内燃机，靠电缆给电动机供电去拖动拖拉机，苏联当时有句口号“苏维埃政权加全国电气化就是共产主义”，直至今天全世界也只有苏联生产制造过电气拖拉机，可见当时电气拖拉机也是一个很时髦的专业领域。鲁诺夫副教授对中国留学生特别友好，对他们的学习十分关注，他不但亲自讲授专业课，还带领他们参加各种实践活动，以求拓宽学生们的视野。20世纪50年代末，电气化技术是世界上变革系数最大的工业技术领域之一，前景不可估量，作为前沿科学，电气化工程技术几十年来随着社会、经济、科

1959年苏联攻读学位期间教研室师生集体照

技的进步不断发展变化。20世纪50年代是以电气化为主要技术特征，到60年代是实现电气自动化，虽然还是电气化范畴但已开始引入自动控制技术，70年代进步趋势是电子化，80年代以来又随计算机技术的兴起走向了信息化。在苏联留学时，汪懋华就敏锐地感受到了电气化科技的发展趋势，也坚定了他从事农业电气化专业学习、研究的决心。在此过程中汪懋华本人因为大学本科阶段有学习农业机械化的基础，对农业装备的发展一直都在追踪关注，所以从电气化到信息化的发展演变过程，实际上也是他一路在不断学习、接受新知识的过程，不论处在电气化的哪一个发展阶段，他都能力求将电气化专业领域的时代特征与农业机械化进行有机的结合。

汪懋华不但遇上了好的导师，留学期间的学习环境也很稳定，很让他开心。他除了在学校里学习外，没有课的时候也经常早上八点钟出门，坐一个小时左右的汽车和地铁进入市中区，到著名的列宁图书馆去看书，经常在里面一坐就坐到晚上11点左右才回校。图书馆里有电影院、餐厅，能满足人们在自学读书期间的基本生活需求。如果你借的书当天没看完，第二天还想接着看，晚上离开的时候，可以将书放在一个特定的地方，第二天早上直接取出来继续阅读，不用再重新办理借阅手续，非常人性化。几年间汪懋华在这里看了很多书，而且多是既与专业学习有关又不纯粹是专业书。他一直认为，所学的专业是电气化，但还有许多其他相关领域的知识需要补充，随着阅读数量的增多，他渐渐感到知识面变得越来越宽了，谈起与课题有关的话题，无论是哪个方面的事情都能略知一二。

汪懋华在留学期间感受到的学生生活是丰富多彩的，除了学校里对中国留学生的关照外，中国驻苏联大使馆对留学生们也很好，使馆新馆建设好后，每个月至少放映一次中国电影，而且一般都安排在星期天，放电影时在莫斯科各大学的中国留学生们都会前往

与副导师鲁诺夫教授一起参加1960年五一节大游行

中国留学生与俄语老师合影，右二为汪懋华

大使馆观看，因此到使馆看电影也成为各校中国留学生聚会的一个方式。

很多人到苏联后吃饭不习惯，原因是中餐需要放酱油，而苏联人不吃酱油。酱油在莫斯科的商店里根本买不到。于是使馆就联系从国内运输酱油过来，在大使馆里卖，价格很便宜，不赚留学生的钱，以服务为目的，解决了留学生做菜用酱油的问题，这类小事、好事中国驻苏联大使馆做了很多。

汪懋华出国期间，正是“大跃进”运动的年代以及随之而来的国民经济最困难时期，但对在苏联的留学生，国家给予了很好的待遇，每月发给70卢布助学金，而且是新卢布（老卢布与新卢布兑换10 ：1）。汪懋华生活比较节俭，每个月的伙食费通常不超过25卢布，加上其他花销，实际上个人每月花销40多卢布就够了，还能有不少积累。但那个年代卢布是不能带回国的，带回去也无法兑换成人民币，只能在苏联消费掉。可用又用不完，怎么办？考虑到国家正处在经济困难时期，于是留学生们提出倡议，每个人每月自愿将70卢布中的10卢布捐献给国家，交给中国驻苏联大使馆，使馆留学生党委同意了这个倡议。所以，汪懋华在苏联实际每月拿到的助学金只有60卢布，即使这样，60卢布也花不完。当时有个不成文规定，留学生们不能用这笔钱去买高档消费品，特别是不提倡个人购买照相机，而照相机又是搞科学研究、做科学试验必备的工具。于是大家讨论决定一个党支部买一台照相机和一套冲洗设备，供大家进行科研试验和集体活动照相时用。最受到鼓励的消费就是买书，休息日到莫斯科的旧书店里可以买到老版本、新版本的各种经典专业书籍，汪懋华听组织的话，就常跑旧书店，先后买回很多学习参考书，研究生毕业回国时他的两个大木箱里装的全是书，结果超重还花了他不少的托运费。所以，那个时候留学生们不是没有钱，只是卢布不能兑换，以致大家谁也没有储蓄一笔钱的想法，也从来没有钱不够花的感觉。

不缺钱的生活给留学生们吃集体"大锅饭"提供了物质保障，特别是到留学后期，基本上没有个人独自做饭了。在宿舍走廊里，大家集体做饭，下班后谁方便谁就顺道把菜和肉买回来，也没人去算买菜的细账。周末大家出去玩时也是如此，谁花钱都无所谓，反正每个人兜里都有钱，没人会为小账斤斤计较，那真是一段比较特

快乐的节假日

殊而稳定的生活。

由于汪懋华在大学期间一直当学生团干部，有从事学生工作的经验，因此到苏联不久，莫洛托夫农业机械化电气化学院的留学生党员们就选举他做学校里的中国留学生党支部书记，全支部大约有10名中共党员。1958年汪懋华出国的时候，中苏两国、两党的关系还处在蜜月期，但是两党之间的政见分歧已经露出端倪。从1960年开始，中苏关系开始转冷，影响到两国青年，青年交往中也出现了政治上的分歧和纠纷，所以对有些政治问题中国大使馆就开始管得紧了。

为了管理好莫斯科地区在校的2 000多名中国留学生，使馆将莫斯科的留学生们按照学校群成立党总支委员会，也就是将靠得比较近的几个学校合并为一个党总支，有什么问题通过党总支来向使馆留学生党委反映、有什么动态也要向使馆报告，使馆有什么精神也通过党总支向下传达落实。

在此之前，地理位置相邻的莫斯科农学院、莫斯科农业机械化电气化学院、莫斯科水利学院三个院校已经合并为国立莫斯科农业大学，汪懋华继续担任着莫斯科农业大学的中共党支部书记。这时，加上比较相近的莫斯科师范大学、莫斯科音乐学院、莫斯科戏剧学院、莫斯科铁道学院等的中共党支部合并成为了一个党总支，汪懋华又被中国大使馆任命为这几所大学联合成立的党总支的书记，下辖几个支部，像莫斯科音乐学院党支部书记是后来的著名女指挥家郑小瑛，著名钢琴家刘诗昆也曾是党支部委员，刘诗昆毕业回国后，著名钢琴家殷承宗接任了他的职务。当学生党总支书记很辛苦，汪懋华周末常要到各校跑跑，参加各支部组织的活动，但和他上大学本科时期担任北京农业机械化学院团委宣传部长时一样，主要是利用课余和周末时间去做这些社会工作。留学期间他虽然很忙、做社会工作也多，但始终没有影响到他的学习成绩。他一直告诫自己，当学生干部要多关心大家，多了解留学生中发生的事情，帮助他们解决实际困难，要通过做社会工作，培养出自己良好的政治品德。

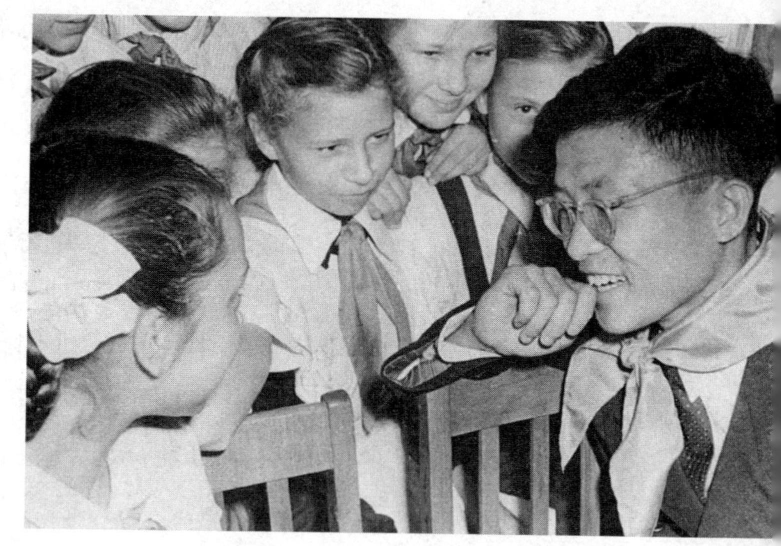

访问乌克兰期间与少年儿童在一起

当年，留学生们都有很强烈的政治荣誉感。1957年毛泽东主席访问苏联会见中国留学生时汪懋华还没有到苏联上学，但那次毛泽东主席会见中国留学生时所说的“世界是你们的，也是我们的，但归根结底是你们的。你们青年人朝气蓬勃，正在兴旺时期，好像早晨八九点钟的太阳，希望寄托在你们身上”的谆谆教诲，鼓励了一批又一批的中国留学生和广大有志中国青年。汪懋华在留学期间有幸见到过出访苏联的彭德怀元帅。那天，中国大使馆正在召开留学生干部会议，彭德怀元帅推门走进会议室与学生干部们亲切会见。热烈的掌声中，元帅向他们作了重要讲话，给他们介绍了当前的国内形势。此外，汪懋华陆续还见到过一些访苏的中央领导同志，这让他们这些远离家乡的海外学子实实在在地感受到祖国的亲切，增强了他们学好知识、报效祖国的使命感。

苏联是个热情的国度，苏联人民也是热情好客的人民。汪懋华身边的苏联老师、苏联同学对中国学生们都很热情、很关照。每逢过节，副导师鲁诺夫经常请中国留学生去他家做客，他和夫人亲自下厨为学生们备餐。不仅仅是他，其他老师也常请中国学生到家里吃饭。

学校在安排中国留学生住宿时，考虑到加强沟通了解和提高俄语水平的需要，中国学生一般是和苏联学生混在一起住宿，尽量避免中国学生与中国学生在一起住宿。汪懋华同寝室的就是两个苏联研究生。学校提供的宿舍是三人一间的学生公寓，摆放着三张单人床。由于二战的原因，苏联人口中男女比例失调严重，女多于男，加上民俗习惯，苏联学生男女生之间的交往比较开放随便一些，不少苏联姑娘也大胆热烈地对中国留学生表示好感，这是正统教育下成长起来的中国留学生们很难适应的。偶尔，苏联同学事先不声明就会带个女朋友回到宿舍留宿，同室的其他俩人虽然感觉别扭，但谁也不可能离开寝室，莫斯科的冬天天寒地冻，离开宿舍就没有地方睡觉，不得已，只好你住你的，我住我的，互不干扰。

与汪懋华同寝室的两个苏联同学一到周末就开始忙乎擦皮鞋、熨衣服等事情，见汪懋华仍是一如既往地上图书馆、上教室、读书、自习，就不解地问他："你们中国男孩子怎么那么老实？都不敢主动去约女孩子。"对此，汪懋华只能报以释然一笑。实际上汪懋华也注意到经常有人提出来要给中国留学生介绍苏联的女朋友，

汪懋华在卧室兼工作室留影

希望周末一起出去逛逛街、跳跳舞、吃吃饭。但据他观察和了解，他和周围的男同学绝大多数都能把握住自己，真实原因是大家都受到一种政治上的约束，上级有明确指示为了避免日后生活上的麻烦，希望在留学期间集中精力学习，不和苏联女孩子谈恋爱。事实上很多苏联女孩子特别喜欢中国男同学，认为中国男同学老实、可靠、温和，在婚姻问题上很靠得住。总体上讲，那时的政治教育是比较成功的，纪律观念也比较强，总感觉到了国外更要自觉听上级领导的话。

6. 副博士论文

从大学本科毕业起汪懋华就有一个想法，理论不但要联系实际，还要联系具体国情。1958年开始，我国开始搞绳索牵引机，起因是当时的中国农业科学院农业机械化研究所（简称农机化所）的科研人员在工具改革运动中根据江苏省风力牵引机的原理试制成功了一种电力绳索牵引机（简称电犁）。搞工具改革，必须解决动力问题，动力主要来自拖拉机，但我国实际状况生产不了拖拉机，那时甚至连汽油、柴油机都较少。电动机是现成的，农机化所的工程师于是做了一个机器架子，在上面安装上一个电动机，电动机控制一个绞盘，上面有一根钢丝绳连接着一挂犁，绞盘一动，钢丝绳就开始拉犁，这架犁本身拉着走就很稳定，不用人扶也可行走，要人扶也很省劲。这样绳索牵引就可以代替拖拉机，也算是半机械化的范畴。20世纪50年代没有人敢想中国会用如此多汽油、柴油来发展农业，当时普遍认为使用电动机代替内燃机动力，这是中国未来农业机械化的一个发展方向。1958年9月12日，《人民日报》发表社论《耕作机械化电气化的途径》指出："中国农业科学院农业机械化研究所的工作人员根据江苏省风力绳索牵引机的原理，试制成功一种电力绳索牵引机，这种机械具有很多优点，具有很大的推广价值，将是我国加速实现农业机械化、电气化的一条捷径"。9月17日，农业部在南京召开全国绳索牵引机现场会，中央书记处书记谭震林到会讲话，赞誉绳索牵引机是深耕的有效武器，有远大的发展前途，他号召把绳索牵引机推广到全国，以适应当时秋种深翻的需要，并且力争完成绳索牵引机的综合利用。后来电力绳索牵引机没能得到大面积推广，原因是需要在田间架设配电网。随着1958年我国可以自主批量生产拖拉机以后，绳索牵引机就没能得到推广应用。

据此，汪懋华到苏联在选择研究方向时，注意到指导教师是电力拖动与自动化学科的著名院士，结合当时中国电力绳索牵引机的研究实践，副博士研究生论文题目就定在了《电力拖动绳索牵引机驱动性能的研究》。选这个题目，一方面与他出国后所学专业课程很对路子。他学的是电力拖动专业，方向是电力拖动及自动化，专门研究电动机拖动和机械负载时候的性能，包括启动性能、超负荷性能、传动设计、耗电指标、田间试验平台设计、自动控制等。指导他的院士导师又是这个领域的权威人士，造诣非常深，所以把电力拖动定为自己的研究方向，更便于学习、吸收和利用导师的学术专长和学术成果。另一方面研究课题也符合当时国家需要，跟国家的实际需求结合较为密切，只是他选择的研究领域更进了一步，对绳索牵引机的研究，是那种既可以用内燃机牵引，又可以用电动机牵引的机械，重点放在了电动机牵引的系统研究上，指导教师也很支持。此前，西方国家在20世纪20年代先后生产出了蒸汽机和电动机牵引的绳索牵引机，并用到了农业生产实际中，积累了用电动机而不是内燃机驱动农业机械的一些经验。汪懋华研究的就是电动机的这种特性，研究怎么选择电力拖动方式，传动和自动控制设计，什么特性的电机才能与特定作业机械匹配，如何达到最好的作业效率等。

为取得实验数据，汪懋华自己动手设计了绳索牵引机拖动系统和绳索牵引犁，设计建立了室内和田间试验测试平台，把试验系统安装到学校实验田里做实验，实验室的实验员很热心，经常会帮他做实验，有时其他同学有空也会来帮助他，田间实验环节大家一直都是互相帮忙的。实验时，绳子开始是松的，一会儿渐渐就绷紧了，然后产生颤动，这过程中出现的各种现象他都要用自动化测试仪器仔细记录下来，然后研究分析出不同的性能指标。

汪懋华的副博士学位论文答辩安排在1962年的6月，答辩顺利通过。答辩一完他就收拾行装，于6月底回到了祖国。他的副博士论文中译本现在依然保存在中国科技情报所，当时有条硬性规定：留苏学生毕业回国后先要回到留苏预备部，主要任务是把自己的俄语论文翻译成中文，存进中国科技情报所后才能离开留苏预备部。

1962年，副博士论文答辩结束后，在宿舍楼门口留影

7. 与鲁诺夫院士的友谊

苏联留学期间，副导师鲁诺夫副教授十分关心汪懋华，培养他、为他授业解惑，几十年间汪懋华对他始终心存感恩之情。毕业回国后相当长一段时间里，由于两国之间众所周知的原因，中苏两国人民相互隔绝了多年。此期间，鲁诺夫副教授到美国艾奥瓦大学农业工程系作农业工程学科博士后，毕业后又在苏联驻加拿大大使馆当过农业与科技参赞。卸任回国后，1970年到1985年间，他又当了15年苏联的农业部副部长，主管农业工程工作，20世纪60年代，他被遴选为苏联农业科学院院士。

自1962年6月在莫斯科回北京的车站一别，时光飞逝了27年。20世纪80年代末期，中苏两国关系实现正常化，汪懋华与鲁诺夫院士之间的联系、交往重新频繁起来，迄今，他已经几次到中国访问，每次都是由汪懋华负责组织接待；汪懋华近些年每次到莫斯科访问时也都是他安排接待和行程，像当年一样每次都要接汪懋华到他家里去做客。

1989年10月，时任中国农业工程学会副理事长的汪懋华，在北京主持组织了第一次在我国召开的国际农业工程学术大会。经他发出邀请，鲁诺夫院士组织了苏联12位包括几位知名院士在内的著名专家前来参加。同年12月，汪懋华院士组织包括农业部科教司研究生处领导参加的代表团应鲁诺夫院士邀请回访了莫斯科国立季米里亚捷夫农业大学、全苏农业机械化研究所、全苏农业电气化研究所、全苏农业科学院新西伯利亚分院、列宁格勒农学院及农业机械化电气化等有关研究所。

2008年鲁诺夫院士在上海世界工程师大会上作学术报告

1990年，鲁诺夫院士应邀和夫人来到中国访问，汪懋华院士陪同他们访问了山东农业大学，在校长主持的大会上做了学术报告并由汪懋华在讲台上做了即席翻译。2000年10月，他应邀来到北京参加中国工程院组织的国际工程科技大会，随后汪懋华陪同他到原浙江农业大学和华南农业大学分别参加了国际农业信息技术研讨会，并分别做了大会主题报告。2001年11月，他应邀来中国参加国际农业科技大会时，与大会高层专家一起在人民大会堂受到过时任国家主席江泽民的接见。他知道江泽民主席也曾留学苏联，所以在对话发言中谈得很高兴，还说回去后一定要把见到江主席的情况向普京总统做汇报。2004年11月，他带领几位俄罗斯农业科技专家到上海参加世界工程师大会，在汪懋华主持的农业分会上做了大会报告，会前还顺访了江苏大学，会见了留苏回国研究生和做了大会学术报告。

鲁诺夫院士是当代俄罗斯农业工程学界的泰斗级人物，在学

2001年汪懋华与鲁诺夫院士一起出席北京国际农业科学大会

科领域威望很高，大家都尊重他、听他的话。不少俄罗斯学者年龄超过80岁以后一般就不太参加学术活动了，而他不然，他在学术界依然很活跃，在世界各地举办学术活动，学术会议能参加的他都去。2005年汪懋华和东北农业大学蒋亦元院士、华南农业大学副校长罗锡文教授等9人到俄罗斯参加了由俄罗斯西北地区农业机械化研究所和国际农业工程协会联合组织在圣彼得堡市召开的生态与农业机械国际学术会议时，他就已经80岁了。鲁诺夫院士晚到了一天，原因是前一天正好赶上他的80岁生日，在莫斯科有个规模较大的祝寿活动，他收到的生日礼物中有两台便携式计算机和前总统叶利钦赠送的一部红色小轿车。他赶到圣彼得堡后一直陪伴中国同行，会议结束汪懋华等人返回莫斯科后，他又亲自安排所有的参观访问项目，他声名显赫，只要他打个电话，无论哪个单位、哪位学者都会出面接待中国朋友，他给汪懋华留下的印象是在莫斯科没有办不成的事情。

2000年10月，汪懋华陪同鲁诺夫院士与英国精细农业领衔专家泛舟杭州西湖

2005年6月，访问俄罗斯时汪懋华与鲁诺夫院士在俄罗斯农业科学院门前合影

2012年11月11日，汪懋华夫妇与鲁诺夫院士合影

因为他和汪懋华比较熟悉，个人交往也很多，而汪懋华如今已是中国农业工程学界的领军人物，于是经常有俄罗斯的研究机构提出让鲁诺夫院士带队到中国来进行学术交流活动。对此，汪懋华也特别注意到鲁诺夫院士已经80多岁高龄，来中国时一定要有可靠的人陪伴。

2012年11月11日是汪懋华80岁的生日，87岁高龄的鲁诺夫院士又带领代表团专程来到北京参加由汪懋华参与策划的国际农业与生物系统创新科技发展战略国际论坛，在论坛上向各国农业工程学者作了演讲，并在论坛闭幕当晚参加了汪懋华的80周岁生日祝寿活动，足见他们之间这段跨越半个世纪的友谊愈久弥坚。

第四章

回北京农业机械化学院任教

1. 农业电气化系的新教员

1962年6月中旬，汪懋华的副博士学位论文答辩结束后，按照国家有关规定很快就从苏联启程回国了。到了国内他先休了一段假，抽时间去了一趟贵阳市，探望正在贵阳医学院帮助妹妹家带孩子的母亲，一晃又是5年不见，一家人团聚分外亲。汪懋华只有一个妹妹，在家乡兴宁的孩提时代，一家三口相依为命，感情很深。母亲在困苦中凭着坚韧的毅力把儿女两人都送进了大学，以后又都成为了大学教授，汪懋华兄妹对母亲怀有深深的感激之情。

探完亲，汪懋华立即回到了北京外国语学院留苏预备部。如前所述，在留苏预备部一项重要任务是把自己在国外完成的副博士论文翻译成中文，并交由有关机构保存；另一项任务是接受政治形势教育，从1958年到1962年，不论国内还是国际，与出国前比，形势都发生了重大变化，教育主管部门担心留学生们在国外待的时间长了，不了解国内都发生了什么，因此留学生们一回国，首先安排的就是国内形势教育。

1962年7月，汪懋华到贵阳探亲，与母亲、妹妹、外甥女合影

也有一些留苏回来的同学

在留苏预备部边翻译论文边等待分配工作，而汪懋华根本不用担心分配工作、选择职业的问题。当年出国留学时，他虽然还不是北京农业机械化学院的教师，但他已经清楚地知道将来回国后要去教书，指定他和冯悟庸由农业机械专业改学电气工程专业时，孙景鲁副院长已经很清楚地表明了这个意思。所以，他在留苏预备部翻译完学位论文，接受了形势教育后，很快就被分回母校——在北京农业机械化学院农业电气化系当了一名教师。

20世纪60年代初，教育部曾明文规定：从苏联留学回来的副博士可以享受博士待遇。因为苏联时期的博士学位授予体系与中国不同，他们分为科学技术副博士和博士两级，两者都强调学位论文的水平。博士没有规定的课程学习，一般都是结合自己的科研工作进行数年甚至十余年的钻研写出具有较高的理论水平和实际意义的论文，相比较而言，它比美国的博士论文水平要高得多。副博士研究生需要通过约5门学位课程考试，更看重学位论文，水平也要高于美国的硕士论文水平。苏联的博士学位一般都不是在大学里直接学习培养出来的。他们对博士的要求很高，要在实际工作中有所创建、在本专业领域里有所贡献、有一定的知名度和威望，这样的人才有资格申请博士学位的论文答辩。

有了留学经历和副博士学位，回到学校后汪懋华没多久就被评为讲师，他的工资比起同届毕业没出国留学、直接留校当老师的同学要高一点，月工资是69元，没出去留过学的老

Решением
Совета ф-та электрификации сельского хозяйства Московской ордена Ленина сельскохозяйственной академии им. К.А. Тимирязева
от 18 июня 1962 г. (протокол N –)
Вану Мао-хуа
ПРИСУЖДЕНА УЧЕНАЯ СТЕПЕНЬ КАНДИДАТА ТЕХНИЧЕСКИХ НАУК
Председатель Совета
Ученый Секретарь Совета

1962年6月18日，汪懋华在苏联获得副博士学位证书

师是62元。

1964年，汪懋华上大学后第二次回家乡兴宁探亲时与祖父等合影

刚到学校的时候，农业电气化系只有汪懋华一个留苏的副博士。与他同时出国留学的冯悟庸，在苏联学习期间和他同一个专业、同一个导师，学习期满后又和他同年回国，他应聘到中国农业机械化科学研究院从事科研工作。“文化大革命”（简称“文革”）后期，他又被下放到安徽省一家农业机械厂蹲点实践。“文革”结束后调任到安徽省农业机械化管理局，并长期担任安徽省农业机械化管理局局长一职，退休后回到上海颐养天年。系里比汪懋华高一届的萧镜老师也是留苏研究生，他是位才子，1955年从北京农业机械化学院毕业的时候，他创作了一首诗歌《走向生活——为毕业而作》，充满着青春的激情：

我们奔往理想，
我们走向生活。
不挑选顺利的环境，
不找轻松的工作。

阳光普照着大地，
歌声响彻云霄，
这辽阔的自由国土呵，何处不是
中华儿女施展身手的场所？！

祖国呵——我的母亲！
何必再深深思索，
还要对我照顾什么？
只望你快点说
什么地方需要我？
……

萧镜老师在苏联时与汪懋华也是同系、同专业、同导师，先他一年回国。农业电气化系副主任杨存葆老师，1957—1959年也在苏联作为访问学者进修过两年农业电气化专业，与汪懋华在同一个系、同一个研究室，回校后参与了农业电气化系的创建工作，汪懋华回国时他已经是系里的领导了。如此一来，杨存葆、萧镜和汪懋华三人在苏联期间所学的专业都是“电能在农业中的应用”。

当时，农业电气化系分两个专业方向，一个方向是供电，即学习如何发电、输电、配电，专门搞电力供电工程，培养的学生毕业后一般去电力系统工作；另一个方向是用电，解决电能在农业生产上的应用，培养的学生毕业后一般到农业工程领域工作。汪懋华回校任教后所在的电能在农业中的应用教研室，简称为“用电”教研室，教研室的名字是从苏联舶来的，主要研究电气自动化、电力拖动、电热制冷技术、电磁波辐射在农业领域应用等内容，后来汪懋华担任了教研室主任。系里另一个教研室简称为“供电”教研室，带头人是哈尔滨工业大学毕业、专学电力的老师，后来陆续又从清华大学、天津大学调来了几位教电气工程技术基础与电力工程的老师充实师资力量。

由于和杨存葆老师、萧镜老师先后在同一专业学习，专业研究方向相同。杨、萧两位老师先于汪懋华回国在母校任教，他回来之前，杨存葆老师就开设了电热和电能在农业中的特殊应用课程，专门讲授红外线、紫外线、可见光在农业中的应用等内容；萧镜老师开设了农业电力拖动与自动化课程，两人讲课基本涵盖了在苏联所学的电能在农业中应用的基本内容。

基于这种情况，汪懋华回到母校后并没有急于开设新的课程，反过来向领导请求允许他把主要精力放在实验教学课建设与生产实习组织上面。他重点抓了两方面的工作：一是抓专业实验室建设、实验教学、课程设计、生产实习指导书讲义编写。汪懋华留学期间，对苏联大学里的基础教材建设深有感触，在所学过的俄语版电气工程与电能应用教科书和实践教学讲义中，每一节内容都有配图，图中将各主要内容都做了详细标注，让学生们很容易理解讲义中的内容。同时，由于导师纳扎洛夫院士的严格要求，他又读过不少电气化的经典原著，对教材建设方面我国大学与苏联大学之间存在的差距深有体会，当领导征求他个人对工作安排的意见时，他明确提出要参与教学与实验辅导讲义编写和实验室建设工作。留学时，汪懋华的卢布很大一部分都换成了苏联出版的原版书，从苏联回国时带回来的两大箱子书籍中，有不少都是各种版本的大学教材，有了这些做基础，汪懋华和萧镜等老师一道，利用熟悉俄语的优势，根据苏联教科书中的内容，结合我国农业电气化发展的实际，编写出厚厚一本北京农业机械化学院自己的讲义，供农业电气化专业的学生使用，解决了专业课教材匮乏的问题。二是抓实验室建设，电能应用实验室这个名字也是照搬了苏联的概念，他仿照苏联大学的样子来搞教学实验指导书和实验设备的设计和制作，他刚去苏联时，大学实验室里的实验指导书让他受益匪浅，他想让中国的学生也能拥有自己的实验指导书，他自己动手去写，经过一番努力，先后为实验室编写出了实验指导书、课程设计指导书、毕业设计指导书、生产实习指导书和实验参考资料手册等。另外，在苏联时他接触过很多先进的实验设备，他留学期间深深体会到，自己设计构建教学实验设备是必须要做的事情。但是，正值国家困难时期，没有那么多经费去购买实验设备，汪懋华就能省则省，有些实验设备自己动手去做，比如他带着几个人建了室内小水池、安装上自制的压力罐，形成一个小型的自动化供水系统，泵水、压力、电能都可在这里进行测试，虽然土一点，但用起来挺方便。

2. 带领学生上农业用电生产实习课

当教师走上教职岗位，一般人都会松口气，有了一种进入“保险箱”的感觉，可汪懋华和别人不一样，他的内心深处总有一种不踏实的感觉，这种感觉时常在烦扰着他。原因是尽管在苏联期间读了不少书，包括经典的著作和教材，苏联那套东西学会了不少，概念性的东西也记住了很多，但他始终认为回国后最大的弱点就是不懂中国国情，不了解中国农村的现实状况，不知道所学到的专业知识在现阶段中国农村究竟能派上多大用场？为了补上了解国情这一课，汪懋华主动向系里提出要带学生们的农村用电生产实习课，请求系里支持他到全国各地进行农业电气化调查。

他每年要带农业电气化专业的学生到国营农场或农村去搞一个月的电能应用实习，所到之处包括了唐山地区的国营芦台农场、北京北郊沙河农场、北京海淀区六郎庄大队等，这些地方在农业电气化应用方面都各有特色。比如，唐山地区的芦台农场主产水稻，水利设施非常好，建有5个大水泵站，水泵最大的直径达到1米，他带学生到那里的目的是实地观察学习农田灌溉系统与泵站设计、运行情况、电力拖动与控制和运行情况测量分析等；同时还去储藏稻谷的粮库实习了解库房温度、湿度控制等。北京海淀区的六郎庄大队隶属于四季青人民公社，位于北京的西郊，这里以出产优质“京西稻”而闻名。相传早在清康熙年间，六郎庄一带就广种水稻，由于灌溉稻田的水源来自玉泉山泉水，水质优良清澈，灌浇出的水稻米粒饱满光润，蒸饭有黏性，熬粥呈茶绿色，因而享有“京西稻米香，炊味天知响”的美誉，被指定为专供御米。中华人民共和国成立后，当地政府帮助稻农不断改善生产条件，新修、加固北旱河堤防600多米，疏挖南旱河河道1 700多米，开挖排水渠道，其中六郎庄和巴沟两村共同修筑了5.5千米长的长河大堤，排涝面积达3.1万亩；同时，成立人民公社后六郎庄大队种植京西稻的装备也在不断增加，有了喷雾器、喷粉器、胶轮大车、双铧犁、新式步犁、收割机、脱粒机及水利设施等。由于农业机械的引进和推广，全区农作物产量有较大幅的提升，带学生们到那里是要看看农业机械化和农田水利化是如何在传统优质稻生产中发挥作用的。

除带学生们到农村上生产实习课，教学不太忙的时候或寒暑假期间，汪懋华也会一个人出去到各地农村搞调研，考察了解农业电气化的应用情况，他到过了不少地方，也看到、了解了不少有意思的现象。每次外出调研前，他都会明确所要调研的主要内容，确定好调研主题，围绕这个主题制定尽可能详尽的调研方案，搜集各种相关的资料，对自己想要知道什么，力求解决什么问题等争取做到心中有数。这个时期几次比较重要的调研活动有：在华北地区的调研，他选择了从河北的沧州到天津的静海、唐官屯一线，即京沪铁路沿线华北段。这一带从“大跃进”运动和人民公社成立以后，投入很大人力、物力、财力发展农村小水电，建起了一些平原小水电和农田水利的基础设施，汪懋华出国前于1958年曾经来这一带参观过，几年过去了他在这个地区调研的主要内容就是了解农村渠道管网建设的情况，看一看电力驱动水泵怎么扬水，使用中还存在什么问题。在山西省的调研，他选择了运城到晋中、榆次、太谷一条线，这一带在20世纪60年代发展了不少电力脱谷机、扬场机、农村粮食加工设备、大锅锥打井与抽水水泵等电气化装备，他要实地观摩这些不同机电设备配套的合理性与运行情况，了解各种设备的作业功能以及需要进一步改进的地方。在陕西省的调研，他选择了关中平原的长安县，重点调查电井灌溉送电情况。当时送电的电线材质还部分使用“钢导线”，因为农村还很穷，一般的生产队还买不起铝线和铜线；“钢导线”存在的问题是电阻大、电能损耗也大，保证不了足够的电压。汪懋华进村调研时发现，村里一般打有10 ~ 20口电井，平时轮流浇灌时问题还不大，但一遇农忙时节，各生产队、各生产组几乎都在同一时间浇灌，一合电闸380伏的电压立即会低到200多伏，部分电机被制动起动不起来，相当于电机绕组短路烧坏了，常见的故障是有数台电机正在满负荷地正常运转着，如果再新启动一台电机，全村的电井电机立刻同时趴窝。为此，汪懋华向当地社队干部和群众解释，通过什么方式才能减少电网电压损失，提高电机设备的使用可靠性。在广东省调研时，他选择了珠江三角洲一带，把调查重点放在轴流泵提水灌溉方面，轴流泵是一种靠旋转叶轮的叶片对液体产生的作用力使液体沿轴线方向输送的水泵，有立式、卧式、斜式及贯流式等各种形式，我国从1961年开始也研制了一批大型轴流泵，在当时属于技术较为先进的机电产品。轴流泵叶轮装有2 ~ 7个叶片，在圆管形泵壳内旋转，叶轮上部的泵壳上装有固定导叶，用以消除液体的旋转运动，使之变为轴向运动，并把旋转运动的动能转变为压力能，轴流泵主要适用于低扬程、大流量的场合，如灌溉、排涝、船坞排水、运河船闸的水位调节，或用作电厂大型循环水泵，扬程较高的轴流泵还可供浅水船舶的喷水推进之用。珠江三角洲地区河流密布，水位较高，在灌溉当地农田时使用轴流泵只需将河水提升1米多，就可以进入渠道输送，灌溉效果和使用效率都很不错。

从1959年起，国家在解决“水利是农业的命脉”的问题上从电灌起步，由于高层领导的重视、各级党委和政府的推动以及人民公社化后的大量投入，那几年各地农村建起了星罗棋布般的电灌站。

汪懋华从中看到农业电气化在农田水利建设中的作用，开始研究电灌站的供电问题。实现电灌需要建设农村电网，那时的供电方式有几种，一种是“钢导线”供电，一种是“两线一地制”，还有一种是“一线一地制”。“一线一地制”属于单相供电，将大地作为了一极，汪懋华清楚，这是苏联在20世纪30年代研究出的技术成果，发明者是苏联农业电气化研究所所长布茨柯院士，这项技术是比较先进的。他这个时期既研究过“钢导线”供电问题，也研究过“两线一地制”“一线一地制”供电问题，并且进行横向比较，了解了各种供电方式之间的利与弊。通过潜心学习研究，他搞清楚了接地装置是怎么回事，从原理上明白了供电过程中，潮湿的大地可以作为通电的导体，因此接地装置就要布成一个阵列，并找到使接地的电极导电良好的技术措施。

总之，调研多了，了解的情况就多，了解的情况多了思考的问题也多了，思考问题多了对一些事情就有了发言权，因此，在一些相关的专业会议上年轻教师汪懋华开始发出自己的声音，提出自己的看法和见解，有些观点也开始引起政府部门的关注。

3. 为养猪场安装自来水

1964年冬天，北京市科学技术委员会在顺义县木林公社陈各庄生产大队建立了农业科技综合示范试点，这是北京郊区一个以养猪闻名的生产大队，集体养了200多头猪，当时是北京郊区农村集体养猪的一面旗帜，生产队长因此被评为了劳动模范。陈各庄大队扬名国内与作家老舍先生有关。1966年春天，著名作家老舍先生被陈各庄大队的养猪事迹所吸引，来到陈各庄大队体验生活，住在社员陈福元家，他在这里参加劳动，观察科学种田和养猪，在三次下乡的基础上，老舍先生创作了话剧《正红旗下》，并写了快板《陈各庄上养猪多》，这是他生平发表的最后一篇作品，也使社会上更多的人知道了陈各庄、知道了陈各庄养猪的事迹。北京市科学技术委员会就是在这样一个地方建立了北京农业科技实验综合基地，请养猪领域的专家，包括中国农业科学院、北京市农林科学院、北京农业大学、北京农业机械化学院的教师、科研技术人员到那里去蹲点。汪懋华应北京市科学技术委员会之邀，也带着“用电”教研室的五、六位老师到陈各庄生产大队蹲点，大家都住在农民家里、吃在农民家里、和农民一起劳动，与农民实行“三同”，帮助农民解决农业生产中的问题。由于汪懋华等北京农业机械化学院的老师们不是畜牧专业的教师，与养猪业还有一些距离，所以蹲点既没有明确目标，也没有具体的任务，就是住在农民家，用自己的双眼和大脑去观察周围、观察生活，研究当地农业生产和农民生活对农业电气化有什么需求。

去了没有几天，通过对生产队养猪生产的观察，汪懋华就发现了一种需求。养猪场是生产队集体的，这个大队养猪场每天要磨豆腐，把磨豆腐剩下的豆腐渣煮成饲料喂猪。磨豆腐需要水，猪每天也要喝水，而这里最大的问题恰恰是水。猪场里有一口井，水很浅，离地不过两三米，但要用辘轳提水，再挑到猪场加工车间和场内喂猪。这时汪懋华想起在苏联学习时看到过的无塔压力罐式自动化供水解决用水的案例，于是就想搞技术革新，发挥电气专业的特长解决猪场供水问题。那时我国农村都比较穷，陈各庄大队虽然事迹先进但也不富裕，所以技术革新要尽量制订花钱最少、效果最佳的方案。汪懋华骑自行车到北京市区天坛、德胜门外等地的废品商场里转悠，从收回的废品中挑拣出来可以再使用的汽油桶、电机、带电触点压力表、水泵和供水管件等，稍事修理或整理后再使用，价格非常便宜。他买回了一个空汽油桶，一个1马力的小电动机，一些水管和必备的工具，回去后带领大家开始安装施工。以前在大学上实践课时，钳工、管工、焊工等操作技术他都实习过，手艺这时还没有丢，自己动手干起来也没有感到多吃力。

他和同事们在水井的井口旁边地面上固定好经过焊接的密闭汽油桶，把水管接上，再和水泵联上，将水泵的吸水管伸到井里。汽油桶上方安装了一个带电触点的压力表，水泵一启动，水就往桶里灌，上面空气压缩到一定程度，电机供电接触器的电触点自动断开，水泵停止泵水，自来水管网中的水处在压力罐上部气压作用下保持猪场内出水管的龙头一开就有了自来水，汽油桶的水位随之下降，气压下降到下限，电动机又会自动启动泵水。就这样启动—断开—启动—断开，一直在循环泵水。这样，养猪场自来水的问题很轻松地被汪懋华等人解决了。

听说养猪场有了自来水，村里人都跑来看稀罕，老乡们对汪懋华说："你们既然把猪场的自来水解决了，也顺便把我们家里用的自来水也帮助解决了吧。"这个村只有两条街，要把水通到两条街上靠汽油桶是不够的，于是就自己动手设计制作了一个压力罐，压力提升了水就送得远，叫作无塔式自动水泵站，更换了一个功率较大的电动机和水泵，把水自动送到沿村里两条街分布设置的取水龙头。既省电、电动机又能随时自动断续启动水泵持续供水，这个装置后来被北京市城建集团研究所协同到北京市郊区示范推广，再后来部队的一些兵营也采用了这种自来水供应方法。

4. 农村对电气化需求多多

从为养猪场解决自来水这件事中，汪懋华悟出一个道理：农业生产中有着很多与电气自动化工程专业密切相关的问题，具有很广阔的专业发挥作用的空间，只是人们平时观察不细、了解不全面，从而制约了专业知识的运用。要想把所学专业技能真正应用到生产实践中，就必须深入农村生活、深入生产实际，围绕农业生产的需要、发现需求和解决问题。

随着对养猪场情况的了解，汪懋华很快又发现了新的需求：猪到处跑是天性使然，集体养猪场养殖规模已经扩大，如何把控猪圈围栏，不让它们在露天饲养场跑出围栏是个大问题。有时候饲养员在起猪粪、清扫猪舍，甚至喂食过程中，稍不留意，猪就会伺机乱跑，一旦跑出猪圈，将它们重新关进去是件很费力的事情，但这种事却时有发生。汪懋华看到这种情况后，联想到此前看过的文献介绍：国外农业发达国家的规模化养猪场都有电围栏，猪碰到电围栏后，会遭到安全脉冲电波的电击，久而久之，猪跑到围栏边就会产生条件反射自动往回退缩。他也了解到，当时国际市场上有新西兰生产的这种电围栏设备，但是价格贵，农村生产大队用不起。可这毕竟启发了汪懋华的思路，他根据这个设想，自己设计了一个“土电围栏”，还从废品商店里购买了小型升压变压器，设置了自动控制电路，在确保密封性、防雨性都很好的前提下，将可控脉冲电压提高到一定程度，安装好后既能够起到防止猪跑出围栏的作用，又保证符合人、畜接触安全标准要求，电流不致对人、畜生命安全造成危害。

除养猪领域外，汪懋华还发现电气化技术在种植业领域也能发挥重要作用，这是他和农业电气化系主任杨存葆老师调研时了解到的。种植红薯最大的问题是种苗育苗过程中根系易染黑斑病毒。由于红薯是育苗移栽的，秧苗事前在土炕上培育，针对黑斑病，当时北京市农林科学院有位薯业研究权威专家提出：红薯在育苗的时候如果可以保持苗床土壤温度在35度，用3天时间就可以杀死黑斑病的病毒。可是保持苗床土壤35度恒温谈何容易，烧火炕的温度人工很难控制，温度低于35度杀不死病菌，超过35度又会发生烂苗，农学领域的专家们对此一筹莫展。了解这个情况后，杨存葆老师和汪懋华前去调查，当即判断这对搞电气化专业的人来说其实并不是难题。于是他们马上和北京电线厂联系合作试制耐温绝缘电热线，用钢丝做材料，增大电阻，再在上面包上一层耐温塑料。在苗床土壤里铺上电热线，接通电源后开始加热，与此同时，他们还设计制作了自动控温仪，可自动调控加热的温度，使之保持在35℃的恒温定时控制状态，黑斑病的问题也就这样轻易地解决了。

汪懋华在陈各庄大队蹲点一心一意搞技术革新实践，连他夫人住进北京妇产医院临产，大女儿于1965年11月初降生，他都没能在医院守候。

通过这些实践活动，汪懋华总结出一条经验，农业生产中，农业机械要与农艺相结合，电气自动化工程科技的农业应用研究也要密切与农艺相结合。

第五章

身处逆境
不忘科研

1. 善对“文革”初期的“两派”内斗

中华人民共和国成立后，从20世纪50年代起各种政治运动不断，像1957年进行的“反右派”斗争，1958年发起“大跃进”运动和农村人民公社化运动，1959年全党范围的“反右倾”斗争，1964年开展的城乡社会主义教育运动，一个接着一个。特别是“大跃进”、“人民公社化”和“反右倾”斗争带来的共产风、浮夸风、强迫命令风、生产瞎指挥风和干部特殊化风等“五风”给社会主义建设和国民经济造成严重伤害，举国经历了1960—1962年共和国历史上的饥荒年代。到1965年，国内的政治气氛已经比较紧张，大有山雨欲来风满楼的架势。

但对于汪懋华而言，这一切仿佛离他很远，他也不太关心这方面的事情，一心搞着他的教学、科研和农村生产实践。即使到了1965年的夏秋之际，他仍像往年一样，组织教研室的几位教师一起在北京顺义县木林公社陈各庄生产队蹲点实践。他没有想到，也不会去想，这是他“文革”开始前最后一次到陈各庄大队蹲点实践的机会。

1966年5月19日，中共中央办公厅发出了《中国共产党中央委员会通知》(即《5.16通知》)，“文革”运动骤起，社会秩序大乱，全国学校停课、高校停止招生。这种情势下，汪懋华和他的同事们在木林公社陈各庄大队也待不住了，只好匆忙告别视他们如亲人的乡亲们，撤回北京农业机械化学院接受这场史无前例政治运动的“洗礼”，开始了一段不堪回首的岁月。“噩梦一做就是近10年”。

北京农业机械化学院位于北京市海淀区著名的学院路上，从今天的北三环路蓟门桥往北行，宽阔的马路两侧由南向北依次对称地排列着原北京医学院、北京航空学院、北京钢铁学院、北京地质学院、北京石油学院、北京语言学院、北京农业机械化学院、北京林学院。“八大学院”在“文革”开始后不久，就纷纷在学校里成立了各种各样的造反兵团、战斗队等学生组织，按照“无产阶级司令部”的部署，造学校里“走资本主义道路当权派”的反、造“资产阶级反动学术权威”的反，也到社会上造“地富反坏右”和“牛鬼蛇神”的反。各组织之间因为政见不同，时而联合相互串联，时而对垒发生武斗，分分合合，一时天下大乱。北京农业机械化学院不是世外桃源，一群“誓与走资派”和“资产阶级反动学术权威”斗争到底的“革命小将”，在校园里揭竿而起造上了反。学校内相继出现了“八一八”“红卫兵”“八一八斗批改兵团”“毛泽东思想红卫兵”“农机红卫兵”等造反派组织，各组织有一个共同特点：一方面在校内揪斗“走资派”“反动学术权威”“反康生集团”“地富反坏右”等；另一方面以“破四旧”为名进行打、砸、抢，许多干部教师被抄家殴打。“文革”开始时，北京农业机械化学院响应中央号召尚有887名教师学生在各地参加农村“四清”，其中教师240人，学生647人，运动一来，学校给北京市委农村“四清”政治部写报告，请求批准这887位师生回校参加“文革”。而当参加“四清”的师生返校一进校门，第八机械工业部派驻的工作组就宣布包括教务处长、农业机械化系党总支书记、农业机械制造系党总支书记在内的一批中层干部停职接受审查。

相比之下，汪懋华要幸运一些，由于“文革”前他回国较晚，在系里只担任了教研室主任，不是系主任一级的中层领导，层级不够高；专业技术职称上也只是个讲师，而且主要精力放在了抓教学辅助课和社会实践课上，课堂上给学生“放毒”的机会不多，不是“造反派”重点瞄准的“靶子”。所以，“造反派”怎么排队，他也是处在中游：论行政职务，上面有副主任、主任；论职称，上面有副教授、教授。从哪一头衡量，汪懋华都不是出头冒尖的，因此他在运动初起时没有被抛到风口浪尖上，所受到的冲击不算很大。

当时，北京农业机械化学院的不少领导和老师都受到了严重的冲击，1966年6月下旬起，校园里就开始了大范围对干部教师的揪斗，对那些被揪出的“保皇派”“绊脚石”“反党集团”“反康生集团”的干将们进行戴高帽、游街、批斗和体罚，进行人身侮辱，并成立了学校的“黑帮劳改队”，“黑帮劳改队”起初时只有10余人，后来逐渐增加到20多人，最多时有60多人在其中被监督改造。汪懋华所在农业电气化系的杨存葆老师，这时职务是系副主任，所以“文革”一起，他很快被扣上了“反动学术权威”“走资派”等帽子。

虽然汪懋华的资历不如杨存葆老师，没有够上当“走资派”的标准，但在人妖颠倒的环境里，他想独善其身也是不可能的。当时，他是系里唯一的留苏副博士，大家公认他的学术功底较为扎实，在电气化应用领域取得了一些实践成果，因此“文革”开始后不久，他够不上当“走资派”也不能被轻易放过，“造反派”就认为他有“反动学术权威”之嫌。可笑的是，汪懋华回学校任教的几年里，由于为人热情，爱帮助人，爱给大家出点子，于是被同事们戏称为系里的“智多星”，可运动一来，就连这种善意的玩笑也被抓住不放，说是汪懋华在系里影响力大，是推行资产阶级、修正主义教育路线的干将，必须接受群众质询。因此，也给他贴了一些大字报。汪懋华这时没有什么把柄被别人抓在手里，那些想批判他的人自己也感觉到很难给他无限地“上纲上线”，但又不愿意轻易放过他，就在写大字报时，把一些捕风捉影、没有事实根据的事情进行放大。

有的“造反组织”感觉光写大字报不够过瘾，就提出要跟汪懋华直接“对话”，也就是所谓的“辩论”，而汪懋华不想搭理，却又抗拒不了，无奈之下，他就采取基本不怎么说话的办法，任凭对方怎么发问，他就是很少说话。在他看来，所提出的问题跟他没有关系，心里很坦然：没有的东西就是没有，根本不需要解释。见“对话”没有效果，“造反派”就升级为公开对他组织“辩论会”，提出一些事情让他解释，辩就辩，他还是实行那套“软抵抗”，任你千言万语，自己很少发言，听之任之。

在众人声讨“反动学术权威”的日子里，汪懋华仍以一副宠辱不惊的姿态出现在学校里，不少人佩服他，都这种处境了你还真能沉得住气。的确，这时汪懋华表现的似乎身边发生的一切都与自己无关，该做什么照做什么。其实，汪懋华心中有数，他知道自己不是孤立的，还有不少人在保护着他。当时系里教师也分裂为两派，这两派是以汪懋华当时的办公楼为界，楼上一派是保护他的，对立的另外一派是想批斗他的。这时期，他对派性的问题非常谨慎，既不参加哪个组织，也不过多发表意见，遇见任何事情都告诫自己不要冲动。

“造反组织”当然知道他在苏联留学期间当过留学生的党总支书记，就派人专门调查他在苏联留学时的情况，难得的是，调查时有人站出来证明他在苏联没有出过任何问题，表现很好，在留学生中间威信很高，“造反组织”只好把这条线索放下。有人不肯作罢，又把他父亲在香港定居的那层关系翻了出来，想在海外关系上做文章，可是，有当年那个革命老干部出具的证明材料，事情的来龙去脉组织上早已了解清楚，这件事也没有对他产生大的影响。外部调查中，调查人员甚至带回了新的证明材料，证明他的家庭成分是城市贫民，属于无产阶级队伍里的人。搞来搞去，从哪都抓不到他的小辫子，“造反组织”渐渐地也就对他没有什么兴趣了。

汪懋华不但靠机智保护了自己没有受到更大的冲击，而且在一些熟悉的同学、朋友遭到厄运时他还敢挺身而出仗义执言，这在人人自危的“文革”时期是非常难能可贵的。一次，武汉水利电力学院的外调人员来北京农业机械化学院找到汪懋华，向他了解他们学院里一个留苏老师的情况。这位老师与汪懋华是同学，调查的缘由是有人揭发，该同学在留学期间他的苏联导师去世的时候，在导师出殡时他去抬过棺材。他们来找汪懋华，就是要了解是否有这个事情，武汉水利电力学院“造反派”给这位老师定的罪名是他在苏联给“反动学术权威”抬过棺材。汪懋华简直哭笑不得，当即很明白地告诉来者：“确实有这回事，他是给导师抬过棺材，我当时是留学生党支部书记，他还征求过我的意见。自己的导师去世了，给抬一下棺材又有什么错呢？”最后，汪懋华还给他们写了证明材料，证明这位老师在苏联留学时表现很好，没有发现任何问题。

随着时间的推移，汪懋华逐渐地对这些事情看得很开，基本不放在心上，白天要开“辩论会”他就去开，开完会晚上回到家就看书，尽量排除他们的影响。有一段时间，白天开完会，晚上他就在家学习安装调试半导体收音机，偷偷地钻研自己的业务。

对于“文革”期间学校里的这些事，他的心态一直很平和。后来他当上学校领导后，从来没有想过要跟这些在“文革”运动中反对过他的老师为难。在他看来那是在特殊时期的一个社会现象，不能怪哪个具体的个人，潮流所至，大家都难免俗。只是后来大家再在一起工作，他还特别注意和这些老师友好相处，互相关心支持。

2. 下放河南信阳“五七”干校和博爱县农村锻炼

1968年5月，黑龙江省革命委员会纪念毛泽东“五七指示”发表两周年，在庆安县柳河村办了个有500名省直属机关人员参加劳动锻炼的农场。同年10月5日，《人民日报》以《柳河“五七”干校为机关革命化提供了新经验》为题，用一整版篇幅进行了报道，并在配发的编者按中传达了毛泽东主席的“最高指示”：“广大干部下放劳动，这对干部是一种重新学习的极好机会，除老弱病残者外都应该这样做。”此后全国各地竞相仿效，掀起了各机关、各事业单位、各大专院校、科研院所大办“五七”干校的浪潮。

地处中原的河南省是全国办“五七”干校最多的省份之一，北京农业机械化学院参加的第八机械工业部“五七”干校就建在了信阳地区的罗山县。罗山县在河南省的东南部，位于淮河南岸、鄂豫两省的交界处，属于大别山北麓，是个有光荣历史的革命老区。土地革命时期，红四方面军、红二十五军、红二十八军都在这里坚持过斗争，1934年11月，徐海东率领的红二十五军就是从罗山县何家冲开始进行长征的。在罗山县，除北京农业机械化学院所在的“五七”干校外，团中央、中央团校等单位的“五七”干校也扎堆建在那里。到“五七”干校、走“五七”道路在当时是非常革命的口号，但去过的人都知道，“五七”干校毕竟是“文革”特殊时期的产物，“五七”干校劳动锻炼的性质与汪懋华在大学时经常参加的劳动实践锻炼有着天壤之别，它带有一种劳动改造的性质。

1969年6月下旬，北京农业机械化学院根据上级指示，要组织教职员工约300人去干校，但不是一下子全部过去。学校组织了自愿报名，但同时又规定，在“清理阶级队伍”中被定性为敌我矛盾的人不准去干校。干校以营级为建制，下设4个连队。第一批去的人号称是先遣队，共27人，于1969年7月初出发，汪懋华成了先遣队中的一员。走的时候，家人哭着为他送行，他的心里也很难受，但在当时谁又敢违反上级的规定呢？按照当时的政策，还没有要求家属跟着去干校，先遣队有家室的人都是一人独往。挥泪与家人告别后，在北京留下两个年幼的孩子由夫人一人照料。

汪懋华在罗山“五七”干校待了半年多时间，电气化专业的老师变成了牧羊倌，主要工作是放羊。“五七”干校的负责人并不关照这位留苏归来的副博士，居然不安排他在干校总部的宿舍里住宿，而是让他在总部对面几里地以外一个山头上的羊圈里面住着，当时加上他，一共三个人住在羊圈里看守羊群。

政治上倍感压抑的时刻，倒是牧羊的日子给他带来不少的快乐。为了安全起见，干校规定羊圈里不能开伙，看管羊群的三个人一日三餐得轮流回到干校总部去把饭挑回来吃。从羊圈到总部的这段路大概有二三千米远，还要走一截小路。好在他们都还比较年轻，又都经历过各种劳动实践的锻炼，挑着三个人的食物走二三千米路并不感到沉重，一路上还可以看看风景，散散心，感觉相当不错。

三个人一共放了近二百只羊。羊一般不需要人来喂饲料，带它出去让它吃草就行。所以汪懋华每天的工作程序是，早上起来赶着羊出去，找到合适的地方让羊群自由自在地吃草，等到天黑了再把它们赶回来，赶进羊圈里圈起来，其他的时间里就是瞪大眼睛看住羊群别让人给偷走了。那时候，他也顾不上学习了，就是赶羊放羊看羊，每天爬坡走路把他的身子板锻炼的相当硬朗。

汪懋华去干校锻炼时已经有两个孩子了。“文革”开始后的一段时间里是他母亲帮他家带孩子。后来，他的妹妹在新疆生孩子，母亲又到新疆给妹妹帮忙了。他的夫人张乃云当时在北京农业大学农业机械化教研室工作，一个人带两个孩子很辛苦，困难比较多。从住地北京农业机械化学院到工作单位北京农业大学距离较远，交通很不方便，再加上当时社会秩序混乱，根本无法保证正常的交通。张乃云每天出门都要提心吊胆地想着家里的两个孩子。汪懋华夫妇也想过把两个女儿都带到干校由他照料，边放羊边看护女儿，可来干校实际困难更多，最主要的是他住在羊圈里，没有固定住所。商量到最后，他们决定把大女儿汪宁带到罗山县，她当时只有四五岁。汪懋华动员女儿：“我现在呆的那个地方环境很好，我养着一群羊，每天跟羊玩儿，到山冈上去赶羊很好玩的，你跟我去放羊吧。”毕竟汪宁那个时候年纪小，听了父亲的话很感兴趣，高高兴兴地跟着他到了罗山县“五七”干校，当了一个小羊倌。她在罗山县“五七”干校住了两个月，每天跟着汪懋华一块放羊，见识了不少城里孩子见识不到的东西，为她的童年平添了不少乐趣。

1969年8月，经毛泽东批准，中共中央发布命令，要求边疆地区革委会、人民解放军驻边疆地区部队，充分做好反侵略战争的准备，随时准备对付武装挑衅，防止敌人突然袭击。命令还要求立即解散一切跨行业的群众组织，停止武斗，实行归口大联合，坚决执行“七二三布告”（7月23日，中共中央发出布告，要求山西省部分地区制止武斗、惩办坏人，恢复生产与工作），大力支持前线，绝对不允许任何人冲击解放军；要坚决镇压反革命分子等。9月，根据中央的“8.28命令”，北京学院路“八大学院”都要为战备疏散迁出北京。其中北京地质学院、北京林学院、北京石油学院积极响应，马上搬离了北京，而其他五个学院则继续观望。后来，在第八机械工业部的安排下，北京农业机械化学院在北京也待不下去了，被下放到河南信阳地区罗山县“五七”干校锻炼的300多名教职工，于当年11月25日前整体搬迁到河南省焦作市博爱县原北京农业机械化学院河南分院。

初到博爱县，学校里的教职工都没有住房，所有随迁来的家属一家一户都住在农村。汪懋华被安排在邻县沁阳县的农户家里，一家人跟农户房东住在一起，自己开火做饭。就这样，他们在沁阳县又住了一段时间。

20世纪70年代，在下放河南沁阳农村期间全家合影

据统计，从1968

年到1971年“九一三”事件之前，中央和国家机关在国内18个省（区）共建立了106所“五七”干校，遣送安置了10多万名下放干部和3万家属。“九一三”事件后，《人民日报》刊发社论《惩前毖后，治病救人》（1972年4月24日），要求正确执行党的干部政策，于是，“解放”了一大批老干部和专家教授。随着他们返城，“五七”干校也渐趋衰落、冷清。但谁也不敢贸然撤销，仍有一批人滞留在此。大多数地方，则把“五七”干校当作让干部轮流去劳动、学习一段时间的场所。

3. “北农机”整体搬迁到重庆西南农学院

1969年10月，国务院总理周恩来与苏联部长会议主席柯西金在北京机场举行边界问题会谈的前三天，因“紧急战备”转移至苏州的党中央副主席林彪，给在北京的解放军总参谋长黄永胜发出“紧急指示”，要求全军立即进入紧急战备状态。10月18日，黄永胜等人以“林副主席第一号令”的形式向全军下达了这个指示，引发了全国性的战备搬迁疏散。随着中苏边界谈判开始，战争立即爆发的迹象减少，全国、全军高度紧张的战备工作有所缓和。

在这种背景下，1970年5月第八机械工业部军管会给北京农业机械化学院发函，说是根据党中央战备疏散的部署，经国务院业务组和第八机械工业部军管会及学院革委会的努力，决定北京农业机械化学院整体迁往抗日战争时期的大后方重庆。当时地处北碚的西南农学院往地区下迁后，北京农业机械化学院则使用西南农学院的校舍继续办学。西南农学院建于1950年9月，坐落在重庆市北碚区。

20世纪70年代，在西南农学院校园合影，右二汪懋华，右五为杨存葆

由原四川省立教育学院、华西大学和相辉学院相关系科合并而成。6月初，北京农机化学院革委会负责人向师生们传达搬迁决定，进行行前动员，还成立了搬迁领导小组，于6月下旬由河南博爱县、沁阳县开始搬家，到7月，搬家完毕。

学校住进了西南农学院后，实际上把西南农学院的人挤到下面农村去办学了，他们占用了西南农学院大部分的校舍和宿舍。当时，上级原本是想将北京农业机械化学院与西南农学院合并办学，后来又决定两校不合并，依然分别办学，北京农业机械化学院业务上归第一机械工业部领导，党政关系上归四川省和重庆市革委会双重领导。

4. 学习研究半导体技术

到重庆后，为了了解四川省和西南地区农机化发展的现状，北京农业机械化学院组织各系共200多人分赴四川省各地的农村、工厂调查农业机械化发展的现状和存在的主要问题，同时进行教改实践活动，调研过程中还办起了培训班，为改造学校的各专业教学做准备。

汪懋华在重庆前后待了近6年的时间，期间他一直没有机会开课，因为教学秩序根本没有完全恢复正常。本来是搬完家生活安定下来以后，大学里应该安下心来做点实际的教学科研工作，但是社会上不断搞运动、开展大批判，“批林批孔”“评法批儒”“评水浒”“批投降派”“批邓”“反击右倾”“翻案风”等是那个历史阶段的主流，谁也抗拒和改变不了。未来究竟如何，出路何在？大家都很茫然，也很无奈。汪懋华在这阶段最担心自己在知识上落伍，也不愿意看到老师们荒废掉专业，身为教研室主任，他决定带领教研室的教师们一起学习半导体与电子电路基础新知识，他有种预感，说不定这些知识将来什么时候还会派上用场。

当时国内比较新的电子工程基础理论教材是复旦大学新出版的《半导体电路》，汪懋华就想办法买来大家一起学习，开始研究半导体技术。清华大学新出版《模拟电子电路》和《数字电子电路》等新教材时，他又找来组织大家集体学习。经常参加学习的大概有10个人左右，主要由汪懋华负责组织，以自学为主，定期讨论，总的想法就是强调学习新兴电子工程基础理论。这段时间的学习，为汪懋华后来的学术生涯打开了一个新世界，确保了他没有因政治运动的冲击而落在时代之后。

汪懋华后来自己总结说：“我个人经历中有些独到的特点，很多知识都不是从正规讲堂上学来的，而是自学来的。所以对于新东西，一直保持有较强的敏感性和浓厚的求知欲。”正因为如此，他开始自学模拟电子电路、数字电子电路理论的时间比较早，20世纪70年代电子电路刚刚兴起的时候，他就接触了，而且还学得比较好，这为他以后重新走上讲坛打下了好的基础。

5. 组织到重庆长寿县电机厂蹲点

汪懋华的两个女儿，一个是1965年出生，一个是1968年出生。举家搬迁到重庆的时候，她们都很小，汪懋华的家庭生活负担比较重。

尽管这样，他仍然不甘寂寞，学校不给安排教课他就提出下去搞蹲点，蹲点实践本来是他的强项，由于“文革”到来，他已经有5年时间没机会搞科技意义的蹲点了。对于一个热爱专业知识的人来说，蹲点有一个最大的好处就是可以不丢专业，还能帮当地解决一些遇到的困难和实际问题。

1971年学校同意他下去蹲点，他很快就把蹲点地方选在了重庆市长寿县的长寿电机厂。那是个地方企业，生产电动机，当时在国内还小有名气。他主动跟工厂取得联系，做了自我介绍，由于他本身就是学电气工程出身的，提出要帮助他们进行技术革新和设备改造时，工厂的领导也很高兴，欢迎他们到来。

汪懋华等到工厂后住在厂里、泡在车间，整天跟工厂的工人师傅们一块儿搞电机技术革新，研究设计节能电机。主要内容是重新设计线圈绕组。他负责给他们进行技术设计，厂里的师傅们负责制作出来，然后搞实验，试验成功后就作为新产品投产。

当时，厂里的工程师也很配合他们的工作，一线师傅们又有很好的技术水平，各种复杂的线圈都能绕出来。汪懋华有个留苏时的老同学在浙江省机械科学研究所（位于杭州）工作，该所在中小型电机研究方面颇有名气。汪懋华经常跟他沟通，也得到了他的不少帮助。所以，他在厂里的工作还是很有成果的，研究出了不少新东西。

在长寿电机厂待了一年多时间，成天就是专门搞电机绕组设计研究，一个月回重庆一次。这一年左右的时间，他把电机绕组设计与制造工艺都搞清楚了。电机怎么设计、电机的制造工艺以及怎么绕线、怎么下线，很快就烂熟于胸。

6. 收获深情厚谊

对于汪懋华来说，在长寿电机厂蹲点的另一大收获就是与当地的好多工友们结下了深厚的友谊。

他去长寿电机厂蹲点时，大女儿已经六岁了。但由于入学年龄的限制，她在位于重庆北碚的农业机械化学院所在地上不了小学，原因是年龄不满7岁。后来，汪懋华想了个办法把她带到了长寿县，到了长寿县以后，这个问题就简单了，通过地方的人帮忙联系，就在附近的长寿印染厂的子弟学校上了小学。

当时，汪懋华一个人又要上班，又要照顾孩子，有些手忙脚乱。长寿电机厂有个开铣床的女工是本地人，为人特别好，她当时还很年轻，也就二十一二岁。看到他的窘境后，主动伸出援助之手，提出帮他带孩子。在汪懋华加班或忙不过来的时候，这位女工就把他的女儿带到自己家里去，自己照看不过来，就由家中的父母、妹妹及全家人一块来照顾孩子，而且照顾得很好，对此，汪懋华深怀感激，他的女儿也和女工一家人很亲。多年过去，汪懋华与他们全家人都成了好朋友。他们也经常到汪懋华家来，像走亲戚一样。现在，那个当年的女工已经六十多岁了，两家人还常有来往。

除此之外，长寿电机厂的很多工人师傅，在那段时间也与他结下了非常深厚的友谊。汪懋华离开长寿县以后，他们有人到重庆时会来北碚看他，相互之间感情很深。

第六章

进入学校领导层

1. 学校北迁河北省邢台市

北京农业机械化学院的人大多是北方人，对于重庆的气候、环境很不适应。同时，学院老师们的学术专长和研究重点多是北方旱作地区的农业生产，对江南，特别是对西南丘陵山区的农业生产情况比较陌生，始终感觉无用武之地，所以总是盼着搬回北方。而原来就在重庆的西南农学院随着国内政治形势趋向平稳，也要求落实政策，从农村搬回北碚校区，希望北京农业机械化学院给他们腾出校舍。

1973年8月2日，第一机械工业部根据国务院的指示，发出[1973]一机政字1012函，通知北京农业机械化学院归口农林部管理。同年，作为北京农业机械化学院的主管部委，农林部和国务院科教组联合向国务院提交了《关于原北京农业机械化学院迁邢台建校并改名华北农业机械化学院的请示报告》；10月，国务院同意学院迁往邢台并改名为华北农业机械化学院。到1974年11月下旬，国家计划委员会批复了华北农业机械化学院迁建计划任务书，规定了学院以3 000人规模设置农业机械化、农业机械设计制造、内燃机设计制造、农田水利、拖拉机设计制造、农业电气化等6个专业；总建筑面积确定为10.5万平方米，占地420亩，一期工程85 000平方米[①]。

1975年年初，学校开始组织往河北搬迁，到11月15日，学院

① 中国农业大学百年校庆丛书编委会，《百年纪事》，中国农业大学出版社出版，p. 304。

本部搬迁到河北省邢台市，正式改名为华北农业机械化学院，启用了新印章，汪懋华和他的同事们的劳动工资关系也从四川转到了河北。虽然没有让他们直接回到北京，但邢台市毕竟属于华北地区，离北京已经比较近了。学校从重庆迁往邢台时，搬家搬得非常干净，连桌椅板凳都没有留下。

初到邢台时没有校舍，后来有关部门为学校在邢台市郊找了一块地开始建校，更名为华北农业机械化学院后，隶属河北省管辖。邢台位于河北省的中南部，太行山脉南段东麓、华北平原的中部，对发展农业机械化来讲地理位置不错，但由于当地的经济水平所限，邢台实际上不具备办大学的条件。当地连收发外文信件和资料都很困难，更不用说教学实验设备的建设了。从1975年迁到邢台建校后，3年时间里学校仅建成21 200平方米校舍，只占应建面积的19.2%。按这个速度建设，需要12年才能基本建成。由于没有校舍，教职工及其家属分散在邢台一市三县内38个点的工厂、库房、龙王庙和一个中专的集体宿舍办公、教学和居住，条件远不如在重庆北碚时期。北京农业机械化学院是十年动乱中受摧残较为严重的大专院校之一，在整个“文革”期间几乎没有招收过学生，只是到邢台之后，农业机械化、拖拉机设计制造、农田水利3个专业于1976年招收了3个班、共270名工农兵学员。

1976年10月，随着“四人帮”被粉碎，“文革”十年动乱也宣告结束。此后，整个国家生活拨乱反正、回到正常的轨道上来了，汪懋华也重新开始了执教生涯。到1977年，教育部在北京召开全国高等学校招生工作会议，决定恢复已经停止了10年的全国高等院校招生考试，以统一考试、择优录取的方式选拔人才上大学。这次具有转折意义的全国高校招生工作会议决定，恢复高考的招生对象是：工人农民、上山下乡和回乡知识青年、复员军人、干部和应届高中毕业生。会议还决定，录取学生时，将优先保证重点院校、医学院校、师范院校和农业院校，学生毕业后由国家统一分配。

因“文革”动乱中断了十年的高校统一招生考试恢复了，从1966届到1977届总共10多届中学毕业生一齐参加高考，成了当年牵动我国每一个家庭、关乎千百万青年人前途命运的一件大事。到1978年春，1977级新生入学后，学校才时隔10年第一次迎来了全国统考的新生，又过了半年，1978级学生在秋季也入了校，从1978级开始，学院恢复了农业电气化专业招生。

尽管有了学生，但汪懋华在邢台期间仍然没有给本科生上过课，新生入学的第一年，按规定是学数学、物理等基础课。1978级新生入学后，学院恢复了农业电气化专业统一要求的公共课，但还没有进入学习专业课阶段。讲基础课没有汪懋华这些专业课教师什么事，只能是不停地备课。但汪懋华天生是个闲不住的人，于是就利用在重庆期间率先学的电子技术知识给全院老师们开办了一个教师进修班，传授包括模拟电子电路、数字电子电路课程等知识，听过他讲课的老师们普遍反映这些新知识对他们的备课和教学都很有帮助，说他做了一件好事，而汪懋华本人则把这件事理解为是一个再学习的过程，并没有把它当作一项工作。

农业电气化专业的张光杰教授，自汪懋华从苏联学习回国后，一直与他在同一教研室工作。他1958年北京农业机械化学院毕业后留校在农业电气化系任教，担任过“用电”教研室副主任。据张光杰老师回忆，学校从重庆搬到邢台后，老师们大都住在农民家里，非常分散，条件也较为艰苦。汪老师并不安于现状，及时组织大家自学电子工程专业基础课的知识，并开展顺序控制器的研发，同时参加省、市关于顺序控制器应用技术的普及和推广工作，为之后进行科研打下了有益的基础。

学院在邢台办学期间，虽然信息交流不是很方便，但汪懋华依然保持了对科学技术进步的敏感性，除了给学院的老师们上课讲授前几年积累的知识外，他已经开始将注意力转到电子信息工程领域上了。20世纪70年代后期，电子信息工程算是比较前沿的学科，重点研究领域之一就是张光杰教授提到的顺序控制器在工业过程自动化中的应用，包括电子控制器、逻辑控制器，这是一个新兴的技术。

1978年，邢台市科学技术委员会要搞电子技术应用推广，组织了一个全日制的邢台市电子技术培训班，希望北京农业机械化学院志愿承担教学工作。汪懋华就主动前去把电子工程科技应用发展的有关情况向负责人做了介绍，他们听后很感兴趣，决定把研制生产顺序控制器当做一个重要的创新项目来抓。于是汪懋华有机会开始在邢台市科学技术协会专门搞顺序控制器应用技术研发与推广，经过一段时间后，这个项目取得了成效，他对这个领域的技术研发也慢慢熟悉起来了。

汪懋华同教研室负责实验教学的同事倪灿程老师，当时刚结束进修电子技术课程从上海返校，系领导决定让他也参加顺序控制器推广应用研究。开始他还有些担心，虽然刚学习完电子技术方面的专业基础知识，但真要现买现卖了，效果能行吗？汪懋华看出了他的顾虑，马上从正面对他进行鼓励，帮助他打消顾虑，愉快地接受了培训任务。为保证教学质量，汪懋华亲自审阅、修改了他的全部讲稿，又组织了几位老教师课前听完他的全部试讲，保证了他最后圆满完成教学任务，获得了学员们的一致好评。

不仅如此，在邢台期间倪灿程老师还参加了汪懋华牵头组织的“拖拉机牵引性测试仪”和“拖拉机电测方法研究”等课题。邢台办学后期，在学院科研处的支持下，汪懋华组织电气化专业的老师成立了一个电子科研组，小组成员与拖拉机教研室共同承接了河北省科学技术委员会的“拖拉机牵引性测试仪”课题，这在当时属于较大的课题了。倪灿程也参加了前期调研、收集资料和主机设计等工作。后来，所在的科研小组出现了新情况：有的教师要出国进修，为了备考外语参加了出国前的外语脱产培训，接着又出国进修去了；另一名课题组成员又赴香港探亲，放下了科研课题，主机设计部分的参加人员仅剩下倪灿程一人。这时，汪懋华经常对他所做的工作进行鼓励，并且进行全方位的指导，帮助他按时完成了承担的研制任务，得到了“国内领先”的科研鉴定，本人的科研能力有了全方位的提高。以后他在汪懋华负责承接的农业部“拖拉机牵引性能电测方法研究”课题中，也较好地完成了所分配的科研任务。上述两个项目，在学校首次评选中分别获科研成果三等奖和二等奖。

2. 在通县农机修造厂搞技术改革

汪懋华一直喜欢研究生产中遇到的实际问题，所以他人在邢台，却总想在北京找一个能够经常去的、较为固定的生产企业作为联系点，看看能否在实践中帮助企业解决问题。

当时，虽然汪懋华全家都在邢台，但他夫人张乃云是北京人，当时他的岳母还健在，住在西单大木仓胡同，所以他们要经常回来看望老人。有了这个方便，他就通过别人介绍，和北京通县农机修造厂取得联系，希望能作为他的固定联系点。

北京通县农机修造厂是当时北京最好的农机修造企业。主要经营饲料粉碎机，种子加工成套设备，汽车、拖拉机修理等产品。当初，这家企业正好也要搞技术革新，而且就是关于电子控制方面的革新，与汪懋华的想法一拍即合。

汪懋华到工厂一了解，他们是拖拉机修造厂，想要搞拖拉机零件清洗过程自动控制。这个事情与他研究的方向正好吻合，他对此充满信心，就动手帮助他们研制新的电子顺序控制器用来控制零件清洗过程自动生产线。清洗这些零件需要经过四个步骤，第一步给水、第二步加温、第三步清洗、第四步烘干，这个过程中特别重要的是对时间的控制，属于过程控制的范畴。

为了完成这个改造，汪懋华在通县农机修造厂至少待了一年时间。他亲自设计电子顺序控制器和控制程序，连焊接、调试等技术活也是亲力亲为。在他和工人师傅们的共同努力下，这项革新终于试验成功，达到预想的目的，整个零件生产线实现了自动清洗，厂方非常高兴，汪懋华也很满足，因为他在生产实践中成功地运用了自学来的电子工程知识。

此后，汪懋华越发喜欢去企业蹲点搞技术改革了，学校搬回北京前的那段时间，他还在北京帮助过两个电子产品生产企业，其中一个是密云县田各庄控温仪器厂，他们听说华北农业机械化学院的汪老师是电子领域的行家，就慕名找上门来的，说是要搞电热线的控温仪，用于甘薯育苗温室的控制，这项技术改造当然也获得了成功。

这一阶段，汪懋华还不断追踪国内外微处理器和微型计算机的发展趋势，在学校筹建了教学研究实验室，组织基于微电子技术的拖拉机性能测试仪研究和孵化机控制方法攻关研究等。邢台办校的时期是北京农业机械化学院比较艰苦的一段岁月，却也是汪懋华在电子工程业务上进步比较快的一个时间段。

通过到这些单位将所学的知识用于实践，反过来对他的学习更有帮助。他觉得知识面在拓宽，你要和他谈农业装备他能谈，你要和他谈农业机械与农艺的关系他也能谈，你要和他谈电子技术在农业上的应用他更能谈，这些领域恰恰都是与生产实践紧密联系的。

3. 北京农业机械化学院回迁北京

经过几年努力，北京农业机械化学院的邢台校区很快建起来了，家属宿舍、教室都已经用上，教学设备也开始配置，汪懋华以为下半生要在这里长久扎根下去了。可1978年以后，学院又看见了搬回北京的曙光，随着科学春天的来临，在邓小平同志倡导下，重视教育、重视知识、重视人才开始成为社会主流。

曾任中国农业大学党委书记的艾荫谦同志回忆学校回迁北京的过程：1979年1月3日，时任党委书记兼院长张纪光飞往西安，求见刚被任命为分管农业方面工作的国务院副总理王任重，拟当面汇报学校回迁北京原址办学事宜。1月5日，王任重接见并听取了张纪光的汇报后，马上给邓小平同志写信，请国务院批准北京农业机械化学院由邢台迁回北京原址办学，并请当时分管文教的副总理方毅同志转交。方毅接到信后，召集了有关部委、北京农业机械化学院、中国科学院负责人召开会议，专门研究学校迁回原址问题。由于迁出北京的高校较多，大家纷纷要求迁回北京原址，所以当时这已经成为一个很复杂的问题，尤其是原校址的大部分校舍已被外单位占用，又连带涉及占用校舍单位的搬迁问题，此次会议没有结果。学校从领导干部到广大教师都对学校回迁北京寄予厚望，并从各方面做出了很多的努力。

2月14日，学校又将农林部、教育部同意迁回北京原址办学的报告及学校请求中央政治局讨论批准学校迁回原址办学的报告一并呈送给中共中央政治局委员、秘书长胡耀邦。2月15日，胡耀邦做了书面批示："南翔[①]、立功[②]同志，这事无需政治局讨论，你们拍板就行了。"16日上午，秘书又口头向学校转达了胡耀邦的意见。胡耀邦说："在邢台没有办大学的条件，北京农业大学也应迁回北京，延安也没有办北京农业大学的条件。"

之后，张纪光向王任重汇报了胡耀邦的批示及意见，请求尽快落实学校迁回北京问题。3月27日，王任重带领教育、农业、农业机械及占用校舍单位主管部委第一机械工业部等6位正副部长来到学校的北京原校址视察，实地了解学校迁回原址的可能性和必要性，并且在现场召开会议研究北京农业机械化学院迁回原址和占用校舍单位腾退校舍问题。4月16日，农业机械部根据视察情况向王任重和邓小平递交了补充报告，再次请求批准北京农业机械化学院从河北邢台迁回北京原址办学，并恢复原来校名。4月17日，王任重在报告上批示："小平同志，我曾和农机部、一机部、教育部、农业部的负责同志一起到北农机去看过，确实如报告所述，把一个好端端的学校搞了个五马分尸，实在可惜，请你批准北农机迁回北京原址办学。"当日，邓小平批示同意后又作了"请华主席、各位副总理批示"的批语。到4月底，全部副总理看了以上报告和邓小平的批示，全都同意"华北农业机械化学院"由河北邢台迁回北京原址办学，恢复北京农业机械化学院校名。5月初，邓小平、王任重、华国锋的批示及其他各位副总理批示同意的复印件，由国务院办公厅下发农业机械部和北京农业机械化学院及有关单位各一份。5月12日，农业机械部根据以上批示正式下文通知北京农业机械化学院由邢台迁回北京原址，并恢复北京农业机械化学院校名。从此，学校获得了新生，全校师生无不为之欢欣鼓舞。

这样，从1979年开始，当年迁出的三所农林院校陆续回迁北京，原北京农业机械化学院仍然搬回北京原校址，恢复原北京农业机

① 蒋南翔，教育部长，编者注。

② 杨立功，农林部长，编者注。

械化学院校名，汪懋华在离开北京十年后，终于又回到了那座熟悉的校园，但这时他发现，北京农业机械化学院从北京搬到重庆期间，在北京原校址只留了个留守处处理善后事宜，结果学校“文革”搬迁前在北京的校园和附属农场的不少土地都被外单位占据和丢失了[①]。

4. 首建农业电气自动化专业

北京农业机械化学院回到北京安顿下来后，教学秩序逐渐回归正常，农业电气化专业1978级入学的学生结束了大一基础课后，马上就要进入专业课学习阶段了。这个时候，汪懋华正在琢磨要给本科生开一门农业电气自动化专业的基础理论课程。说起这个事来也很有趣，汪懋华这人一向胆子比较大，大学学的是农业机械化专业，从没有给本科生开过电子与自动控制专业基础理论课程，只是通过自学对电子技术基础比较熟悉。搞自动化需要有基础理论作支撑，特别是开设自动控制理论课程需要有很好的数学基础，但大学期间他只在大一学过半年多高等数学，他的数学基础并不好。所以要想开设这门自动化专业基础理论课，他自己还要做很多方面的准备。

刚刚搬回北京时，北京农业机械化学院的校园已经面目全非，“文革”期间学校的建筑被几个不同的单位瓜分占用了，其中有一座楼被第一机械工业部下属的起重机研究所占据着。新时期到来后，由于信息技术的发展，自动控制理论与方法都发生了变化，这一领域越来越受到学界的重视，而这个起重机研究所的重点方向之一，

① 中国农业大学百年校庆丛书编委会，《百年纪事》，中国农业大学出版社出版，P306–P309。

正是从事自动控制方面的研究。

得知这一信息，汪懋华异常兴奋，此前，他已经加入了中国自动化学会教学指导委员会，成为中国自动化学会的一名会员。学会的领头人的是清华大学的吴麒教授。吴教授1952年大学毕业后考取清华大学研究生，后因工作需要和组织的决定，改作了助教；1955年秋，他被公派赴苏联列宁格勒加里宁工学院电机系做研究生，师从尤·阿·萨比宁教授，改学自动控制；1959年，他获得苏联技术科学副博士学位回国，到清华大学当时新建的自动控制系任教。他先后讲授过《自动控制原理》《自动控制系统》《自动控制专题》《非线性控制系统》《多变量频率域控制理论》等课程，是控制理论与应用学科的学术带头人之一，汪懋华加盟了他领衔的这个团队。通过参加学会活动，他收获很大。通过学会活动，他与很多专家进行了信息交流，很快地与清华大学在这个领域的专家教授熟们悉起来，并跟他们中的不少人建立了密切的联系。后来，清华大学举办自动控制理论与技术方面的培训班时，还曾专门请到了时任国家科学技术委员会主任的宋健来主讲与钱学森共同编著的《工程控制论》。汪懋华当然不

汪懋华于20世纪80年代初主持建设的自动化实验室，装备了大型模拟计算机系统

会错过参加这种培训的机会，几经周折，他在自动控制理论与专业技术方面一起步就跟工科领域的水平比较接近，而不是人云亦云跟在别人后面，他对自动控制行业的发展情况也了解得比较清楚。

1983年5月，《八十年代国内外农机化新技术》编写工作讨论会合影

汪懋华第一次正式讲授自动控制理论课就是被起重机研究所请去的，重点讲经典控制理论，由于功底扎实、信息量大，讲课效果获得一致称赞。他本来是想“近水楼台先得月”，给从事自动控制研究的起重机研究所当学生的，谁想一不留神当起了先生。1981年以后，他正式给北京农业机械化学院应用电子技术专业的本科生、研究生们开自动控制理论课，课程包括经典控制理论与现代控制理论两部分。汪懋华在给研究生讲授《控制理论》课程时，又支持教研室副主任张光杰到清华大学听完陈伯时教授主讲的《自动控制系统》课。张光杰回校后还是非常认真从头到尾听完了汪懋华讲授的这门课，他的感受是，这是一门理论性较强的课程，但由于汪老师教学水平高，讲课中逻辑严谨、思路清晰，能突出重点、突破难点、深

1984年12月，第二期牧机培训班结业留影

入浅出，通过听课不但强化了他掌握的知识，还学到了许多很好的教学方法，受益匪浅。

学校搬回北京后，有几年汪懋华家的居住条件异常简陋，学校分给他一间学生宿舍楼里的澡堂改造出的公共宿舍房，他和爱人、两个孩子、他的母亲，一家五口人在澡堂房子里住了两年多。

就是在这种情况下，他还是坚持学习，除了自修高等工程数学以外，当时中央电视台有很多培训的课程，这些课程对他帮助很大。那段时间他跟着电视学《陈琳英语》、自动控制原理、复变函数、积分变换矩阵理论等课程，他都是一边看书一边跟电视学，缺什么知识就尽力去补什么知识。

他的不懈努力也得到了回报，1978年国家恢复了专业技术职称制度，他被评上了副教授职称，1987年又评上了正教授。

5. 坚持不转“户口”的学院副院长

1984年8月9日，农牧渔业部党组发文：“经研究，同意艾荫谦同志任北京农业机械化学院党委书记；翁之馨同志任北京农业机械化学院院长；唐文霞同志任北京农业机械化学院党委副书记；汪懋华、骆大章同志任北京农业机械化学院副院长；杜国林同志继续担任北京农业机械化学院副院长；曾德超教授由于年事暂高，改任北京农业机械化学院顾问，免去其北京农业机械化学院副院长职务；李翰如教授任北京农业机械化学院顾问；免去郑定立同志北京农业机械化学院党委书记、院长职务；原党委副书记何耀明同志离职休养。”自此，汪懋华又迎来了人生的一大转折点。上级组织选择提拔他当北京农业机械化学院副院长的具体考虑他个人无从考证，但中间有些事情肯定影响了这次提拔。

1983年，当年给汪懋华一行去华南垦殖局垦殖橡胶的同学们做动员报告的原林业部特种林业司司长何康同志，当时已经是农牧渔业部部长了。一天，他带着秘书等几个人到北京农业机械化学院调研。时任北京农业机械化学院院长的郑定立是一位老革命；1938年加入中国共产党，1949年任华南两广纵队独立师政治部主任；1950—1954年任广东南海县委第一书记、粤中行署财委副主任；1954年任武汉内燃机厂筹备处副主任，1961年任洛阳第一拖拉机制造厂副厂长；1961—1964年任农业部拖拉机局副局长，1974—1977年任北京市农机局副局长，1979年任农业机械部科技教育局局长；1982年12月调任北京农业机械化学院院长、党委书

1983年，汪懋华在自己的实验室向前来考察的农业部何康部长汇报

记。1983年初在陪同何康部长参观学校实验室的过程中，郑定立院长带着领导到了汪懋华所在的电气自动化实验室考察。因为那些年，汪懋华做的工作还是有些成绩，也小有些名气。

由于校舍条件的限制，汪懋华的实验室建在一排平房里面，经过精心准备，他把多年来实验室研究开发试制出的样机一个个摆了出来，用毛笔写了海报，介绍项目和样机。这样，给领导们介绍情况的任务自然就落在汪懋华头上了，由于对情况熟、掌握的信息量也大，他向何康部长一行介绍专业发展相关问题时讲得很精彩。

何康部长听得也很满意，提出了一些感兴趣的问题，也回答了一些汪懋华及各位老师关心的事情，那些现场照片汪懋华还保存着。他猜想，可能就是那次汇报令郑定立院长非常满意，也给何康部长留下了较深印象。再后来，农牧渔业部党组考虑调整学校领导班子时，汪懋华也进入了考察任用的范围。

担任学院副院长之前，汪懋华一直搞业务工作，担任过系副主任，兼任过科研处处长并同时分管研究生工作。最初一段时期，学校里还没有研究生处这个机构，研究生管理是由科研处下面的研究生科负责。但不管职务怎么变化，汪懋华一直坚持不转“户口”，关系还是放在教研室里，当处长时如此，当了副院长他依然没有转关系，就在教研室“落户”。不转关系意味着他只能领教研室的补贴，不领学校的补贴。他的想法很简单，在教研室我有队伍，有空的时候还可以跟教研室的老师们一起搞研究，相比较这个事还是更重要一些。那些年之所以能搞出点名堂来，也跟这个选择有很大关系。

“现代精细农业系统集成研究”教育部重点实验室主任李民赞教授是汪懋华的得力助手，1977年他刚满15岁就从河北藁城县考入了北京农业机械化学院，1982年毕业后留校任教，那时他还没有给汪懋华当助手，但却领略了一回汪懋华的风采。1983年，《中国青年报》在全国首家创办百科知识竞赛，在报纸上刊登出100道题目，进行有奖问答竞赛。与李民赞同宿舍的四名单身教师跃跃欲试，也组织了一个答题小组，参加有奖竞答。他们听说科研处也组织了一个答题小组，大家分工负责，在处长的带领下，对每一个问题都精益求精、力求准确，就想找个机会见识一下他们的精神风貌。正好有几个同时毕业的年轻人分在了科研处，于是请他们带领，晚饭后到科研处走走。刚搬回北京时，由于办公用房还没有腾出来，学校机关就在临时搭建的地震棚里办公，条件很艰苦；当走进科研处低矮的房间里，只见一位中年教师在灯光下审阅已经准备好的答题草稿，或写写画画，认真批注，或查阅资料确认细节，全神贯注、一丝不苟。看到同来的人有不认识的，就主动招呼落座，亲切询问他们的工作、专业。听说他们

20世纪80年代，汪懋华副院长与曾德超顾问（右二）、李翰如教授（右一）向农牧渔业部教育司贺修寅司长汇报

也在准备百科知识竞赛，便毫无保留地对他们说，大家可以交流答案，准确掌握知识最重要。第一次见面，李民赞就对这位和蔼的中年教师的学风由衷敬佩，走出房间之后同行的同事告诉他，这就是汪懋华处长。虽然这次百科知识竞赛大家都没有获奖，但是学校工会以这次答卷为依据，也同时举办了知识竞赛（答卷要分投《中国青年报》和学校工会），汪懋华领导的科研处小组以最高分获得学校特别奖，李民赞等人组成的小组受科技处小组的感召，经过认真准备，获得了学校奖励。

早在汪懋华当副院长之前，农牧渔业部里的会议，尤其是部教育司召开研究生工作方面的会议、教学方面的会议时，学校就经常派他去参加，这些会议通常都有部直属农业院校的分管校长、院长们出席。所以，开会的机会多了，他和农业部教育司的接触也就比

20世纪80年代，汪懋华（前排左三）与国内知名农业工程学者合影，前排左四为曾德超教授，前排左五为翁之馨校长

较多了，对各兄弟院校研究生处处长、科研处长、学生处长以及分管这方面业务的院、校长们也都比较熟悉了。

当了北京农业机械化学院副院长后，一个人要分管好几摊子工作，要参加的各种院、校长会议更多了。每次参加这种会，逢机会他就讲，农业工程学科很重要、农业机械化很重要，呼吁大家提高对这个学科的重视，加大力量扶持发展。汪懋华对国外的情况了解得比较多，经常从世界范围的视角来跟大家讲，告诉他们现今世界各国农业工程学科已经发展到了什么水平，我们国家与别人的差距有多大，应该从哪些方面努力去缩小与世界先进水平的差距等。一次，农牧渔业部教育司的一位负责同志听完他说的话后对他讲："汪懋华你这个人嘴真厉害，我明白你说的意思了。"

总体来说，汪懋华是个敢讲话的人，该讲的时候他就是要讲，尤其为了他所从事的事业。回过头来看，当年可能正是在各种场合一直在为农业工程学科鼓与呼的做法，才为当代我国农业工程学科的建立和发展抓住了宝贵机遇，使得他有机会在后来的时间里为农业工程学科做一些更有意义的事情。

王瑞敏教授1960年毕业于天津大学，曾任北京农业机械化学院农业电气化系副主任、主任及信息与电气工程学院院长，在庆贺汪懋华八十岁生日时他评价说："您用您的聪明才智为社会、为学校做出了突出的贡献。您在各个岗位——副系主任、科研处长、副校长、中国工程院院士上都出色地完成了任务，利用您掌握多国语言优势开展了全方位的国际合作，为国家、学校争得了荣誉[①]。"

① 来源于为恭贺汪懋华院士八十华诞出版的内部资料《情满农工随笔集》，p. 127。

6. 国内第一所农业工程大学诞生

走马上任学院副院长后，汪懋华协助院长分管全校的科研、国际交流、研究生部、学科建设等工作。此期间，借助这个平台，他做成的一件大事就是推动上级批准同意北京农业机械化学院更改校名。

当时农业工程学科面临的一大问题就是在国务院学位委员会颁布的《全国高等学校和科研单位授予博士和硕士学位的学科专业目录》中没有农业工程这个一级学科。“文革”结束后的1980年，党中央、国务院决定恢复建立学位制度，成立了国务院学位委员会。成立之初的学位委员会中没有农业工程一级学科，仅在“农学门类下设立了农业机械化与电气化”一级学科，之下设了“农业机械化”“农业电气化”“畜牧业机械化”三个二级学科专业。

为了推动农业工程学科再上台阶，汪懋华上任副院长后做的一项重点工作就是跟踪国际农业工程科技教育发展现状与趋势，推动北京农业机械化学院更名为“北京农业工程大学”。

其实，汪懋华萌生更改校名的想法，得益于何康部长20世纪80年代初期提出的农业必须实现由传统农业向现实现代农业转化，由自给自足的自然经济向商品经济转化，即“两个转化”的重要论断。汪懋华立即捕捉到“两个转化”的提出给农业工程学科带来的机遇，由传统农业向现代农业的转化离不开农业工程技术手段的支撑，世界发达国家所走过的道路无不证明这一点。

1978年，全国科技大会上，主管科技工作的国务院副总理方毅在大会报告中明确提出：将农业工程列为国家重点发展的25门学科之一；国家科学技术委员会随后成立了农业工程学科组，从事农业工程的学科建设研究。1979年农业部批准成立了中国农业工程研究设计院（后更名为农业部规划设计研究院），接着中国科学技术协会批准成立了中国农业工程学会。只有教学领域里动作不大，农业工程仍然属于薄弱学科，没有给予相应的地位和足够的重视。这引起汪懋华的思考，农业院校能为农业工程学科的发展做点什么呢？

想清楚这一点后，汪懋华就去找部领导和有关业务司局汇报，明确提出现有的学科领域要拓宽。当时的学科概念还很传统，只限于搞机械、搞拖拉机、搞电气自动化教学研究，水土工程、生物环境工程、新能源、农产品加工等尚未纳入到农业工程学科范围中来。经过反复磋商、讨论、研究，大家逐步形成了一种共识，认为农业工程领域应该拓宽，服务农业生产的范围也应该拓宽，应该围绕农业生产发展的多种需求，将多种工程科技与农业生物科学、农业经济与管理科学密切结合起来，才有希望解决向现代农业转化中遇到的实际问题。至此，学院改名的事情已经是水到渠成了。

1985年，由汪懋华代表学校起草了关于变更学校名称的报告，他利用比较熟悉国内外这一领域情况的优势，充分论证了更改学校名称的必要性、必然性和对学科建设的重大意义。农牧渔业部部长这时还是何康，他对农业工程一向非常重视，他们的报告呈递上去后很快就被农牧渔业部党组批准了。1985年10月5日，农牧渔业部下发【1985】农（教）字86号文，批复同意北京农业机械化学院正式更名为北京农业工程大学。

美籍华人农业工程学者张乃迁教授是“文革”前最后一届入学北京农业机械化学院的学生，他赞叹道：二十世纪的八九十年代，中国还处在改革开放的探索阶段，很多老一辈科学家，包括留美的和留苏的，都在积极地引领自己的行业对外发展联络。用当时国内最流行的话来说就是“接轨”。我为中国的农业工程界有曾（德超）

老师和汪（懋华）老师这样的领军人物感到庆幸。他们知识渊博，思路开阔，更重要的是眼光远大。他们为中国农业工程界打开了大门。

北京农业机械化学院的更名，在全国农业高等院校中产生轰动性影响，此后不少类似专业设置的院系也相继改名为农业工程了。可以说，对于农业工程学科发展，北京农业机械化学院的更名是很关键的一招，不仅对我们国家整个农业工程学科的建设产生了重大的推动作用，而且为农业工程学科定性为工学门类下设立的一级学科起了重要影响。

第七章

搭建中国农业工程学科的框架

1. 农业工程学科的源起

2012年6月11～15日，中国工程院在北京召开第十一次院士大会，按照会议日程安排，汪懋华在14日召开的农业学部全体大会上作了题为《农业工程学科发展现状及发展方向》的咨询研究项目进展汇报，他在汇报中仔细回顾了国际国内农业工程学科的发展历程。

农业工程学科起源于美国，1905年美国的J.B.戴维森教授在艾奥瓦州立大学建立了世界上第一个农业工程学系，并亲自担任系主任，开启了美国农业工程专门人才培养教育事业，他也因此被尊为“农业工程学之父”。

1907年12月，美国农业工程师学会（American Society of Agricultural Engineers，ASAE）在威斯康星州立大学正式成立，这个组织由J.B.戴维森教授等7人发起，经费来源于会员的会费和销售各种出版物的收入。该会由会员选举产生的26人理事会领导，会员遍及世界各国。学会下设两大部：一个是技术部，下面又设有动力与机械、土壤与水、电力与加工、建筑与环境、食品工程5个专业委员会；另一个是地区部，在美国和加拿大的51个地区设立了分部。学会还设有行政管理处，负责教育、科研、职业开发、财务管理、出版、奖励等方面的工作。主要活动内容包括组织美国和世界各国著名农业工程教育工作者交流教学计划、课程设置和教学方法方面的经验；出版农业工程科技人员的研究成果。学会的出版物有：《农业工程》《美国农业工程师学会学报》《农业工程年鉴》《美国农业工程师学会专刊》和各种会议纪要、学术论文及其缩微胶片等。1908年，美国农业部设立农业工程局，农业工程事业的发展对美国农业现代化和国民经济的进步起了重要作用。

在美国农业工程学会成立之初和以后相当长的一段时间里，农业工程师们所面临的最大挑战就是满足提高农业生产率、推进农业机械化的需求。这种需求的驱动力主要来自两个方面：第一，当时有大多数的美国人口居住在乡村，对于如何将农民从艰苦的户外农业劳动中解放出来的技术和装备的需求成了美国农业发展的主要需求；第二，当时新兴产业的建立，需要大量的劳动力。居住在乡村的美国人除了从事农业生产外，还要为新兴产业的发展而工作。这样，唯一的出路就是通过新技术、新装备的应用，提高农业的劳动生产率，把农民解放出来参与新兴产业的建设。因此，当时美国农业工程学会提出的目标就是促进工程科学技术在农业中的应用，提高农业劳动生产率。

从那时起，美国的农业工程师们根据这一目标，研发了大量能够节约劳动力的农业机械、农业建筑物、灌溉与排水系统、农业电气化和农产品的加工装备技术等，这些农业工程新技术和新装备的发明，为美国现代化农业发展做出了重大贡献。1870年，美国有超过一半的劳动力从事农业生产，而到了2001年，尽管农业产业链从业人口仍大于18%，农业产值占国民总产值的16%，而直接参与农业生产的人口却只剩下大约2%，每个农民可养活128人。

到了20世纪30年代，在苏联和欧洲，国家级的研究机构、农业工程师学会组织和国际农业工程协会（Commission Internationale du Genie Rural，CIGR）相继建立起来。其中，国际农业工程协会(CIGR)于1930年在比利时成立，是农业和生物系统工程界规模最大，学术地位最高的国际学术机构。它由各国代表农业和生物系统工程界的组织以国家（或地区）名义自愿加入作为成员。目前，CIGR团体成员包括美国农业与生物工程师学会、亚洲农业工程学会、欧洲农业与生物系统工程师学会、拉丁美洲和加勒比地区农业工程师学会，东南亚非洲农业工程师学会、东南欧洲农业工程师学会等区域农业工程师学会、协会以及众多国家的国家级农业工程师学会组织加盟。按照CIGR章程，中国农业机械学会（CSAM）和中国农业工程学会（CSAE）于1989年冬，以“中国农业机械学会（CSAM）和中国农业工程学会（CSAE）联合会”（Chinese Federation of CSAM & CSAE）的形式作为国家级会员单位加入CIGR。国际农业工程协会（CIGR）曾先后被联合国粮食及农业组织于1958年，联合国教育科学及文化组织于1966年，联合国工业发展组织于2004年授予特别咨商地位。国际农业工程委员会主席总任期为六年，分别为担任即任主席（Incoming President）、主席（President）和卸任主席（Pass President）各两年。

在一个多世纪的历史发展长河中，农业工程学科在世界范围内迅速发展。1999年，美国国家工程院联合有关学术组织评选出20世纪对人类社会做出最伟大贡献的20项工程科学技术成就，其中电气化（含农村电气化）排在第一位，农业机械化排在第七位。

在我国，农业工程学科的发展较为曲折。将农业工程科技漂洋过海引入中国的第一人是邹秉文先生。邹先生原籍江苏省吴县，出生在广东省广州市，是中国植物病理学教育的先驱。辛亥革命前赴美国留学，1915年获美国康奈尔大学农学学士学位，1916年回国。20世纪40年代任过南京中央大学农学院院长，中华农学会会长。1944年6月，邹秉文先生以他当时任联合国粮农组织筹委会副主席和中国农林部驻美代表的身份，莅临美国农业工程师学会年会，发表了《中国需要农业工程》的演说。他说，中国人口众多，尤其是农村人口占到全国人口的百分之八十以上，每平方英里耕地面积要负担900~1 900人，有些地方甚至达到4 000人，结果便形成了小农经济。一般农户的耕地面积仅4英亩，所创造的收入不能维持农民及其家属的正常生活。提高农民生活水平的第一步工作，就是必须扩大农户的生产规模。我们希望看到中国农民把耕地面积扩大10倍，从4英亩扩大到40英亩。但中国农民使用的农具不适应扩大耕地面积的要求，中国需要一批有创造力的农业工程师来改进手工和畜力农具，并制造拖拉机，以满足东北、华北以及西北广大平原地区的需要。

在这个基础上，邹秉文先生致力于推动美国万国农具公司帮助中国培养农业工程专门人才的合作，经他反复磋商协调，万国农具公司与中国政府于1944年达成协议，由万国农具公司出资，艾奥瓦州立大学派出4名教授连同教学实验设备到中国，于1948年帮助在南京中央大学和金陵大学各建立一个农业工程学系；同时选派了一批大学毕业生得到《租借法案》公费资助，赴美国学习农业机械。1945年，曾有20名大学毕业生得到万国农具公司的资助，考取了公费留学生资格到美国明尼苏达大学和艾奥瓦州立大学攻读农业工程硕士学位，其中10位毕业于大学本科机械制造专业，10位毕业于大学本科农学专业。1948年1月，他们中的部分学者联合发起在美国加利福尼亚州召开了中国农业工程师协会首次筹备会。其中18人学成后于1948年6月回国，成为新中国农业工程领域和农业机械化事业的开拓者与栋梁之材，包括后来在业内享有盛名的曾德超、陶鼎来、王万钧、张季高、蒋耀、水新元、余友泰、李瀚如、高良润、吴湘淦、张德骏、崔引安等学者。

20世纪50年代初的全国高等院校院系调整，由于学习苏联的教学体系，同时受东西方社会主义与资本主义两大阵营“冷战”思维的影响，我国一边倒地学习苏联，在院系调整中，将仅有的两个农业工程系——南京中央大学农业工程系和金陵大学农业工程系撤销，合并成立了南京农学院农业机械化系。当时，中华人民共和国成立前从美国学习农业工程归来的金陵大学农业工程系吴湘淦教授，因主张保留农业工程系发表了不同意见，1957年“反右”期间被打成了右派，蒙冤20余载。自此，农业工程学科一片噤声，还未起步就已夭折，直到1978年全国科学大会召开，科学的春天来临，明确提出农业工程学与农业生物学一起被列入国家今后需要重点发展的25

门学科之后，农业工程学科才重见天日。到20个世纪80年代中期，农业工程学科经国务院学位委员会批准，确认为工学门类下属的一级学科，全国已有70多所大学开设了农业工程的本科生专业和增设了一批硕士、博士学位授予点。

2. 推动一级学科更名为工学门类——农业工程

我国改革开放后，农业工程学科建立与完善的过程，凝聚了汪懋华大量的心血和付出。早在20世纪80年代初，时任农牧渔业部部长的何康同志就曾提出，现代农业科学是由农业生物科学、农业工程科学、农业经济与管理科学三大基本部分组成的。汪懋华对这几句话至今记忆犹新，因为他从其中敏锐捕捉到了农业工程学科发展的利好信息。到1984年，农牧渔业部根据何康部长关于实现“由传统农业向现代农业转化、由自给自足的自然经济向商品经济转化”的指示，明确提出了急需加强的四个薄弱学科：一是农业生物学科，二是农业工程学科，三是农业经济与管理学科，四是食品科学与工程学科。为了解决这四大薄弱学科发展的问题，农牧渔业部专门召开了四大薄弱学科的学科建设、研究生教育研讨会，找了很多高层专家来分别研究四大学科下一步究竟该怎么发展。

1985年冬，农业工程学科建设与研究生教育研讨会在北京香山别墅召开，由原北京农业机械化学院副院长汪懋华负责筹备和主持会议。为了集思广益，广泛征求意见，他把中华人民共和国成立前曾留学美国学习农业工程的老一代专家、学者们能请到的都请来了。

农业工程学科的发展之所以首先要从研究生教育谈起，原因是1980年第五届全国人大常委会第13次会议通过《中华人民共和国学位条例》建立学位制度以来，只在农学门类下设有农业机械化与电气化一级学科和下设农业机械化、畜牧业机械化、农业电气化三个二级学科。三个二级专业学科中只有农业机械化一个专业可以培养博士研究生，其他两个专业还没有取得博士生培养资格。在第一、二、三批学位授权评议期间(1981—1986)，有关授予博士硕士学位授予权的农业工程学科、专业按设立学位制度开始实施的专业目录（草案）执行。农业工程方面的专业被分为“工”“农”两条战线，在工学门类机械设计与制造一级学科专业下设的二级学科中有农业机械设计制造专业，由机械制造学科评议组负责评审。在农学门类农业机械化与电气化一级学科下设的二级学科中有农业机械化、农业电气化、畜牧业机械化三个二级学科专业，由“农经、农业机械化”学科评议组负责评审。这种状况令从事农业工程教育的同行们总期望有个什么机遇能够突破这个框框，而这个会议开得很及时，反映出了农业工程教育工作者们的心声，正中大家心怀。

其实，农业工程学科的研究生教育不但在中国的发展举步维艰，早年在美国的发展也是同样不易。1945年，万国农具公司资助的20名学习农业工程的留学生到达美国后，硕士研究生之一、后来担任中国农业工程研究设计院首任院长的陶鼎来先生惊讶地发现，农业工程学科不仅中国没有，而且美国的大学也不很明确。虽然在1907年美国就已经成立了农业工程师学会，社会上已经有了农业工程师，但在大学里的农业工程系，农业工程教学内容是分散的，学习土木工程的工程师为农业提供服务叫农业工程师，学习水利的工程师为农业服务叫农业工程师，学习机械制造的工程师为农业服务也叫农业工程师，不过是把各自原来成熟的专业技术用在了农业上，实际上还是干着各自的老本行，农业工程系没有专门的农业工程课程。明尼苏达大学农业工程系的研究方向分为4个：农业机械化和农业机械、水土关系、农村建筑、电气化，研究生入学后愿意学习哪个方向都行。1947年学习农业工程的20位硕士研究生毕业时，想考农业工程博士研究生，居然没有一所大学的农业工程系有博士培养点和学位授予权。美国大学农业工程系招收博士研究生是20世纪50年代以后的事情。

正因为有了国外培养农业工程研究生的前车之鉴，参加1985年冬香山会议的与会专家学者们分外珍惜这次宝贵的机会，特别是曾留学美国的几位农业工程学前辈们激昂的发言，更是给会议主持者汪懋华留下深刻印象。通过充分讨论，会议做出几点结论：一是应该参照国外的惯例，将一级学科名称更改为农业工程；二是农业工程学科是培养工程师的，应该是在工学门类下面的一级学科；三是原来农业工程下面只有三个二级学科，经过讨论，大家认为二级学科不应只有三个而是应该有十二个。于是，作为会议成果，开列出了一张农业工程作为工学门类一级学科并下设十二个二级学科的清单。

会议结束后，汪懋华立即去找国务院学位委员会办公室的负责同志汇报会议讨论情况。汪懋华向他们汇报了会议的情况以及做出的结论，国务院学位委员会马上同意研究他们提出的要求，很快就有了结论。到1986年4月，国务院开始进行第三批学位授予权审批工作时，各学校已经可以按照农业工程一级学科和新设的十二个二级学科进行申报，十二个二级学科是：农业机械化、农业电气化、农业机械、畜牧业机械化、农田水利、农产品加工工程、农业能源工程、农业建筑与环境、农业系统与管理、农业电子技术与自动化、土地开发与利用工程、农业生物技术工程等组织申报和审议。经过汪懋华等专家学者的鼎立推动，第三批学位授予审批工作中农业工程斩获颇丰，通过农业机械化与电气化学科原设三个正式专业和新设八个试办专业硕士学位授予权的学校有：

农业机械——南京农业大学

农业建筑与环境——北京农业工程大学

农产品加工工程——北京农业工程大学、江苏工学院、西北农业大学

农业电子技术与自动化——北京农业工程大学

农业能源工程——北京农业工程大学、沈阳农业大学、东北农学院

农田水利——北京农业工程大学、沈阳农业大学、中国农业科学院

土地开发与利用工程——东北农学院、华中农业大学

农业系统工程——北京农业工程大学、吉林工业大学、东北农学院、中国农业科学院等

在那个阶段，大学老师们能否当上博士生导师不是各个学校自己能够审定的，需要向国务院学位委员会申报，由相应的学科评议组来评审决定。这样一来，不仅是农业工程，各学科门类也都增加了不少二级学科和专业，学科构架调整取得了重要进展。

3. 重塑农业工程学科体系

1985年2月，汪懋华与曾德超教授一道被任命为国务院学位委员会第二届学科评议组成员，汪懋华还担任了“农经、农业机械化”学科评议组召集人之一，从这时起，他在农业工程学科建设方面的话语权大大增加。

1986年，还是由汪懋华主持，在西南农业大学召开了第二届“农经、农业机械化”学科评议组会议，这时他的身份已经是北京农业工程大学的副校长了。会议内容是评议博士生导师、博士学位授

国务院学位委员会

(85)学位办字004号

汪懋华 同志：

经国务院学位委员会第六次会议审议批准，聘请您为学科评议组第二届成员，参加评议分组的工作。随信寄去聘书和本组成员名单及《学位和研究生工作简报》第五期各一份。今后，有关学位工作的文件将定时寄去，以便您及时了解学位工作动态，提出建议或意见。并请您对附件中本人各项内容给予校对，如果有误，请于四月[illegible]通知学位办公室。

由1985.2.16赵

国务院学位委员会办公室

一九八五年三月十四日

国务院学位委员会第二届学科评议组成员聘书

予权和硕士学位的授予权。会议按照农业工程学科下设的原三个二级学科专业和批准新设的九个二级学科试办专业的申请来评审，但是这次评审有个制约条件，各个试办专业不能上来就直接申请博士学位授予权，须采取递进的方式，首先要申请到硕士学位授予权，有硕士学位授予权的专业才有资格申请博士学位授予权。会上汪懋华所在学校的农业电子工程学科方面又增加了一个“农业电子技术与自动化”专业硕士学位授予权。这次会议标志着我国农业工程学科结构调整取得了重要进展。

1987年，国务院学位委员会又进一步对全国高等院校和科研机构授予博士、硕士学位的学科专业目录组织进一步的论证和修改，成立了全国各学科专业目录修改小组，要求每个学科讨论审议如何归纳合并相近的专业。这时汪懋华被任命为农业工程学科专业目录修改小组组长，负责组织论证，国务院学位委员会的一位工科处长也应邀参加会议。汪懋华组织大家进行了开放性讨论，最后，提出了农业工程作为工学门类下的一级学科，下设八个二级学科的建议，获得了国务院学位委员会的正式批准，于1990年正式颁布，在全国统一实施。这次颁布的《授予博士硕士学位和培养研究生的学科专业目录》中，明确了农业工程作为工学门类下属一级学科，设立八个二级学科专业授予工学博士、硕士学位；国务院学位委员会正式独立成立了“农业工程学科评议组”。并于1990年第四批、1993年第五批和1996年第六批学位授权评议中实施。八个二级学科专业分别是：农业机械化、农业机械、农业电气化与自动化、农业生物环境与建筑、农业水土资源利用、农村能源工程、农产品加工工程、农业系统与管理工程等。

1993年，在新颁布的《普通高等学校本科专业目录》中，农业工程类（0814）作为工学（08）门类下的一级学科，下设专业有：农业机械化（081401）、农业建筑与环境工程（081402）、农业电气化自动化（081403）、农田水利工程（081404）、土地规划与利用（081405）、农村能源开发与利用（081406）、农产品贮运与加工（081407）、水产品贮藏与加工（081408）、冷冻冷藏工程（081409）。

1996年，国务院学位委员会又进一步组织第二次学科专业目录调整研究，其要点是国务院学位委员会认为在总量上，各一级学科下设的二级学科太多，影响了研究生培养的质量，提出了原则上减少一半的要求。

这次调整是一个艰苦的过程，很显然，调谁谁都不愿意，都希望保留住自己的二级学科。作为目录调整修改小组的负责人，汪懋华肩负的担子很重，既要完成修改调整任务，又要尽量维护学科设置的科学性和完整性，还要让大家统一认识、心悦诚服，实现包容性调整。

当时摆在面前最重要的问题是究竟该怎么合并？谁与谁合并？经过充分讨论，大家逐渐形成共识：农业机械属于装备制造业，这个专业可以合并到机械设计制造一级学科下面设立；“农田水利”起初考虑要合并到水利学科里去，但后来汪懋华参照国际惯例，提出增设了农业水土工程；农业机械化二级学科名称增加了“工程”两字；保留农业电气化与自动化二级学科。最难办的是农村能源这一板块如何处理？在农村能源领域，时任河南农业大学校长的张百良教授是这个领域的骨干，汪懋华就找张百良教授讨教。最后，汪懋华提出农村能源研究方向向生物环境工程靠拢的建议，又去找生物环境专业的专家商量，征求他们对这个方案的意见，给他们解释这样调整对农业工程学科整体建设的意义，一番工作后，他们也没有提出什么异议，最后就定名为“农业生物环境与能源工程”，这样大家都很高兴，皆大欢喜。

如此一来，经国务院学位委员会正式批准：农业工程一级学科下设：农业机械化工程、农业水土工程、农业生物环境与能源工程、农业电气化与自动化等四个二级学科专业，于1997年经国务院学位委员会批准正式颁布实施。

由于学科内部团结，学科建设方向明确，从那时开始，全国高等学校农业工程学科建设进入了大发展时期，上了一批博士学位授权点，工学门类机械设计与制造一级学科专业下设的二级学科——农业机械设计制造专业，至第三批被批准具有博士授予权的单位有：北京农业工程大学、吉林工业大学、江苏工学院、中国农业机械化科学研究院；农学门类农业机械化与电气化一级学科下设的二级学科农业机械化专业至第三批批准具有博士学位授予权的单位有：北京农业工程大学、东北农学院、南京农业大学、华南农业大学等。之前，农业院校中的大多数农业工程学科都是弱势学科，在学校的发展规划和资源配置上处于不利的地位，一批学校的农业工程学科拿到博士学科授权后，在学校的学科地位也发生了巨大变化，学科发展很快，为后来的博士后流动站和国家重点学科增列奠定了基础，为进入本校强势学科创造了条件。进入二十一世纪前十年，中国农业大学和东北农业大学农业工程学科继续保持强势学科的地位，一批其他农业院校的该学科也进入本校强势学科的行列。

4. 助力农业工程教学改革

1987年起，农牧渔业部开展深化农业教育改革研究，成立了全国高等农业院校教材指导委员会。1990年以后，这个委员会又改名为全国高等农业院校教育指导委员会，汪懋华一直担任这个委员会的委员兼农业工程学科组组长，1999年又被任命为全国高等农业院校教材指导委员会副主任委员。委员会下设若干学科组，包括农业生物技术、农业工程等。深化农业教育改革的背景是，当时的农业高等教育普遍存在的“短板”是没有合适的教材、没有规范的教学内容和课程体系。所以农牧渔业部希望首先从自编教材开始，推动农业高等教育改革工作。在农业工程学科组里，云集了一批农业工程学的精英，汪懋华为学科组组长，与他共同负责的还有东北农业大学的蒋亦元教授和沈阳农业大学的鲁楠教授。其中，蒋亦元教授是江苏常州人，1950年从金陵大学农业工程系毕业后，赴东北农学院任教，20世纪50年代中后期到苏联进修两年，师从苏联农机理论权威、荣誉院士列多希聂夫教授，改革开放后又于20世纪80年代初到美国密歇根州立大学当访问学者；他的学术贡献是创造出联合收割机割前脱粒系统，取得了国内首创、国际先进的评价，获得国家

全国高等农业院校教学指导委员会文件

农科教指[1999]1号

新调整的第二届全国高等农业院校
教学指导委员会委员名单

主任委员：路　明　农业部副部长
副主任委员：马世青　农业部科技教育司司长
林蕙青　教育部高等教育司副司长
毛达如　中国农业大学　教授
郑学莉　农业部科技教育司副司长
孙　林　中国农业出版社副编审
汪懋华　中国农业大学　院士
周应祺　上海水产大学校长　教授

— 1 —

1999年，汪懋华被任命为第二届全国高等农业院校教学指导委员会副主任委员

发明二等奖和省科技进步一等奖。1997年当选为中国工程院院士。鲁楠教授是天津人，早年毕业于金陵大学农业工程系，20世纪50年代初考入东北农学院农业机械化系拖拉机研究生班，毕业后分配到沈阳农学院农业机械化系任教。鲁楠教授是著名的农业机械化与农村能源工程专家，中国高等农业院校农业机械化与农村能源学科的开拓者之一，创建了国内第一个农村能源开发与利用专业及农村能源综合示范基地；20世纪80年代他在美国做为期一年半的考察访问期间，系统掌握了美国农用拖拉机的试验技术及有关法规，为内布

拉斯加大学拖拉机实验室编制了拖拉机性能的计算机程序。汪懋华、蒋亦元、鲁楠三位农业工程领域重量级学者共同领衔了农业工程教学改革研究，在当时可称得上是兵强马壮了。

1987年农牧渔业部建立的研究高等农业教学改革委会员，农业工程学科组下设六个专业组，分别是农业机械化、农业电气化与自动化、农田水利、农业生物环境工程、农村新能源、食品科学与工程等，按照改革要求，各个组都要编写本专业教材，这是一项划时代的工作，这批教材于1987—1990年陆续完成，是供我国农业高等院校使用的第一代农业工程学科本科生教材。

1994年，国家教育委员会（简称国家教委）在全国组织开展了一个大项目——“面向21世纪全国高等学校教学内容与课程体系改革”研究项目（简称教学内容改革计划）。这项改革的总目标是：转变教育思想，更新教育观念，改革人才培养模式，实现教学内容、课程体系、教学方法和手段的现代化，形成和建立有中国特色社会主义高等教育的教学内容和课程体系，落实《中国教育改革和发展纲要》提出的“质量上一个台阶”的目标，培养适应21世纪需要的社会主义现代化的建设者和接班人。所制定的近期目标是：用5年左右的时间，集中优势力量，开展集体攻关，努力形成一批优秀的研究和改革成果，使我国高等教育的教学内容和课程体系相对落后于科技、经济、社会发展的状况有较大的改观，为21世纪初叶大范围提高我国高等教育的教学水平和教育质量打下良好的基础。其主要内容包含：研究未来社会对人才知识、能力和素质结构的要求，转变教育思想，更新教育观念，改革人才培养模式；研究和调整专业结构、专业目录和专业设置；研究和改革各专业或专业群的培养目标和人才培养规格；研究和改革主要专业或专业群的教学计划和课程结构；研究和改革基础课程、主干课程的教学内容和体系，编写出版一批高水平、高质量的面向21世纪的课程教材；研究和改革教学方法和手段等。教学内容改革计划中明确提出要遵循高等教育的规律和适应现代高等教育的发展趋势，更加注重素质教育，重视学生创新能力的培养，注意学生的个性发展，全面因材施教；要十分注意改革的科学性，正确处理好知识、能力和素质的关系，传统教学内容和现代教学内容的关系，继承与创新的关系，统一性和多样性的关系等；既要大力弘扬我国优秀的民族文化，又要大胆借鉴和积极吸收世界各国高等教育改革的一切先进的、有益的经验和成果，努力促进中国优秀传统文化与世界先进的科学技术和文化的有机结合，勇于开拓创新。按照教育部规定所有学科都要搞教育内容和课程体系的改革，农业工程学科自然也不例外，汪懋华又一次担当负责这项工作的重担。这一时期正是在世纪之交的前几年，对于农业工程学科如何适应国内经济高速发展，学科领域中有不少人处于迷茫的状态。但汪懋华由于有了前几年参与农业高等院校教育改革研究的实践基础，他对农业工程学科教材建设的情况了如指掌，既掌握宏观的建设情况，又知道经过几年的实践检验现有的农业工程教材暴露出哪些漏洞，还有哪些需要完善的地方，他借“面向21世纪全国高等学校教学内容与课程体系改革”研究项目实施的机会，再一次全面审视、检查农业工程学科教材建设的情况，他尽心尽力，组织了全国高等学校农业工程相关学科的专家学者探讨学科的发展方向和教改内容，通过多次会议讨论，大家明确了学科发展方向，调整了教学内容，建立了迄今每两年召开一次全国高等院校农业工程及相关学科建设和教学改革学术研

汪懋华从国家教育委员会副主任周远清（左二）手中接过证书

1996年，汪懋华受聘为国家教育委员会“高等教育面向21世纪教学内容和课程体系改革”专家顾问组十七位成员之一

讨会的制度。丰富和完善了学科的教学内容。这个项目从1996—2000年，进行了5年左右。

1996年，为推动面向21世纪全国高等学校教学内容与课程体系改革，国家教育委员会专门成立了一个“面向21世纪全国高等学校教学内容与课程体系改革专家顾问组”，一共有17人，汪懋华也被聘为顾问组专家，在顾问组成立会上，他从国家教育委员会副主任周远清手中庄重地接过了聘书。

1996年开始实施的第九个五年计划中，提出了新的农业科技革命，提出要搞2001—2010年的农业科学技术发展纲要。此前，1994年，针对美国世界经济观察研究所莱斯特·布朗提出的“谁来养活中国”这个挑战性命题，党中央和国务院开始抓新的农业科技革命，要搞农业科学技术发展纲要。这个纲要由科学技术部组织起草，成立了由26位专家组成的专家顾问组，审议各个课题组的调查报告，汪懋华也被聘为这个专家委员会的成员。

近30年来，前前后后事关农业工程学科的重大教学改革活动，汪懋华都是参与者与见证者。

5. 加强学科平台建设

汪懋华有个理念：中国的农业工程学科发展，一定要集全国农业工程学者之力，发挥全国农业工程学者的智慧，共同为中国的农业工程学科发展出力，所以一定要建立全国农业工程学科的大团队和大平台。1992年，在东北农业大学召开的全国农业工程院系负责人会议上，汪懋华提出要建立全国性的农业工程学科发展的大平台，以加强全国农业工程学者间的交流和合作，并且要将全国农业工程学者

2009年在山西太原召开的农业工程科学建设与发展战略研讨会

的交流和合作经常化、制度化；为此，他建议，每两年召开一次全国农业工程的学科建设与教学改革学术研讨会。为加强与其他相关学科的联系，他提议将会议正式定名为“全国高等院校农业工程及相关学科建设与教学改革学术研讨会”（简称学科建设与教学改革研讨会）。两年后的1994年在南京农业大学召开了第一届研讨会，到2016年在吉林大学召开的已经是第十三届研讨会了。20多年来，会议规模不断扩大，参会人员不断增加，会议质量不断提高。特别是2002年建立了下届研讨会承办单位申办制度，许多高校以能承办学科建设与教学改革研讨会为荣，申办汇报成了每届研讨会上的一道亮丽的风景线。

为了加强各高校农业工程学科的交流和合作，1995年，在汪懋华的倡导和支持下，成立了“全国高等院校农业工程及相关学科院系负责人联谊会”，并在每两年召开的全国农业工程及相关学科建设与教学改革研讨会之间（单年）召开一次全国会议，为我国农业工

2005年12月在广州华南农业大学召开第一届中国农业工程学术年会期间，汪懋华（左五）与浙江大学应义斌教授（左四）等人合影

程学科发展规划筹谋。

2001年，在北京香山召开的一次研讨会上，汪懋华提出：目前，全国高等院校中一些具有农业工程及相关学科背景的学者相继走上了高校领导岗位，我们一定要充分发挥好这些校领导的作用，以更好地推动我国农业工程学科的发展，为此，汪懋华建议成立“全国高等院校农业工程及相关学科校长联谊会”。2002年，在西北农林科技大学召开的第五届全国高等院校农业工程及相关学科建设与教学改革学术研讨会期间，全国高等院校农业工程及相关学科校长联谊会正式成立，汪懋华亲临成立大会并作讲话。10多年来，院系负责人联谊会和校长联谊会为推动我国农业工程学科发展做出了重大贡献。

为进一步扩大全国农业工程学者之间的学术交流，2004年，汪懋华再次建议，要学习美国农业工程及生物工程师协会（ASABE）的经验，采取学术年会的形式，以让更多的农业工程学者，特别是研究生和本科生参加会议，以扩大交流，拓宽视野。在汪懋华的大

在中国农业工程学会2013年学术年会上作学术报告

力支持和亲自过问下，2005年12月在华南农业大学召开了“第一届中国农业工程学会学术年会”，参会人数500多人，中国农业大学参会人数多达60多人，汪懋华、蒋亦元、李佩成、姚福生、傅廷栋和卢永根6位院士参加了开幕式，5位院士在大会上做了主题报告。此后，学术年会制度化，2007年在黑龙江八一农垦大学、2009年在山西农业大学、2011年在西南大学分别召开了第二、三、四届中国农业工程学术年会。“中国农业工程学会学术年会”和“全国高等院校农业工程及相关学科建设和教学改革学术研讨会”成了我国农业工程领域最重要的两个会议，不仅为推动我国农业工程学科发展做出了重大贡献，而且促进了会议承办单位农业工程学科的发展。

第八章

当选中国工程院院士

1. 用智慧关心国计民生

从中华人民共和国成立一直到20世纪80年代初，我们国家一直处于短缺经济时期，城镇居民的肉蛋奶供应很不充裕，仍然延续着副食品凭票供应的局面，市场上缺货、市民排队抢购是那个时期再平常不过的事情了。考虑到满足和提升人民生活水平的需要，从根本上解决农产品供应问题，农业部从20世纪80年代中后期开始实施“菜篮子工程”，重点解决肉、蛋、奶生产能力问题，其中一项重要内容是在全国推广集约化、机械化养禽、养畜技术，以提高城市居民肉、蛋、奶的供给保障能力。在这个背景下，汪懋华带领他的团队也参与到“菜篮子工程”之中，主动运用电气化、信息化技术支持农业部门和生产企业解决生产中碰到的问题。汪懋华和他的研究团队通过调研发现，各级畜牧养殖部门和企业每年通过人工孵化出的雏鸡数以亿计，但孵化出来之后死亡率不低，如果能够通过营造优化环境控制手段，把孵化器的出雏率和健雏率提高，哪怕仅仅提高几个百分点，经济效益也不可估量，因为这个基数实在太大了。

抓住这一点，汪懋华从20世纪80年代中期开始，研究了禽蛋孵化机优化自动控制方法，并与北京一家禽蛋孵化机生产企业合作。他从大型孵化机内温度场自动检测入手，选择并设计出最优自动化控制模式，通过反复实验比对，选择采用了自适应控制和模糊控制方法，这在当时属于先进的自动化控制手段。1988年，他的团队终于研制出来了第一台微电脑孵化机控制器，然后又以此为基础研究出了二级分布式孵化厅控制系统。这个课题在1993年和1995年两次获得了北京市的科技进步奖。畜牧养殖企业对这项成果的反应也很快，马上予以高度关注，北京西山孵化设备厂很快把他们的成果转让引进，利用这项技术生产出了一种新型的孵化机。这个产品在1993年获得了国家星火科技进步奖，1995年又获得了国家新产品奖。整个研制、生产和获奖的过程使汪懋华加深对畜牧养殖机械自动化领域继续开展深入研究的兴趣。

到20世纪90年代，随着电子信息技术日新月异发展，一向追踪前沿科技的汪懋华开始逐步把自己的主要研究方向定位在农业生物图像模式识别理论与方法的研究和精细农业技术两个领域。1995年，他和他的博士研究生运用图像处理理论研究了苹果外部品质检测与分级技术；1996年，又用小波算子给图像处理算法升了个级，用在了奶牛的体形评估上面。

这些都是汪懋华当选为中国工程院院士前后发生的事情。

2. 凭综合实力当选中国工程院院士

1995年是汪懋华人生的转折之年。当年5月5日，他和他的老师、工学院的曾德超教授一道当选为中国工程院院士。中国工程院成立于1994年6月，在当选的首批院士中，云集着钱学森、朱光亚、王大珩、丁衡高、宋健、王选、张光斗等一批著名科学家，使中国工程院的学术声望、社会影响从成立起就站在了一个很高的位置。1995年，中国工程院第二次遴选院士，向各有关单位发出通知要求做好推荐中国工程院院士候选人的准备工作。

北京农业工程大学人事处的孟超英老师那时刚由信息与电气工

程学院教计算机课的教师岗位转行到人事处工作不久，具体负责组织推荐中国工程院院士候选人的工作。学校里对此工作非常重视，经慎重研究，决定推荐曾德超、汪懋华两位教授作为候选人，校领导指示人事处按中国工程院文件精神组织好推荐工作。汪懋华按照文件上的有关要求填写了各种表格和提交了有关证明材料。之后，他再也未主动找过包括校人事处负责人和校外的院士、专家打听有关评审过程

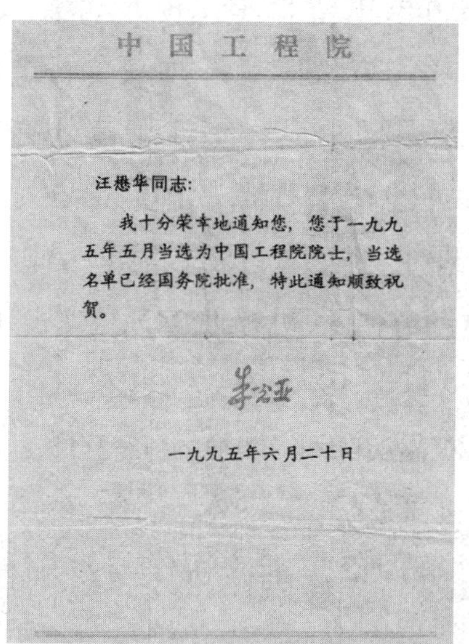

中国工程院

汪懋华同志：

我十分荣幸地通知您，您于一九九五年五月当选为中国工程院院士，当选名单已经国务院批准，特此通知顺致祝贺。

朱光亚

一九九五年六月二十日

1995年5月5日，当选中国工程院院士的通知和证书

的信息，心中对此一直是泰然处之。只是中国工程院评审遴选结果出来后，有一天在从办公室回家的路上，偶遇校党委书记艾荫谦，艾书记告诉他：已经通过中国工程院的遴选了。直到这时，汪懋华才知道遴选的结果，曾德超教授和他双双入选中国工程院院士。

曾德超院士是中国农业工程事业和农机化事业的奠基者之一，是我国著名的农业工程学家、农业工程教育家。他于1942年毕业于国立中央大学机械工程系，1945—1948年留学美国明尼苏达大学，获农业工程科学硕士学位，回国后任重庆50兵工厂技术员、重庆中央工业实验所机械厂助理工程师、湖南邵阳乡村工业示范处高级工程师、兰州农村复兴委员会西北办事处总工程师。1950年5月任中央农业部农业器械局技术研究室代理主任、国营农场管理局机务处副处长、工程师。1952年参加筹建创办北京机械化农业学院的5人小组，从事筹建具体工作。1952年6月至1980年历任北京农业机械化学院教授、农业机械化系主任、农业机械设计制造系主任、原北京农业机械化学院副院长、北京农业工程大学学术、学位委员会主任。他在土壤、植物与机器系统力学理论，土壤耕作与水稻种植、

2015年11月，汪懋华出席中国农业大学工学院举办的曾德超院士铜像揭幕仪式

水稻收获机械、浸种带绒棉籽机播、犁耕部件等技术难题，发展农田土壤与水动力学等方面多有建树，长期以来一直是公认的农业工程和农业机械化的领军人物，汪懋华始终对曾德超教授充满敬意。当年他由北京农业大学农业机械系转学到新成立的北京机械化农业学院时，曾德超教授已经在学校里任教，是他的老师。1984年7月曾德超教授因年事已高退出学校领导岗位后，农牧渔业部任命汪懋华任学校的副院长，主持教学科研、学科建设和国际合作交流工作。这次能与老师一道入选中国工程院院士，为他后来接替曾德超院士成为农业工程界的领军人物奠定了基础。从20世纪40年代中后期农业工程学来到中国之后，虽然几经周折，但毕竟生存下来并发展壮大，一代代农业工程学者前赴后继，推动着我国这门学科的发展，曾德超、汪懋华两位教授同时当选中国工程院院士，足以证明农业工程学科在中国发展取得的骄人成绩。

中国工程院建院之初在评选院士方式上和今天采取的评价标准有所不同。现在比较强调的是候选人的某一项突出成果，而当年则更多的考察候选人在学术上的积淀、在学界和本专业领域的资历以及在行业内的影响力。所以当年曾德超和汪懋华虽然都是成果斐然，但院士考评小组更看重的是他们的资历和在学术界的影响力。

汪懋华能够当选中国工程院院士，主要基于以下几个方面的原因：第一，他于20世纪50年代末、60年代初曾留学苏联并取得了苏联技术科学副博士学位。那时候留苏读研究生、取得副博士学位回国后进入学术领导岗位从事科技教育第一线工作的人还不多，他的学历非常过硬。第二，20世纪80年代中后期，他担任过北京农业机械化学院副院长和北京农业工程大学副校长，在推动农业工程学科建设，推动农业高等院校教材建设和教学改革等方面都做出了突出贡献，为业内广泛认同。第三，20世纪90年代初，汪懋华受教育部委派，在泰国曼谷的亚洲理工学院（国际性研究生院）执教过2年，国际影响力比较大。这些条件综合起来，汪懋华在同批学者中具有一定的竞争优势。

中国工程院建院前期下设7个学部，汪懋华隶属于农业、轻纺与环境工程学部，曾连续担任学部常务委员等职和被推荐为新设“工程管理”学部首批院士。2006年3月，中国工程院对学部设置作了进一步的结构调整，决定将农业、轻纺和环境工程学部一分为二，独立成立了农业学部。

农业学部今天依然很大，包括了种植业、养殖业、农业工程、林业工程、资源、生态系统管理等。现在的农业学部下设三个大组，第一大组是种植业组，第二大组是农业工程、林业工程、水土、生态系统等复合组，第三大组是养殖业组。三个大组按照规模来看，第一组最大，汪懋华所在的第三大组复合组处在中间位置，第三组较小。目前，复合组有20多名院士，其中有同汪懋华一样从事农业工程的，也有研究林业工程的，还有研究荒漠化治理、生态环境的。研究农业工程学的院士除了汪懋华，目前健在的还有蒋亦元、孙九林、李佩成、罗锡文、康绍中、陈学庚、李天来等。其中，李佩成院士是20世纪60年代中期留学苏联归来的，所学专业是地下水工程。20世纪90年代担任过西北农业大学的副校长和西北干旱半干旱中心主任，后来调到原西安地质大学（现长安大学）工作。孙九林院士的研究领域侧重在遥感与信息工程、国家科学数据库建设研究上。在这批院士里面，蒋亦元院士早已经是资深院士。2012年11月11日，汪懋华年满八十岁也进入了资深院士行列。农业工程学科领域，目前还没有达到资深年龄的院士只剩下孙九林、罗锡文、康绍忠以及2013年12月新当选的新疆农垦科学院机械装备研究所的陈学庚院士、2015年当选的沈阳农业大学副校长李天来院士。

2007年1月，汪懋华又经国际欧亚科学院（International Eurasian Academy of Sciences，IEAS）中国科学中心遴选和莫斯科总部批准，被遴选为IEAS院士。

3. 担任中国农业工程学会理事长

中国农业工程学会成立于1979年，是凝聚国内农业工程学者智慧，交流学术成果，为改革开放大业提供农业工程方面咨询服务的学术团体，汪懋华与中国农业工程学会的渊源很深，并且担任过中国农业工程学会的理事长。

1978年全国科学大会将农业工程列为国家重点发展的25门学科之后，国家科学技术委员会和农林部分别落实相关的政策措施，国家科学技术委员会成立了农业工程学科组，由农林部副部长朱荣担任组长，中国农业工程研究设计院院长陶鼎来担任副组长，负责抓学科建设工作；农林部新成立了中国农业工程研究设计院，负责抓农业工程的规划设计与科研工作。按照原来上报国务院的方案，中国农业工程研究设计院成立的同时，也建议成立农业工程局，但当时距毛泽东主席确定的1980年在全国基本实现农业机械化的奋斗目标只剩下不到两年时间，有关部门担心机构的变动会影响农业机械化目标实现，因此只成立了中国农业工程研究设计院而没有成立农业工程局。如此一来，没有行政部门的推动，农业工程事业发展面临很大困难，为了解决自上而下缺“腿”的问题，一批老一代留美归来的农业工程学者们建议成立中国农业工程学会。中国农业工程研究设计院陶鼎来院长和他留美时的同学，东北农学院副院长余友泰教授、沈阳农学院张季高教授、吉林工业大学张德骏教授等人都是成立学会的积极倡议者。在陶鼎来院长召集下，一批学者在北京农业机械化学院的五四楼开会商量成立学会的有关事宜，陶鼎来院长希望有一些在农业工程领域里有一定影响的中青年学者加入到学会工作中来，他也很看重汪懋华留苏副博士的专业背景和在农业电

2011年1月31日，汪懋华与中国农业工程学会理事长、农业部规划设计研究院院长朱明（左一）探望中国农业工程研究设计院前任院长陶鼎来（右二）和夫人吴祖鑫

气化方面表现出的学术造诣，所以从一开始就邀请汪懋华参与研究筹备工作，汪懋华也正是在这次会议上第一次接触到了诸多老一代农业工程学者，开始向他们请教和建立了深厚友谊。这次会议结束后不久，又在北京的香山别墅召开了学会成立大会的筹备会议，商定了学会的章程和筹备大会的各有关事项。

1979年11月，经中国科学技术协会批准，中国农业工程学会作为中国农学会的二级学会在杭州召开了成立大会暨学术交流会。会上，通过了《中国农业工程学会章程》，选举产生了第一届理事会，农业部副部长朱荣担任理事长，陶鼎来、张庆海和张季高等人当选为副理事长。学会的宗旨是：通过所属组织的各项活动，团结、组织农业工程科学技术工作者面向现代化、面向世界、面向未来，着力促进农业工程学科的繁荣和发展，促进农业工程技术的普及和推广，促进科技人才的成长和提高，为振兴农业，实现我国农业现代化做出贡献。其主要任务是：开展国内外学术交流，对农业工程科学技术方面的重大问题进行咨询服务；普及农业工程科技知识，传播先进技术和经验；开展对会员的继续教育，反映会员的意见和呼声；指导省级农业工程学会的工作；编辑出版刊物和资料等。中国农业工程学会成立后，挂靠在新成立的中国农业工程研究设计院，由于当时已经有了一个成立于1963年的中国农业机械学会，为使两个学会的业务内容不冲突，农业部领导要求中国农业工程学会多开展农业机械化范围之外的服务与拓展农业工程科学技术研究，以致农业工程学会从成立初期开始，多年来一直是围绕着土地利用、农村环境、农村能源、农副产品加工和设施农业等重点领域开展学术活动。1985年3月5日，国家经济体制改革委员会批准了中国农业工程学会成为中国科学技术协会所属的国家一级学会，使学会站到了应有的学术位置上。2009年，在山西农业大学举办了纪念中国农业工程学会成立30周年的纪念大会。到2017年，中国农业工程学会成立已经38年了。

2009年，山西太原中国农业工程学会成立30周年大会会场

1979年学会一成立，汪懋华就当选为学会常务理事。当时，他参加的是学会的农业系统工程专业委员会，先是由吉林工业大学的张德骏教授主持，后来是中国人民大学农业经济系的张象枢教授及其之后的清华大学自动化系郑学坚教授担任主任委员。为了整合学术资源，农业系统工程专业委员会后来与农业电子技术专业委员会合并。1984年农业电子技术专业委员会在珠海召开了第一次会议，汪懋华被选为新成立的专业委员会的副主任委员，与清华大学郑学坚教授搭档。1986年以后，汪懋华开始参与整个学会的工作，到1987年当选为中国农业工程学会的副理事长，2004年起又担任理事长，现在则是中国农业工程学会荣誉理事长和中国农业机械学会的名誉理事长。

中国农业工程学会成立后相当长的一段时间，学会的理事长一直都由农业部副部长兼任，第一任理事长是朱荣副部长，此后是

2009年，汪懋华（左五）在山西太原市主持纪念中国农业工程学会成立三十周年老专家座谈会

刘江副部长、洪绂曾副部长和刘成果副部长；汪懋华的前任是农业部规划设计研究院（中国农业工程研究设计院）原院长徐文海。到2003年，他已经71岁，本打算不再当理事长了，由于CIGR国际会议2004年要在北京召开，汪懋华是确定下来的大会主席，CIGR国际会议第一次能在中国召开也是他努力推动协调的结果；而且这次国际大会是由中国农业工程学会和中国农业机械学会两个学会联合举办的，秘书处设在中国农业机械化科学研究院。考虑到大会筹备工作的需要，中国农业工程学会负责同志就来做汪懋华的工作，希望他再担任一届理事长。所以他一直干到2008年换届才由农业部规划设计研究院院长朱明研究员接任理事长。

汪懋华获得2009年中国农业工程学会杰出贡献奖

4. 倾心扶持中国农业工程学会专业分会

汪懋华非常看重中国农业工程学会这个阵地，对学会工作和学会发展始终抱以极大的热情，特别是对一些重点学科专业的学术交流平台建设，倾注了比常人多得多的心血，这在农业水土工程专业委员会和土地利用工程专业委员会上得到充分的体现。

农业水土工程是农业工程的重要内容之一，对解决我国“三农”问题具有非常重要的意义，它是促进农村水利发展的基础，对农业高效用水、农村供水与饮水安全、农村水环境保护具有重要的作用，是国家粮食安全和水安全的重要保障。1999年，西北农林科技大学水利专家康绍忠教授和熊运章教授联合倡议在中国农业工程学会下面设立一个农业水土工程专业委员会，汪懋华作为中国农业工程学会副理事长和国务院学位委员会农业工程学科评议组召集人，马上表态积极支持这项倡议。在他的帮助下，中国农业工程学会农业水土工程专业委员会得以顺利成立。2000年12月在陕西杨凌西北农林科技大学召开了中国农业工程学会农业水土工程专业委员会首届学术研讨会，汪懋华应邀出席，并在会上做了专题学术报告，全国40多个学术单位的112名代表参加了这次会议，他的出席对与会代表们是一个极大的鼓舞。此后，农业水土工程专业委员会已召开过七届学术研讨会，只要稍有空余时间，他都会尽量安排参会。在汪懋华等老一辈专家的关心支持下，农业水土工程专业委员会的学术活动已成为我国农业水土工程学科领域最重要的学术交流活动，参加会议的人数不断增加，学术交流的层次和水平不断提高。

汪懋华并不满足于此，他要运用好这个平台全方位提高农业水土工程的学术水平，为新农村建设提供更多的科技成果。2010年3月19日，由汪懋华提议，在北京中国农业大学的金码大厦组织召开了农业水土工程学科发展战略研讨会。汪懋华和水利部农村水利司副司长倪文进、中国水利水电科学研究院水利研究所所长许迪、清华大学尚松浩副教授等20余位农业水土工程及相关领域的专家出席。此次会议的目的是研讨变化环境下我国农业水土工程学科发展战略，探索促进学科发展的对策。会上，汪懋华首先介绍了由中国工程院和国家自然科学基金委员会共同资助的重大研究项目中国工程科技中长期发展战略研究的总体框架设计和组织形式，他希望农业水土工程领域的专家在讨论本学科发展战略的同时，也能够提出有关工程科技的发展战略和技术路线图。倪文进、许迪、康绍忠、黄冠华、李光永、杜太生、李久生、雷廷武、王凤新九位专家分别做了题为《解决中国“三农”问题对农村水利发展的要求》《农村水利关键技术研发趋势与重点》《变化环境下农业水土工程学科面临的挑战与对策》《我国农业节水新技术推广的瓶颈与对策》《加强基地建设是农业水土工程学科发展的重要保障》《灌溉技术研究现状与发展趋势》《水土流失与生态及环境问题》《浅谈节能减排背景下的农业水土工程学科发展》和《农业水土工程学科的优先研究领域与未来发展趋势》的报告。

这次研讨会围绕农业水土工程学科的战略地位、中长期发展目标、战略任务、优先研究领域、未来发展趋势等相关问题，展开了热烈讨论，并就农业水土工程学科的发展提出了一系列有意义的建议。例如，建议政府部门在重视工程建设的同时，应更加注重工程建设过程中的科技问题；针对农业水土工程发展不平衡问题，应促进各地区农业水土工程建设的平衡发展；研究过程中针对不同地区应提出具体的不同的研究重点和目标；加强新能源在灌溉工程中的应用；农业水土工程这一属于应用性、实践性的学科，应与国家经济发展更加紧密结合，并努力实现农业水利现代化，促进农村水利信息化；在粮食安全方面注重工程技术的重要性和必要性；注重水土结合，多角度考虑灌溉技术问题；加强基地建设和人才培养；促进管理机制、体制完善等。

2010年6月26 ~ 28日，汪懋华不顾近78岁高龄，亲赴甘肃武威，参加农业节水与水资源高效利用教育部创新团队验收暨石羊河农业与生态节水试验站发展规划咨询会。他和长安大学李佩成院士、清华大学雷志栋院士、武汉大学茆智院士、中国科学院东北地理研究所刘兴土院士、华南农业大学罗锡文院士、中国农业科学院农田灌溉研究所党委书记黄修桥研究员等人组成的专家组，对教育部创新团队建设进行了验收，并就中国农业大学石羊河农业与生态节水试验站发展规划开展了咨询指导。

汪懋华对中国农业工程土地利用专业委员会的帮助也是呕心沥血。土地问题的重要性众人皆知，改革开放以来，实行双层经营的家庭承包经营，部分土地权益回到了农民手中，激发了农民发展农业生产的积极性。但是，由于近些年城市化和工业化的无序发展，对农村土地滥占乱用，肆意污染，让国民经济付出了沉重代价，其中之一是耕地总量连续出现过几个快速减少期，18亿亩耕地的红线一度危在旦夕。耕地数量如此，耕地质量问题也日益突出，有识之士奔走呼吁，希望早一点搞清楚中国耕地质量状况，不再延续那个永远没有错误的“三三制”（高产田、中产田、低产田各占三分之一）提法。为此，20世纪80年代初期，第一次全国土地资源调查就探索开展耕地质量等级调查，一些高校的教授们积极实践，试图找到一种适合我国的评价技术方法和组织路线。但是，直到历史的脚步即将迈入二十一世纪的时候，开展全国范围耕地质量等级调查评价的技术、手段、队伍、资金仍缺东少西。全国农用地分等定级技术规程几起几落，始终难以获得通过。

2000年，中国农业工程学会土地利用工程专业委员会主任委员郧文聚由农业部规划设计院土地利用工程研究室调到国土资源部土地整理中心工作，汪懋华作为中国农业工程学会的副理事长抓住机会向郧文聚提出，希望由他来牵头把土地利用工程专业委员会的工作抓起来。对此，郧文聚有些犹豫，担心自己年轻，难以服众，更担心原单位的领导和同事们会有不同意见和看法。这些心理活动都被汪懋华洞悉，他告诉郧文聚：“这些工作由我负责做，你只管联系活跃分子、积极分子，把学会活动尽快办起来就行了”，并且答应一旦筹备好，他将亲自参加新一届专业委员会的第一次活动。他没有食言，在汪懋华的支持下，土地利用工程专业委员会的工作恢复得很快，会员们现在已经成为中国农业工程学会大家庭中的一群活跃分子。在一些具体细节上，汪懋华对土地利用工程专业委员会也关照有加，比如在编写《农业工程学科进展报告》时，汪懋华强调要有土地利用工程的内容；在准备中国农业工程学会年会的大会报告时，他建议请土地利用工程专业委员会专家讲讲本专业领域的情况；在研究国家中长期科技发展战略时，他也提出请土地利用工程专业委员会的人参加；时任农业部规划设计研究院院长朱明承担了农业部科技专项，汪懋华点题要求研究“农田基础设施工程”，进而总结凝练出了“良田、良种、良法、良管”四结合的提法，目前已广为人知，粮食要增产、良田是基础，已经成为农业科技界的共识。

随着农业工程学科建设的不断向前推进，汪懋华对中国农业工程学会下设的土地利用工程、农业水土工程两个专业委员会又有了新的想法，他认为目前实际上是水土分家，不利于加强专业融合，并出面请康绍忠院士加强对土地利用工程专业委员会的指导，以加强两个专委会工作的联动和协调。

5. 精心呵护《农业工程学报》

中国农业工程学会主办的学术刊物《农业工程学报》是1985年5月经国家科学技术委员会、中国科学技术协会批准创办的。近30年间，汪懋华任过《农业工程学报》的编委会委员、编委会主任委员及名誉主任委员，他对学报工作的指导是经常性、具体性的，多次主持编委会会议，推动编委会工作的落实，为期刊的发展做出了重大贡献。其中，他对学术期刊的建设及内容拓展的问题做了很多思考。

《农业工程学报》杂志

2004年6月9日，汪懋华约《农业工程学报》副主编魏秀菊和编辑部的王应宽博士到他位于中国农业大学信息和电气化学院的办公室谈编辑部的工作，在听完《农业工程学报》编委的工作计划、英文刊的筹备情况汇报后，汪懋华重点谈了《农业工程学报》报道内容应引领学科发展，关注重大问题、关注国际发展趋势，他重点阐述了两个观点：

第一，农业工程学科的发展要冲破传统的观念，目前农业院校各个学科专业的发展都有较大的拓展，例如原来的土壤化学系拓展为资源环境学院、畜牧兽医系改为动物科学学院等，名称的改变为这些学科争得了更大的发展空间。农业工程的学科领域也不能落后，对于农业工程学科发展也要广开言路、拓展发展空间。建设现代化农业需要农业工程科技支撑，目标是更好地为“三农”服务，提倡开展农业工程科技发展的战略研究。

第二，论及农业工程学科的未来发展趋势及热点研究领域，他建议一级学科名称最好参照发达国家学科内涵改为“农业与生物系统工程”学科，在下设专业研究方向中，强调农业机械化与装备工程、土地整理与高标准农田建设工程、设施农业工程、生物质资源化利用（含能源、材料）、可再生能源开发利用以及农业信息与电气工程，这几个方面是重要的发展趋势。他还强调了“良田、良种、良法、良管”四结合对农业生产的重要性。

为支持学报提升学术水平，汪懋华在百忙中还经常拨冗亲自为刊物撰写学术论文。农业电气化与自动化及农业信息化是他的重点研究领域。1999年3月，他在《农业工程学报》发表的论文《精细农业发展与工程技术创新》是当时及以后多年的方向性综述，影响很大，据中国知网统计数据，到2012年11月该文已被引用422次。

关于期刊名称及栏目他也提出许多建设性的意见，他指出英文刊名可适当超前，列入“Biosystem Engineering”，中文学报暂时保留传统。后来又谈了创办英文刊的思路、栏目设置、方向把握、稿源开拓及编委会组织形式等的原则。

其时，汪懋华已经在2004年5月《农业工程学报》编委会换届时从编委会主任的岗位上退了下来，但他仍一如既往关心《农业工程学报》的发展，不惜时间及心血，表现出无私奉献精神，使编辑部的同志们从中得到了激励，逐步树立起期刊内容需要与时俱进、常办常新的观念。用汪懋华的一句话总结就是，学科在不断发展，不能固守和僵化，学科研究和期刊都要寻找、发现和引导学科生长点。

汪懋华治学严谨。2002年，《农业工程学报》编辑部工作人员到他办公室汇报期刊工作，资料中准备了一份统计表，是各大院校及科研机构这几年在学报发表论文的情况，汪懋华对其中的某单位机构名称使用简称不认可，说不严谨、会产生歧义，要求查询资料列出其全称。他一年中有相当一部分时间应邀在国内国际学术会议上和各大院校作学术报告和讲学，他的报告内容丰富，信息量很大，但他对报告中提到的每一个数据都要认真核对无误，确保具有坚实的依据。2012年6月，汪懋华因为要准备在2012年两院院士大会期间在学部会议上汇报发言，让编辑部提供近几年《农业工程学报》发展的统计数据，由于图表中数据有差异，他与编辑部同志反复核定，弄清差异原因，并确定数据准确无误后，才放心使用。2009年在中国农业工程学会学术年会期间，编辑部负责人在向他汇报学报工作时，拿出一份《农业工程学报》在期刊中的排名材料，他看到学报的成绩后很高兴，给予了充分肯定，但同时也明确指出，少论述兄弟期刊的指标，只要有客观的数据列表就可以了，谦虚一点好。此后,《农业工程学报》非常注意同类期刊比较中的语句表达。

汪懋华坚持读报，在他的办公室里有四种报纸:《中国科学报》《经济日报》《光明日报》和《中国农机化导报》。2011年10月中国农业工程学会重庆学术年会期间，说起报纸对了解国家政治经济形势的益处时，他建议《农业工程学报》编辑部也订一份《中国科学报》。编辑部采纳了他的建议后，果然受益匪浅!

6. 凝练学科发展方向

汪懋华常说，我国农业进入“工业反哺农业，城市支持农村”发展的新阶段后，如何用现代工程技术装备农业，加强农业基础设施建设，加快农业科技进步，提高农业综合生产能力，是加快基本实现国家工业化、推进农业现代化的重要保障。

他认为，在推动农业工程学科科技创新方面，最主要的任务是要提出面向问题的解决方案。既然要提出解决方案，那首先得搞清楚我国农业农村发展的不同阶段存在着哪些问题，然后再考虑如何组织起来去解决这些问题，研究提出面向发展问题的解决方案，最终要为农业增产、农民增收、农村繁荣服务。

要搞清楚农业生产中存在哪些问题，关键还是要到现实中、到基层去走、去看。汪懋华平时有机会就到基层去调研。他说，“研究一个问题、一种现象，如果你没有实地看过现场的情景，光坐在办公室里想，很难提出问题，提不出问题就无法有针对性地开展工作。我们搞农业工程的人更是如此，如果连农业产业是什么都说不清楚，现在市场需要解决的主要问题是什么都不明白，对产业发展中需要解决些什么问题也一定是稀里糊涂。工程学科的科研教育工作者如果只知道写论文，不重视面向产业提升的科技研究和成果产业化研究就会脱离现实，农业工程学科如果走到这个地步，学科的生命力也就走到尽头了。”

汪懋华一再提醒自己的学生和后辈，农业工程学科未来的发展，需要和国家发展的大环境紧密结合，比如国家正在转变经济增长方式、优化经济结构、提高科技创新支撑能力，还有注重民生，缩小城乡差别，促进整个社会和谐、协调发展等。从事农业工程学科研究的这个大团队，也应该适应这个形势，思考怎么转变学科发展方式，不能老是沿用过去那套思维模式，要根据形势、根据国际和国内发展的新理念去转变发展观念，研究农业工程学科对现代农业的支撑保障能力。

再进一步思考，农业工程学科的结构，包括它的内涵，究竟该怎么进行调整，才能让它根据国家经济社会发展的需要，更有效地为推动现代农业发展和新农村建设做出切实的贡献。农业工程学科科技创新的能力究竟如何，整个团队在创新思维、创新理念方面还存在什么问题，如何进行转变才能提高团队的创新能力，这些都需要认真研究。

汪懋华善于站在国家战略发展的宏观角度来思考农业工程学科的发展。他说，在科学发展观引领下，近年来党和政府特别关注民生，关注城乡经济社会的协调发展，站在这个层次上去理解，可以更清楚地看到农业工程学科在经济、社会发展中所能起到的作用。为什么这些年大家谈到农业装备时都认为它很重要，对其依赖度很高，是因为我们国家的经济和社会经历了历史性的转变后，已经进入到了一个新阶段。2011年9月，农业部在山东省召开玉米生产机械化农业机械与农艺相融合问题的研讨会引起汪懋华的注意，农业部农业机械化管理司、科技教育司，科学技术部农村司都派代表参加了这次会议。几位与会专家在发言中都谈到了玉米生产发展中的瓶颈问题，主要是农业劳动成本增加和玉米收获机械化相对滞后的矛盾，从而导致玉米种植的效益下降，降低了农民的生产积极性。事实也是如此，近几年我国玉米开始增加进口，从事玉米研究的玉米产业体系专家在发言中谈到玉米生产离不开机械化，一位农艺专家甚至说，“玉米产业发展70%靠农机，30%靠农艺”。还有与会专家认为，玉米育种要重视培育早熟品种，适当提高种植密度，规范种植行距标准，积极研究适宜种植区推广的直接收籽粒的玉米联合收获机械和收获后处理、干燥、储藏装备设施等。汪懋华认为，现在农业工程科技已经进入了新的发展机遇期，新的机遇不断出现，问题是学科从业者们在发展中能不能捕获住这种机遇，从而很好地提升科技创新能力，为农业产业技术进步做出应有的贡献。

汪懋华始终把创新工作方式摆在非常重要的位置，反复强调搞研究的时候，至少要搞清楚研究结果和最终成果应该是什么样子，能不能成为面向产业发展的重要解决方案。否则，研究到最后都不知道这个成果对于产业发展到底有什么贡献，等于做了无用功。他提醒自己也告诫学生，转变科学研究方式，最重要的是要有开放性的思维，能集合多种团队、多种方案，实现行业优势资源的最佳整合；不能再像过去那样，大家各自找饭吃，哪里有饭吃大家就往哪里跑，既然大家现在的日子都比过去好过多了，就要果断地脱离传统的思路，更加注重合作，多开展跨学科的合作、跨单位的合作，少做些重复性的工作，大力推动协同创新。

农业工程学科未来的发展方向是什么？在机遇与挑战并存、潜力和阻力也并存的今天，到了必须重新明确指导思想和战略思路的关键时刻。2011年，中国工程院启动了“农业工程学科发展现状及发展方向”咨询项目，由汪懋华主持。研究的目的是要搞清楚未来农业工程学科的发展方向在哪里。这个研究项目已经完成，基本上确定了农业工程学科未来发展的六大方向，汪懋华的看法是至少在2020—2030年，这六大方向不会过时。

汪懋华一向关注农机装备发展，2005年，他在南京举办的江苏国际农业机械展览会上了解水稻插秧机的性能

第一个方向是农业机械化与装备技术。课题组组长是华南农业大学工学院原院长区颖刚教授。为什么叫作农业机械化与装备技术，而不是简单地叫作“农业机械化”呢？参加课题研究的专家们普遍认为光谈农业机械化远远不够，农业工程还需要装备作为物质支撑，所以把农业机械化跟装备技术并列提出。

第二个方向是农业水土工程，由中国农业大学水问题研究中心康绍忠院士主持。农业水土工程这个名称是汪懋华所极力主张的，水土不分家，这是国际惯例，比如国际农业工程协会就把这个下属分会称作“Land and Water”，美国叫作“Soil and Water”，都是水和土并提的，所以汪懋华坚持把这两个内容整合在一起。

第三个方向是设施农业生物环境工程，它包括设施园艺和健康养殖两大块内容，由中国农业大学水利与土木工程学院副院长李保明教授牵头。

第四个方向是农业信息与电气工程。信息化与电气化作为基础设施建设的一部分，在一些边缘地区特别需要加强。

第五个方向是农产品加工与食物安全工程。这个课题由农业部规划设计研究院农产品加工所副所长王海负责组织。

第六个方向是农业生物质资源化利用。由全国人民代表大会代表、河南农业大学张百良教授负责组织研究。为什么没有把这个课题的关键词定义为生物质能源或新能源，而是放在了资源化利用?汪懋华对此有特殊的考虑：单纯研究生物质能源和新能源，涉及跨学科领域时，没有突出面向农业生产提供工程科技创新发展研究的内涵。生物质能源、新能源技术，往往是和能源动力工程学科相互交叉的多，与农业的结合还不够紧密，现在叫作农业生物质资源化利用，这就结合得非常紧密了。

汪懋华提出，这六个方向，每一个都要有新的理念。例如有专家提出的作物生产与生产过程机械化的科技创新仅仅靠良种、良法相结合是不够全面的。汪懋华认为，作物生产机械化要全面提出为实现“良田、良种、良法、良管”四者相结合服务才行，因为良田是良种和良法的基础，同时要逐步推进适度规模经营管理的发展没有良田，就谈什么农业的“高产、优质、高效、生态、安全”，同样道理，水产养殖也应该是“良水、良种、良法、良管”四结合。

第九章

站在战略的高度

1. 主持“中国农业机械化发展战略”重大咨询项目研究

2004年，中国农业机械化发展史上有两件划时代的大事：先是中共中央2004年1号文件《中共中央、国务院关于促进农民增加收入若干政策的意见》首次公布了实行农业机械购置补贴政策，开启了“以工补农、以工惠农、以工支农”的时期。同年6月25日，第十届全国人大常委会第十次会议审议通过了《中华人民共和国农业机械化促进法》，并于当年11月1日由国家主席胡锦涛签署主席令颁布实施，开始进入了依法加快促进农业机械化发展的新时代。

这一时期我国农业机械化发展态势与前些年相比，出现一些新的特点：一是2004年起我国农业机械化进入快速发展的机遇期，标志是主要农作物的耕、种、收综合机械化水平持续提高，农业机械化社会化服务体系快速发展和内容延伸；二是我国农业机械化发展在调整中成长，农业机械化水平的提高已不仅是简单的投入数量性增长，而是对不同农业机械装备优化配置和结构调整，实现效率性增长；三是国家已经具备“工业反哺农业、城市支持乡村”的经济实力、财政实力和发展条件，农业机械化在工业反哺农业中加快发展。因此，乘中央1号文件和《农业机械化促进法》的东风，加快农业机械化的发展，不仅是国民经济和社会发展的客观需要，也是农业机械化发展自身规律作用的必然。

在这种宏观形势下，中国工程院于2004年11月下旬启动了院级重大咨询项目“中国农业机械化发展战略研究”，国家财政投入巨资予以支持，由中国工程院农业学部和机械与运载学部共同承担，时任中国工程院副院长沈国舫院士任项目组长，同时任命农业学部汪懋华和机械与运载学部主任姚福生两位院士任项目副主持人。这个重大咨询项目针对的问题包括：我国当时农业机械化水平还不高，某些环节还比较薄弱，不能适应建设现代农业的要求；农业机械化技术创新能力不强，大多数国内农业机械产品的技术含量低，装备结构不合理，不能适应推进农业机械服务产业化的要求；政府扶持和引导的力度不够，不能满足广大农民的迫切需要；能源和原材料价格上涨迅速，可能成为阻碍农业机械化发展的一个制约因素等。为解决这些问题，重大咨询项目研究的重点为贯彻《农业机械化促进法》，提升我国农业机械化与农业装备技术水平的中长期发展战略；振兴我国农业装备制造业的发展战略和发展思路；研究国内外农业机械化发展的历史经验及对我国农业机械化发展研究的启示；提升我国农业机械装备技术的国际竞争力，开拓国际发展空间的措施；促进农业机械化与振兴农业装备制造业的科技、教育和政策保障条件、战略措施与重大建议等。

2005年3月18日，中国工程院在北京组织部分院士和相关领域专家、官员召开研讨会，研究讨论“中国农业机械化发展战略研究”重大咨询项目的总体框架设计，汪懋华主持了这次会议，中国工程院副院长沈国舫院士、农业部农业机械化管理司王智才司长、张天佐副司长，以及蒋亦元院士、机械运载工程学张彦仲院士和数十位院外专家与会。这次会议上明确了重大咨询项目的研究范围包括：农、林、牧、渔领域（以农、牧为重点），产前、产中、产后过程（以产中、产后为重点），农业机械产品技术研发，产、供、销产业链体系，农业机械产品的国际贸易、跨国投资与技术贸易，国内外两个市场相关产业发展问题，优先围绕农业产业结构调整、提高农业综合生产能力，促进农业节本增效、农民增收、切实贯彻实施《农业机械化促进法》激发和振兴农业装备制造业发展问题研究等。

2006年7月“中国农业机械化发展战略研究”项目组召开工作会议

研究时段重点界定为：近期（2010年以前）、中长期（至2020年）的发展战略目标，发展思路与发展对策。

汪懋华虽然是“中国农业机械化发展战略研究”重大战略咨询项目的副主持人，但他在项目实施过程中起的却是主导作用，这是因为一来他熟悉所研究的领域，几十年间一直跟踪农业机械化的发展变化趋势，对行业发展情况明察在胸。二来他长期在农业工程界担当领军角色，与全国从事农业机械化行政管理、教学、科研，包括企业界的人士都非常熟悉，便于迅速集聚人力、智力资源。

重大咨询项目集结了全国农业机械行业内几乎所有的著名专家，人数多达300余人。根据研究工作需要，成立了项目研究综合组，项目负责人、中国工程院副院长沈国舫院士任组长，汪懋华和姚福生两位院士为副组长，其中明确由汪懋华负责主持项目研究的常务组织工作。同时，成立项目顾问组，聘请中国工程院部分院士、农业部相关领导和专家、中国农业机械工业协会领导及有关专家、联合国亚太农业工程与机械中心（UNAPCAEM）中方领导做项目顾问；成立项目管理办公室和项目综合工作组，办公室设在汪懋华领导的中国农业大学“现代精细农业系统集成研究”教育部重点实验室。在项目研究组下设立农业机械化课题组，组长由汪懋华院士担任，农业学部蒋亦元院士负责课题组总体协调；农业装备组组长由机械与运载工程学部姚福生院士担任，副组长为中国机械工业联合会副会长、中国农业机械工业协会理事长高元恩；拓展研究组组长为农业部规划设计研究院院长朱明；政策、科技、人才保障组组长为全国人大农业与农村委员会委员、河南农业大学原校长张百良；项目综合工作组组长为中国农业大学李民赞教授，他也是“现代精细农业系统集成研究”教育重点实验室主任。

汪懋华亲任组长的农业机械化课题组又分成几个专业组：北方组由中国农业大学工学院高焕文教授主持、南方组由华南农业大学副校长罗锡文教授主持、东北组由黑龙江省农业机械工程科学研究院院长何堤研究员主持、农垦组由黑龙江八一农垦大学副校长汪春教授主持、草原牧区组由原内蒙古农业大学校长麻硕士教授主持。

“中国农业机械化发展战略研究”项目组组长、中国工程院副院长沈国舫院士（左一），副组长汪懋华院士（右一），中为河南农业大学校长张伯良

这个重大咨询项目的研究框架由汪懋华负责整体设计，其中他自己负责的农业机械化课题组的研究计划是他亲笔撰写的。

在汪懋华具体组织协调下，2005年4 ~ 6月，各课题组进行了充分的调研和讨论，研究了各自的任务和具体落实工作。6月30日，在前期调研基础上，中国工程院副院长沈国舫院士主持召开了项目研究工作会议，专门听取各课题组和各专题负责人有关研究准备工作的情况汇报，明确2005年下半年起各课题将按照计划安排正式启动研究工作，由前阶段的务虚准备转为实际操作阶段。

2. 课题组成员集体考察山东省农业机械化

2005年9月，中国工程院“中国农业机械化发展战略研究”重大咨询项目组在汪懋华牵头下，曾德超、姚福生、蒋亦元等6位院士和农业机械学界专家一行20余人，在时任山东省副省长陈延明陪同下，到淄博市、潍坊市、聊城市等地，深入农田、企业、高等院校，就玉米收获机械化、保护性耕作机械化及山东省农业装备制造业发展情况进行实地调研。

在淄博市张店区，项目组专家在山东省玉米收获暨保护性耕作机械化现场会上，对玉米收获机的作业性能、技术环节、市场状况、补贴政策等方面进行了考察。项目组在随后举行的研讨会上，听取了农业部保护性耕作研究中心主任高焕文教授做的《北方干旱、半干旱地区农业机械化发展的战略思考》和天津市农业机械局副局长胡伟做的《我国玉米收获机械化发展的机遇、挑战与对策》专题报告。院士、专家们围绕当时困扰玉米机械化收获的几个瓶颈问题和保护性耕作机械化发展，着重在农业机械与农艺相互适应，玉米收获机的适应性、可靠性、规模化、标准化生产等问题展开了充分研讨。

项目组一行专门考察了山东省的农业装备制造业发展情况，重点了解企业的生产经营和技术创新情况。先后考察了巨明农业机械制造有限公司、向农农业机械有限责任公司、大丰农业机械集团、玉丰农业机械有限公司、高密春雨农业机械有限公司等玉米收获机制造企业。在潍柴动力股份有限公司，专家们参观了柴油机生产线和产品展示厅；在福田雷沃国际重工股份有限公司，院士和专家深入厂房车间，参观拖拉机、联合收割机生产流水线；在时风集团的中央研究院，详细考察了企业自主研发的CAD计算和辅助设计先进

2005年9月，考察山东农机化期间，山东省农机化办公室主任林建华（右）为汪懋华颁发《山东农机化》杂志办刊指导委员会名誉主任证书

2005年9月，汪懋华院士一行参观考察山东时风集团，左六为姚福生院士，左一为山东时风集团总经理刘成强

技术。项目组还在时风集团召开了以中国农业装备制造业发展论坛为主题的研讨会，院士和专家们指出：今后山东省农业机械行业应在绿色化、科技化上下功夫，把山东省建成机具齐全、装备现代、结构合理的农业机械装备工业强省。

3. 院士带队赴欧洲专题考察农业机械

2005年11月，两年一度由德国农业协会（DLG）主办的Agritechnica 2005德国国际农业机械展览会在德国北部下萨克森州的汉诺威市举办，同月意大利EIMA国际农业机械展也在意大利的博罗尼亚市开展。汪懋华抓住这个机会，与农业装备组一道共同组织部分参加“农业机械化发展战略研究”重大咨询项目的专家学者，以及国内的一些知名企业的企业家赴德国和意大利进行考察。考察团由兼任农业机械化课题组组长的汪懋华、兼任农业装备组组长的姚福生两位院士带队，随访考察的还有课题组成员、中国农业机械工业协会高元恩理事长、华南农业大学常务副校长罗锡文教授、中国农业大学工学院高焕文教授、中国农业大学“现代精细农业系统集成研究”教育部重点实验室刘刚教授、北京航空航天大学赵罡教授、山东农业机械化研究所所长骆琳研究员等，企业界代表有中国一拖集团有限公司董事长刘大功、中国一拖集团一装厂厂长刘继国、中国一拖集团四装厂厂长李江炎、山东五征集团有限公司副总经理李瑞川、山东高密春雨机械有限公司副总经理李庄、安徽六安长江农业机械有限责任公司董事长唐剑书、宁波戴达罗设计农机事业部总经理沈春贵等，中国工程院易建、梁晓捷两位处长、中国农业机械工业协会秘书长洪建国、中国农机化导报社长、总编辑宋毅等。

在12天时间里，汪懋华为考察团成员安排了紧张而丰富的考

2005年11月，考察团全体成员在德国汉诺威市合影

2005年11月，汪懋华院士（左二）、中国农业机械工业协会会长高元恩（左四）、华南农大罗锡文副校长（右三）等在德国汉诺威市合影

察内容，先后参观了德国Agritechnica 2005德国国际农业机械展览会和意大利EIMA国际农业机械展览会；实地考察了德国克拉斯（CLAAS）公司，美国爱科集团旗下的德国芬特拖拉机制造公司和意大利拉威达（Laverda）联合收获机制造公司；观看了德国甜菜收获机械的实地收获演示等。这期间，考察团还专门与德国农业协会（DLG）联合举办了中德农业机械发展高峰论坛，汪懋华在论坛上做了专题学术报告。

汉诺威德国Agritechnica 2005德国国际农业机械展览会给汪懋华及考察团一行留下深刻印象，展览会大、全、新的特色，再次向世人证明这是世界农业机械行业的顶级盛会。所谓“大”，一是它的展出规模大，其他同类展会很难望其项背；二是参展机具大，各种知名大型农业机械都能在这里看到。所谓“全”，是指展出的机具齐全，不仅机械的种类齐全，而且所涉及的生产环节也齐全。所谓“新”，是指新产品、新技术不断涌现，推陈出新给展会注入了绵绵不断的生命力。

考察团成员们看到，展会上体现出的农业机械大型化势头在欧美依然十分强劲，德国农业协会（DLG）的专家向考察团介绍：由于受农业补贴政策的影响，欧洲的农场呈兼并之势，越来越多小农场被大中型农场吞并，使农场经营规模不断扩大，这种变化反映在农业机械上，就是机具向大型化发展。展会上最吸引眼球之处就是大型机械展区，约翰·迪尔（John Deer）、克拉斯（Claas）、芬特（Fendt）、凯斯（Case）、纽荷兰（New Holland）、维美德（Valtra）、挑战者（Challenge）、拉威达（Laverda）、道易斯·法尔（Deutz-Fahr）、萨姆（Same）等公司的展台都是最热闹的场所。数据显示，与往届展会相比，不少动力更大的巨无霸出现在展场，如挑战者MT系列。上届参展产品最大功率为500马力。而这一届推出的MT875橡胶履带拖拉机功率达到了570马力。凯斯公司生产的三角履带拖拉机功率也在500马力以上，展出的轮式拖拉机大多也以300马力以上者为多，几大巨头公司展出的机型中200马力以下的拖拉机已很少见。值得注意的是，欧美的农业机械企业在不断上延拖拉机功率的时候，并非一味追求向大型化发展，同时也注意不断创新和改进技术以保证拖拉机量与质的同步提高。最显著的变化是橡胶履带的普遍使用，一些以轮式机械起家的企业，如凯斯、约翰·迪尔在不少机型中也改用了橡胶履带。美国卡特彼勒挑战者橡胶履带拖拉机制造厂，以履带式拖拉机起家，其履带经历了从铁到钢、再到橡胶的发展过程，该公司展出的产品采用了半钢性悬挂，具有良好的弹性，裹有4层钢丝的橡胶履带使拖拉机行驶速度更快，可达到每小时40 ~ 45千米，远远高于其他同类轮式机械每小时30千米的水平；新推出MT875型拖拉机的橡胶履带，宽度已经扩展到了0.9米，拖拉机动力虽然加大，但对地面的接地压力却减少了近50%，有效解决了作业过程中土壤被压实的问题。Agritechnica 2005德国国际农业机械展览会上虽然参展商多达1 500余家，但真正显示实力的还是当今世界农业机械工业约翰·迪尔、凯斯·纽荷兰、爱科集团、克拉斯、道易斯·法尔五大巨头。

电液伺服技术的广泛应用是考察团关注的重点领域。电子技术与液压技术的结合被称为电液伺服技术，用在农业机械上的好处是省力、节能、高效。在Agritechnica 2005德国国际农业机械展览会上，人们所看到展出的各种高端产品几乎都采用了电液伺服控制技术。这项技术的使用使拖拉机动力输出结构实现了高度控制、方向控制、悬挂件控制、翻转控制、位移位置控制和高度伺服控制，较以往的传动系统装置更为灵活方便；同时，电液伺服控制技术使操纵系统的控制实现了轻量化、省力化，它对机械位置、方向和高度的控制主要依靠电液比例控制技术和伺服系统，而不再采用电开关的常规液压控制技术，使控制更为精确有效，过去电液伺服系统一般只是在飞机上使用；其液压采用螺纹插装技术，这种技术导致了轻量化、无泄漏，是近年才使用的高新技术系统。因此，考察团成员们感到最大收获之一是看到了电液伺服控制技术为农业装备制造带来的上升空间，在机械设计理念上受到很大启迪。

智能化技术在先进农业装备中也开始得到实际运用，让考察团成员耳目一新。随着信息化时代的到来，欧美农业机械工业发生巨变的最明显特征就是智能化技术已开始在大型复杂农业机械上得到运用，过去大量需要人工劳动做的事情可由计算机进行辅助处理。集中体现智能化技术应用的装备是各类机械的驾驶室，几大农业机械巨头的产品中，传统的操作手挡已经被各种先进仪表、指示器、监视器、电子按钮和控制板所代替。在维美德、纽荷兰、克拉斯的展区都将驾驶室单独展览，供人们零距离体验驾驶操作。参展商们还将机械的许多部位的盖板揭开，让人们能清楚看到内部构造，每个敞开部位都有智能化的传感器接口，智能化装置已经开始渗透到机械的众多关键部位。考察团成员们为一台蓝色纽荷兰拖拉机所吸引，这台机器在场地中央不间断地向人们展示着卓越的悬浮技术；受坡地限制，在仿形作业时机身可向两侧任意倾斜，但悬浮技术保障了驾驶室始终保持水平位置，不随机身倾斜而倾斜。有的参展机型，配备了有记忆功能和故障诊断功能的装置，前者可以在作业过程中自动记忆行走线路，省去了驾驶员的重复操作；后者则可自动记录使用离合器的次数，判断发生故障的部位，并通过传感器在指示仪表中显示出来。在展出的Laverda M304LS四轮驱动联合收割机的后部，装有一套脱粒损失监测系统，当在潮湿、泥泞田块作业时，逐藁器跑漏了多少稻、麦籽粒都能通过传感器在监视器中反映出来，提醒驾驶人员注意减速、调整间隙，使损失度控制在安全范围内。发动机的技术革命与环境保护息息相关。新一代发动机中普遍应用的高压共轨电喷技术，实际上是对柴油机的智能化控制，这项技术使柴油能够得到最充分燃烧，以符合欧Ⅲ标准，有利于环境保护。同时，不少大功率拖拉机在传动装置上安装了二次调节泵控马达，可以随机调节发动机的转速；而在变速器上使用同步器，可实现无声化和轻量化，机械行驶时控制噪音在76分贝以下，仅次于轿车74分贝的标准。

这届展会还有一个突出特点就是农业机械覆盖面越来越广。除了拖拉机动力机械、联合收割机、青饲收获机、牧草收获机以外，农业生产机械还包括田间作业机械、畜牧机械、种子加工机械、蔬菜生产机械、马铃薯生产机械、果类生产机械、花生生产机械等，再细分蔬菜生产机械又有胡萝卜收获机械、圆白菜收获机械、蕃茄收获机械等，可以说欧洲绝大多数大宗农产品作物种类都有相应的生产机械。

4.在德国实地考察机收甜菜

“中国农业机械化发展战略研究”项目考察团的专家们在欧洲考察期间，专程来到德国西北部城市比勒菲尔德附近参观了一个叫Pfeifer & Langen的甜菜加工厂和观看了收获甜菜的过程。甜菜收获现场里只见1台德国Klein公司生产的大马力甜菜收获机奔腾呼啸、往来驰骋，将地里葱郁的甜菜铲起、输送、装入旁边并行的John Deere拖拉机悬挂车斗中，整个作业环节紧凑流畅。趁作业间隙，汪

2005年11月，考察团在德国比勒菲尔德考察甜菜收获，右一汪懋华院士，左一姚福生院士

懋华与机手和甜菜地的主人用英语进行交流，机手告诉他：购买1台这样的甜菜收获机需要25万欧元，每收获1公顷甜菜收费250欧元，他的任务是按照与Pfeifer & Langen甜菜加工厂之间的协议为农场主收获甜菜，收获过程中会有收割不干净给农户造成损失的情况，但是农户对损失有什么要求是由农户与甜菜加工厂之间协商解决的。这位机手对他使用的甜菜收获机颇感满意，他认为这台机器配置先进，在收割铲的前方有自动对行装置，作业精确度高，同时由于马力大、作业效率高，保证了机收的效益。

汪懋华进一步交谈得知，德国农业装备最大的特点就是实现了成套化，每一个生产环节都有机械。甜菜收获中，除机械收获外，运输也很有特点。运输分两个环节，田里的运输和公路上的运输，过去只有一个环节，拉运甜菜的卡车直接开进田里装载，由于收获时节往往田间雨多潮湿，卡车轮胎上沾带的泥巴常常弄脏公路，引起了公路交通管理部门的不满和居民的抗议。为平息矛盾，机械制造企业研制开发了甜菜传送装置，卡车不再开到地里，由拖拉机负责地里的运输，将收获的甜菜送到地边传送装置旁，通过传送装置的绞龙送入传送带，通过高高扬起的传送带卸到马路上停放的卡车车厢里。此举收到很好的反响，交通管理部门由抗议转为支持，由于甜菜收获的季节性很强，带有抢运性质，因此收获季节来临时，农场主事先通知交通管理部门，警察就会前去封锁收获地附近的道路，以保障甜菜的抢运。

其实，在甜菜的机收过程中，机手们只是配角，真正的主角是Pfeifer & Langen甜菜加工厂。这是一家私人企业，由两个家庭在科隆成立。Pfeifer & Langen甜菜加工厂由于是农产品加工企业，与农民有着紧密合作的关系，但是企业里并没有农民们的股份，企业与农民之间的纽带不是通过金钱，而是通过技术支持和提供服务实现的。2005年 Pfeifer & Langen甜菜加工厂与方圆40千米之内的1 167个农户签订了收购合同，负责收购、加工7 711公顷土地的甜菜，每公顷可以收获67吨。合同中要求甜菜含糖量达到17.5%，并在重量中扣除9%的泥土分量。从9月26日开始收购以来，平均每天要处理7 500吨甜菜。可以说，正是因为有这家企业的存在，才保证了当地甜菜种植户的利益不受损失，实际上是以这家企业为中心形成了一个社会化服务圈。

通过对欧洲农业机械的考察，“中国农业机械化发展战略研究”课题组的专家们对世界先进农业装备的发展态势有了新的了解，考察团从意大利威尼斯前往博洛尼亚参观EIMA国际农业机械展的路上，成员们在飞驰的大巴上，按照中国农业机械工业协会理事长高元恩的建议，召开了一个别开生面的农业机械研讨会，纷纷畅谈各自在德国和意大利考察访问的收获。中国农业机械工业协会理事长

2005年11月考察团在意大利考察著名农机企业——美国爱科集团（Agco）旗下的Laverda公司

高元恩将欧美农业装备发展趋势概括为六个方向：即机械规模在向大型化发展、机械种类在向广度化发展、机械设备在向成套化发展、机械操作在向智能化发展、制造工艺在向汽车化发展、生产企业在向集团化发展。汪懋华在最后的总结发言中谈了三点启发："第一，我国一直重视农业机械动力机械工业的发展，在这方面有着较好的基础，别的生产领域也需要农业机械，对农田作业领域急需的农业机械重视不够，技术与生产能力偏弱，国外农业机械千姿百态，呈现多样化，启发我们要抓创意机械和配套机械的研发生产；第二，国外生产的保护性耕作机具具有多样化、规模化特点，效益较高，而我国的生产厂家多、生产规模小、重复建设多、经济效益差，需要逐步推进产业集聚、实现企业重组，使企业能够在市场中找到自己的机会，发展起自己的品牌；第三，通过参观展览看到了农业机械配件工业的出路，配件生产企业虽然不是大企业，但是只要有科技创新的意识，调整好结构，走专业化的发展道路，一样可以找准自己的位置。"

5.广州研讨会聚合集体智慧

2005年12月18日，中国工程院"中国农业机械化发展战略研究"重大咨询项目课题组在广州召开了年度汇报与工作研讨会，总结立项一年来的工作进展情况。汪懋华与姚福生、蒋亦元、李佩成等几位院士及30多位参与课题研究的专家学者出席了会议，农业部农业机械化管理司司长王智才也莅会听取专家学者们的意见建议。

按照会议安排，18日上午在汪懋华主持下，各课题组负责人相继汇报了7月以后各自开展的调研、研讨活动，介绍了所形成的初步研究报告、文件、资料、纪要等成果，存在的问题和建议，以

2005年12月，“中国农业机械化发展战略研究”项目组在广州召开会议，汪懋华院士与时任农业部农业机械化管理司司长王智才在会上

及到2006年2月底前的工作计划和上半年工作设想等内容。从汇总的情况看，各课题组半年来开展的工作的确卓有成效，除积极开展了各具特色的专项调研活动外，在此基础上确立了一批针对性很强的研究专题，有些已经取得了阶段性成果。如农业机械化组下属的北方组除已搭建起综合报告框架外，还与新疆维吾尔自治区农牧机械化技术推广总站、山东农业大学机械与电子工程学院分别签订了“农业机械化对农民增收贡献”委托调研合同，与山东省农业机械技术推广站、天津市农业机械发展服务中心、内蒙古自治区农业厅农牧业机械化管理局签订了“农业机械动力需求、每千瓦动力作业量及能源消耗”委托专题调研合同。

农业机械化组南方组10月10 ~ 12日在华南农业大学召开了南

方十五省市农业机械化发展战略研讨会，提出了南方农业机械化发展战略总体框架，并且建立了南方各省农业机械化、水稻生产机械化、甘蔗生产机械化、水果生产机械化、蔬菜生产机械化、茶叶生产机械化、油菜生产机械化及丘陵山区农业机械化等8个“发展现状与发展思路”专题研究组。

东北及农垦农业机械化组到12月14日，课题的6个专题初稿已经全部完成，他们分别是《东北地区农业机械社会化服务体系的构建》《农业机械化管理体制及运行机制的研究》《东北地区农业机械化工程技术与机具研究》《环境保护与节约型耕作机械化》《振兴东北老工业基地与农业装备工业发展研究》《全国农垦农业机械化与农业现代化》等。

农业机械化组西北—内蒙古草原牧区畜牧业机械化发展战略研究课题组按照内蒙古草原类型选择了草甸草原为主的呼伦贝尔市、干旱草原为主的锡林郭勒盟、荒漠化草原为主的鄂尔多斯市三种类型进行典型调研，确立了专题报告的编写提纲，主要内容有：我国北方草原及草原畜牧区的区域特点及战略地位，本地区草原畜牧业生产发展现状、发展趋势及基本问题，本地区草原畜牧业机械化发展历史、现状及制约因素，草原畜牧业机械化的战略地位及功能，国外草原牧区机械化的基本经验，我国草原牧区机械化发展过程中的新情况，草原牧区畜牧业机械化的发展战略、目标及发展模式，促进草原牧区畜牧业机械化发展的建议等。

农业装备组5 ~ 11月共开展了10次活动，先后形成了《收获机械发展战略研讨会纪要》《“十一五”期间拖拉机、农用车、农用发动机行业发展规划研讨会纪要》和《农业机械化发展论坛和“十一五”农业机械制造业发展规划研讨会纪要》。12月8 ~ 9日又在北京召开了课题组会议，专项汇报了各课题进展情况，有的专项完成了初稿，有的专项也接近完成。

农业机械化拓展研究组在前期接受任务、组建课题研究小组、

汪懋华院士（左一）、姚福生院士（左二）和中国农业大学白人朴教授（右一）在广州会议上

筹划课题研究大纲、编制总体规划的基础上，设施园艺技术装备、集约化养殖技术装备、农产品加工技术装备、生物质资源利用和新能源开发利用技术装备四个课题研究小组分头开展工作。在规模化养猪的新工艺和配套设备研究开发方面已有比较好的进展，于2005年12月13日完成了“规模化养猪‘舍饲散养’新工艺及其配套设备”成果鉴定会和一篇中国规模化养殖发展战略研究报告论文，取得了一批我国猪、鸡、牛、羊规模化养殖程度的基础数据，为预测我国养殖业对相关设备的市场需求和趋势提供了重要依据。同时，界定了农业机械化拓展领域农产品加工技术装备范畴，收集了许多农产品加工装备相关资料和数据，基本上明晰了农产品加工装备的发展现状。

政策保障课题组确立研究思路：农业机械化的主体是农民，国家对农业机械化政策的制定与实施必须服务农民并依靠农民，因此必须全面对农业机械化的发展状况进行实地调研，了解目前国家在农业机械化发展过程中实施的有关政策和措施，吸取目前国际上部分国家在农业机械化生产过程中的好经验，提出适合于中国国情的农业机械化发展措施和建议。所确立的四个研究方向是：农业机械专业经济合作组织研究、农业机械服务管理体制研究、农业机械化跨区作业问题研究和农业机械化燃油补贴问题研究等。

在广州的研讨会上学者们认为，农业机械化战略研究的重点首先要对中国农业机械化特点开展研究，认清楚中国的农业机械化与国外的农业机械化之间有什么不同。有专家认为，中国农业机械化发展的最大特点就是农业机械化发展的主要力量，或者说主体，不是全体农民，而是农村中的有机户和农业机械合作经营服务组织。由于农村人口众多、耕地资源相对紧缺的限制，即使到2020年，我国农村中的绝大多数农户仍然没有农业机械。这就决定了我国农民在农业机械使用方式上面临三种选择：自买自用、代耕和租用。从当时农村实际看，由于作业面积限制，农业机械的自买自用成本要高于代耕，而租用农业机械还不现实，农业机械租赁市场发育水平远未达到理想的程度。代耕实质上就是实行社会化服务，有机户为农户提供专门的农业机械服务，这种方式虽好但也会出现一系列问题，如农业机械与农艺相分离的问题，农民管种地，机手管服务，农业机械与农艺间常常产生谁服从谁的矛盾，既然农业机械社会化服务是一种好的方式，就必须努力使农业机械与农艺之间达成一种协调与默契。

当时中国农村经济水平还较低，受其限制农民购买农业机械就不能将其仅仅作为一种单一功能的生产工具，而是要将农业机械作为赚钱工具经营它、使用它，由此催生出一支专门从事农业机械经营作业的队伍，也逐渐使农业机械经营形成一个产业。这个产业的劳动成果不是体现在最终产品上，而是通过代耕、代种、代收等社会化服务，单独进行经济核算。专家指出，国外农户经营农业机械的特点是每家每户都有农业机械，而我国的有机户只有10%左右，这为经营农业机械赚钱提供了现实的空间。有机户和机手最关心的是如何利用农业机械来赚钱，既赚农业生产领域的钱，也赚非农领域的钱。赚钱的核心问题是如何提高农业机械的利用率，扩大社会化服务的领域。目前国内市场上好销的农业机械产品都是多功能、多用途、使用时间长的机械。

走农业机械共同利用的道路要加大农业机械化技术推广的力度。我国农业机械技术推广的特点是，推广部门首先要让农民懂得，使用农业机械可以降低成本增加收入，让种植户接受农业机械；同时还要教会有机户学会怎样使用农业机械，怎样通过农业机械作业去赚钱。如果使用农业机械没有产生经济效益，即使是对农户、对农业生产有利的事情，机手也不会接受。在农户与机手都认可和接受农业机械的情况下，农村中形成的是千家万户的有机户为千家万户的农户服务的局面，这种服务是分散的服务，需要进行很好的协调，需要有专门的政府部门来进行管理，这就是为何我国有农业机械化管理部门，而国外许多国家的政府不设农业机械化行政管理部门的原因所在。政府部门一方面通过政策导向，帮助机手提高农业机械的利用率，如近十多年组织进行的跨区机收作业就是成功范例；另一方面，对农业生产中急需，而机手经营又不赚钱的机具，采取特殊性的补贴政策，引导农业机械化发展的结构性调整。要将两个“千家万户”很好协调，就要加强农业机械社会化服务体系的建设。体系建设的两大任务一是规范农业机械服务队伍自己的行为，做到合理收费、遵纪守法、保障安全；二是帮助农户提高农业机械使用率，完善中介服务组织。体系建设的核心内容是提高组织化的程度，而服务组织形成究竟是大户好、作业队好还是合作社好？当前不宜一刀切，允许有生存空间。

农业装备的发展关系到农业机械化发展的水平，是中国工程院“中国农业机械化发展战略研究”重大咨询项目的重头戏之一。农业装备组副组长、中国农业机械工业协会理事长高元恩认为：农业装备研究课题与农业机械化有密不可分的关系，农业机械化是装备工业发展的基础，装备工业是农业机械化水平提高的技术与物质支撑，装备工业如何满足农业机械化的需求是首先要明确的问题。江苏省农业机械学会会长陆为农认为，目前农民、农业生产者对农业机械的需求成千上万，全部满足是不可能的，因此装备工业要突出的战略重点，要关注重点项目即粮食生产和关注重点地区，研制生产出农民最急需的农业机械，要扩大开放，鼓励竞争。从江苏省的实践看，通过与日本、韩国的合资、合作，一是带来了先进的农业机械制造技术，二是对农业增产、农民增收起到拉动作用，三是促进国内农业机械制造业迈上新台阶。扩大开放要将目光投向全世界，将国外适合我们的好东西通过各种方式方法引进来，特别是由于综合工艺技术水平问题，材料问题所限无法解决的难题，更要通过引进、购买的方式予以解决。如洋马半喂入式收割机的发动机，从我国制造技术水平看，五年内国内同类产品难以达到日本产品现有水平，仿制都很难达到技术标准，何况自主研制，所以“借船出海”也是提升我国装备工业水平的一条重要途径。广东省农业机械学会会长奚志伟赞同陆为农的观点，认为装备工业突出重点应有所为、有所不为，改变目前装备工业产品趋同、低端产品市场竞争激烈、农民实际需求满足不了的状况。坚持市场导向的原则，促进装备工业科技进步，将自主创新、吸收引进和品牌战略结合起来。北美华人农业工程学界代表、美国堪萨斯州立大学教授张乃迁建议关注农产品品质检验装备的研发，即可以对粮食等农产品通过传感器检测出成分、是否含虫、含药的专用仪器设备。他认为中国是小麦生产大国，但生产高级面制食品时还需要从美国进口大量优质小麦。原因就是中国缺乏这种检测装备，无法按国际通行标准证明国产小麦是最好的，而美国恰好利用这一点，按不同成分构成将小麦产品分等分级，实现高附加值销售。

汪懋华在听了大家发言后认为，装备工业的发展要解决好四个问题：一是动力输出强、配套能力弱的问题，解决好配套机具研发创新能力提升；二是在装备工业中推进柔性设计、柔性制造，实现制造业的服务化，努力做到产品零库存或少库存；三是促进产业重组，使国内1 700家左右，500万元以上年产值的规模性企业，通过

2005年，汪懋华院士与农业部水稻生产机械化专家组专家陆为农探讨水稻生产全程机械化

重组形成新的产业链；四是在材料与制造工艺中，解决好标准件与基础件产品质量提升的问题。

6. 重大咨询项目圆满收官

2006年7月8～10日，“中国农业机械化发展战略研究”项目组在沈阳召开工作会议，进一步交流和凝练前一阶段的研究成果，讨论完善各课题的研究报告和部署做好定稿工作，以及组织做好项目综合报告的起草工作，研究落实2006年下半年项目总体工作计划。汪懋华在会上强调，各课题组报告已接近成熟，项目组将在今后一段时间内对各课题组报告进行适当完善，并形成最后报告，力争于2007年年初向国务院领导进行汇报。此时，各课题、专题组已经提交了研究报告的征求意见稿，概括分析了有关课题、专题研究对象对各地区农村经济和社会发展中所占的历史地位，基本明确了农业机械化事业对我国解决“三农”问题和建设社会主义新农村所起的重要作用，分析了农业机械化发展中面临的问题，研究提出了发展的战略目标和战略重点，探讨了发展的保障措施和为促进发展的重大对策和政策建议。“中国农业机械化发展战略研究”项目组组长、中国工程院副院长沈国舫院士在会上进一步强调了这一重大咨询项目的重要意义，指出项目成果很有可能会对国家发展农业机械化事业的决策产生重大影响。这次在沈阳召开的工作会议，为项目的圆满收官做了铺垫。

此前，各课题组、各专题组都在各自研究范围内展开大量卓有成效的工作，到2006年年初共召开座谈会、研讨会20余次，大型调研活动17次，涉及30多个省、市、自治区。

其中，农业装备课题组到山东省临沂市调查了植保机械发展情况，同时召开拖拉机生产企业座谈会，共有27家企业出席，集中探讨了制约我国拖拉机制造业发展的瓶颈因素，并提出相应的政策建议；在黑龙江省调查了国营农场系统对农业装备的需求；在广西壮族自治区南宁市组织召开收获机械发展战略研讨会等。

拓展研究课题组组织了“中国温室2005欧洲之旅”，中国温室2005年会；对上海、山东、广东等省市的花卉和蔬菜的设施生产状况、出口情况进行了调研；对德国的畜牧业发展现状和发展趋势进行了较深入的考察；前往美国考察美国农产品加工技术及装备；参加了在新疆召开的中国科学技术协会年会、北京中美农产品加工高层论坛等。

政策、科技与人才保障课题组召开了课题组成员研究研讨会，确定了研究思路和需要研究的四个问题及研究方向，到东北三省进行调研；参加南方15个省市农业机械化组召开的农业机械化发展战略研讨会；参加北方12个省市农业机械化组研讨会等；并且派出了5个研究生调查小组分别对山东、江苏、湖南、安徽、陕西、山西、河北、甘肃等省的农业机械化部门、20多个农业机械大户、农业机械专业经济合作组织进行了调研。

项目综合工作组明确了分工责任，积极配合开展项目综合协调和联络工作；编辑了每次重要活动文件汇集，出版了数期项目组的工作简报。

2006年全年，项目组组织的各项考察、调研、研讨活动更是进入高潮，影响比较大的活动有：与联合国亚洲及太平洋经济社会委员会农业工程与机械中心联合组织召开了欠发达地区促进农业机械化和农业机械工业发展战略论坛，邀请有关院士及其团队骨干和沿长江流域有关省市专家参加油菜机械化发展研讨会，组织部分院士和专家到江苏进行水稻生产机械化和装备工业考察，亚太农业工程与机械中心在韩国首尔召开技术委员会（TC）和管理委员会（GC）会议前，组织参观了韩国农业机械博览会与韩国农业机械工业及农业机械化服务组织的考察交流。

如此千头万绪的工作，考验着汪懋华的毅力和智力，他要从各课题组、专题组提交的海量信息中捕捉到最有价值、最重要的信息，以便给各课题组提供及时有效的指导。大家公认他在主持项目的过

2006年12月26日，课题组召开总结会，沈国舫院士（左二）、曾德超院士（右二）、蒋亦元院士（左一）、汪懋华院士（左三）出席

程中有两个特点很明显：第一，遇到任何问题都不一个人说了算，一定要让大家放开讨论，引导每个人都把意见充分表达出来，所以跟汪懋华在一起开会，大家都会感到心情舒畅，不会觉得压抑，大家彼此启发，气氛非常和谐；第二，项目组凡是做汇报，不管是对上级领导还是对课题组全体成员，汪懋华都是亲自汇报，展示的幻灯片他坚持自己做，每个字、每张图片都是他自己写进去、贴上去的，不会让助手代劳，作风之谦逊和严谨由此可见一斑。

“中国农业机械化发展战略研究”重大咨询项目在全国农业机械界300多位专家学者共同努力下，终于按时完成。并于2007年10月26日，与中国工程院“中国区域农业资源合理配置、环境综合治理和农业区域协调发展战略研究”课题组一道到中南海向当时主管农业工作的国务院副总理回良玉和有关部委主管领导进行了汇报，回良玉副总理在讲话中对两项战略研究课题给予了高度评价，他说：“在研究过程中，各位专家以高度的责任感和强烈的事业心，深入农村获取第一手资料，广泛听取各方面的意见，反复进行研究探讨，这种科学严谨、精益求精的态度，与时俱进、求真务实的精神，令人敬佩、值得倡导。”汇报结束后，汪懋华又组织有关人员将报告整理成书，共计约190万字，分成5卷集，于2008年12月由中国农业出版社出版。

2008年12月，正式出版的《中国农业机械化发展战略研究》成果报告分五卷约190万字

7. 创建“现代精细农业系统集成研究”教育部重点实验室

1995年，根据《中国教育改革和发展纲要》的有关精神，经农业部和国家教育委员会的批准，西边的北京农业大学和东边的北京农业工程大学合并成立了中国农业大学。1998年年初，教育部给中国农业大学发来通知，内容是教育部要增设一批重点实验室，给了中国农业大学两个指标，要求学校赶紧申报。1998年6月的一天上午，汪懋华正在科学技术部参加一个会议的时候，突然接到当时东校区科研处处长韩鲁佳教授打来的电话，韩鲁佳说：“汪院士，请您

2012年11月，汪懋华院士、韩鲁佳教授（左一）与专程前来参加国际论坛的台湾国立中兴大学万一怒教授合影

赶紧回学校来，有急事找您商量，务必吃午饭前就赶回学校！”汪懋华有些不解，什么事情这么火急火燎？他告诉韩鲁佳说正在科学技术部开会。韩鲁佳告诉他，上午接到教育部科技司的电话，希望这次教育部增设一批新的重点实验室，东校区能够申报一个，并且要求当天下午就把实验室的名称和主任人选报上去。汪懋华一听，这是个大事情，连忙向会议主持人告了假，匆忙赶回了学校。

回到学校是上午11点多钟，韩鲁佳处长已经把几个与申报重点实验室有关的学院院长们都召集起来了，大家说这事儿非得院士牵头不行，一致推荐汪懋华做实验室的主任。接下去是讨论实验室叫什么名字，大家让汪懋华拿主意，他也没有推辞，当即发表了非常明确的意见：好不容易有这么一个指标，我们一定要把学校的资源整合起来，要把各个专业的力量集中起来，经过讨论，定名为“现代精细农业系统集成研究”教育部重点实验室。系统集成，可以以农业工程一级学科为依托，凝练现代精细农业系统中的现代农业装备、智能信息感知、设施环境调控、生物质资源化利用、管理决策支持等五个创新研究方向。这个重点实验室应以学校国家级农业工程一级学科为基础，包括工学院、信息与电气工程学院、水利与土木建筑工程学院相关学科团队联合共建的部级重点实验室，由3个院的领导和学术骨干们共同组织申报，后来就按照这个名字报了上去。教育部审议时，有人提出：“汪懋华已经快70岁了，再当重点实验室主任不太合适，请学校再商量一下。”见状，汪懋华立即提出那就请韩鲁佳教授当重点实验室主任。教育部回复说：“这样可以，让韩鲁佳当重点实验室主任，汪懋华当学术委员会主任。”随后，汪懋华从农业工程学科已有条件、优势方向、建设目标、发展思路、研究方向设置、人员队伍配备等诸方面对韩鲁佳一一进行指导。

申报重点实验室，还要到评审会去做答辩，这个答辩的展示幻灯片是汪懋华亲自做的。这年9月，在西郊宾馆，专家组审议了教育部农学领域的重点实验室，汪懋华代表东校区去做了答辩报告。

专家组里有一些是中国工程院的院士，汪懋华与他们很熟悉，他们也了解汪懋华团队的科研教学情况和所取得的成果。汪懋华做完报告后，几位院士都说报告做得很好，给了很高的评价。评审的结果是教育部批准了中国农业大学建设两个重点实验室，西校区一个，东校区一个。

韩鲁佳教授是第一任“现代精细农业系统集成研究”教育部重点实验室主任，汪懋华是第一任的重点实验室学术委员会主任。从第一任开始的实验室主任和实验室学术委员会主任都是由教育部发红头文件任命的。“现代精细农业系统集成研究”教育部重点实验室建设初期，由于其跨学院性质，在办公场地、建设资金等多个方面都面临困难。汪懋华又多次直面时任校主要领导陈述意见，提请学校重视和支持。最终，在当时学校及各学院办学条件均十分紧张的情况下，由学校出面多次协调多家单位支持，为该重点实验室在计算机网络中心三层安了家，有了1 000多平方米的面积，并提供资金修缮一新。场地和经费的保障为实验室的建设与发展奠定了良好的基础。

2010年10月，“现代精细农业系统集成研究”教育部重点实验室接受了教育部组织的第二次评估

在“现代精细农业系统集成研究”教育部重点实验室建设期间，作为学术委员会主任，汪懋华尽显学者风范，指导和推动了重点实验室建设各项事业的发展，特别是围绕既定目标和定位，立足学科最前沿，按照“开放、流动、联合、竞争”的运行机制，聘请了一批国内外相关领域知名专家担任实验室客座教授，深度开展国内外学术交流，营造了非常好的学术氛围，同时显著提高了实验室的影响力和知名度。他本人也从不错过实验室任何学术交流的机会，每逢学术报告会或专家来访交流，不仅全程参与和认真倾听，还经常提出针对性的问题和建议，每年在国内外作学术报告十余场。“请进来，走出去”，实验室发展至今，一直是学校学术交流最活跃的科研基地之一。重点实验室实行开放机制，谁愿意加盟一起从事研究，他们都一律欢迎，大家共同利用实验室的资源，实验室争取到的科研课题加盟者也可以分享。

2010年11月19日，汪懋华为国家农业信息化工程技术研究中心主任赵春江研究员颁发“现代精细农业系统集成研究”教育部重点实验室学术委员会委员聘书

8. 申请农业部农业信息获取技术重点实验室

早在1996年，汪懋华的团队就申请建立了一个农业电气化与自动化重点实验室，这是农业部的重点开放实验室。到2011年冬，农业部启动了“十二五”学科群重点实验室建设项目。将以前重点开放实验室的学科体系改为“重点学科群”体系。此前，农业部建设了很多重点实验室，随着科学技术进步和科技体制的改革，感到具体去管理一个个重点开放实验室，不符合科技发展的潮流了。于是成立了30多个重点学科群，各学科群里有1 ~ 2个综合性重点实验室、若干专业性重点实验室和设于各地区的实验站等。

其中，农业信息技术学科群，分别在北京市农林科学院国家农业信息化工程研究中心和中国农业科学院资源与区划研究所分设了两个农业信息技术综合性重点实验室；在中国农业大学信息与电气工程学院和中国农业科学院农业信息技术研究所分设了两个农业信息技术专业性重点实验室。在中国农业大学建设的农业信息技术专业性重点实验室名称叫农业部农业信息获取技术重点实验室，汪懋华被农业部任命为该实验室主任，同时被任命为农业信息技术学科群和其他三个重点实验室的学术委员会主任。

汪懋华学术团队的科学研究主要围绕着精细农业来做，教育部和农业部的两个重点实验室都是为精细农业研究服务的，围绕信息获取技术，汪懋华的学术团队做了很多工作。信息获取的概念通俗易懂，比如说土壤是否被污染了，农田土壤含水量、坚实度和主要肥力的空间分布差异性信息快速检测。这主要是以各种传感器为载体，传感器获得信息的传输、处理技术都叫信息获取技术。建立信息获取系统的目的可以用在科学研究上，但最终目的是为农业生产管理者服务，也为新型职业农民所用。未来的模式是农业田间管理是以数据为基础，如果再加上一个专家系统，就可以告诉农民如何去进行田间管理，如需不需要浇水、需不需要施肥，什么时候插秧，什么时候收获为好等，生产过程更加精细化。

除农业部“农业信息获取技术”重点实验室外，汪懋华还参与了农业部设施农业学科群建设工作。设施农业学科群的中心实验室设在中国农业大学水利与土木工程学院，主任是李保明教授，汪懋华担任设施农业中心实验室的学术委员会主任，帮助他们在学术方向上把关。设施农业分工比较细，分成几个方向，农业部规划设计研究院有一个方向，设有专业实验室；中国农业大学也有一个方向。设施农业包括的领域比较多，涉及园艺作物种植、禽畜健康养殖、温室畜舍工程设施等。汪懋华的责任是帮助他们进行科研规划、课题设置、凝练创新研究方向等，这些事情按照农业部规定必须经过学术委员会讨论之后才能确定下来；有关学术的政策、决策皆需要学术委员会主任的签字方可。

教育部和农业部在重点实验室设置、管理的方式上是有区别的，现代精细农业系统集成研究教育部重点研究室是教育部系统的，不分中心研究室和专业研究室，教育部系统一个实验室就是一个实验室；农业部系统是按照学科群划分的，分综合性重点实验室、专业性重点实验室、区域性实验站等。

第十章

培育英才 桃李天下

1. 第一个硕士研究生的故事

在校园里，汪懋华既是一位颇有威望的学科带头人，又是教学科研工作的普通一兵。虽然在学术领域身兼数职，社会工作任务繁重，还要参加各种国际交流活动，但他始终没有忘记自己是一名教师，始终把为国家培育农业工程专业人才当作不可推卸的使命。在学生面前，这位院士，就像辛勤的园丁，精心培育，润物无声。

1978年，在北京农业机械化学院农业电气化系任教的汪懋华，评上了副教授，也从此具备了招收硕士研究生的资格。不过，直到1983年，他才招收了自己的第一个硕士研究生孙宇瑞。

孙宇瑞本科就读于成都电子工程学院电子学专业，1982年毕业后，分配在北京酒仙桥电子研究所下属的一个工厂做技术工作。工作一段时间后，他报考了北京农业机械化学院农业电气化专业的硕士研究生。由于笔试成绩优异，他在1983年5月中旬接到了北京农业机械化学院研究生办公室发来的通知，约他来校面试。当时孙宇瑞虽然报考的是农业电气化专业，但并不知道未来的导师是谁，也不知将来的科研环境和研究方向是怎样的，对于农业工程、农业电气化等学科专业的理解也非常模糊。就是在这种懵懵懂懂的状态下，孙宇瑞来到北京农业机械化学院参加面试。农业电气化系杨存葆主任首先接待了他，并和孟海强老师分别对他进行了书面考试。随后在杨存葆主任的引荐下孙宇瑞第一次见到了导师汪懋华。

30年过去了，孙宇瑞至今仍然清晰地记得初见导师的情形：老师穿着一件已经洗得发白的兰卡叽布中山服，谈话和蔼，入题直接，很快打消了孙宇瑞的紧张感。汪懋华先是询问了孙宇瑞的个人学习工作经历以及关于运算放大器和Z80微处理器的专业问题之后，马上直截了当地问："跟着我，需要长期深入农村艰苦环境做科研，你做好思想准备了吗？"当孙宇瑞做出了肯定的答复后，汪懋华很高兴，亲自带着他参观农业电气化与自动化实验室，详细介绍了系里每位老师具体从事的科研工作。谈话中，孙宇瑞提及自己所在的工厂可以生产非标准的高精度低温度系数的金属膜电阻，汪懋华当即写了一张规格清单委托他购买。孙宇瑞回去照办，将金属膜电阻寄给了他，没想到汪懋华居然迅速发来回信，在信中，他语重心长地说："我希望你十分珍惜新的学习机会，增长才干，为我国农业工程科学的现代化贡献自己的力量。"并叮嘱孙宇瑞，"在工厂坚持站好最后一班岗，做好思想准备，因为入学后的学习是相当艰苦和紧张的，需要富有一股奋斗不息的精神"。这封信，如同一盏明灯，照亮了孙宇瑞的学习道路。孙宇瑞将这封信珍藏至今，时刻鞭策自己跟随汪懋华从事科研工作。

入学后，在汪懋华的指导下，孙宇瑞明确了自己的研究方向——电子技术在农业领域应用研究。他发奋学习，于1986年夏天获得工学硕士学位。由于表现出色，他被留校任教，同时以禽蛋孵化器自动控制作为主攻方向继续开展科研工作。20世纪80年代后期，中国开始出现到西方国家当访问学者的情况，这是非常令人羡慕的一件事。汪懋华认为农业工程学科起源于西方，不论是在理论体系还是社会实践方面西方都较为完善，如果想在这一领域深耕下去，很有必要到西方去开展系统的学习和考察。基于此，1990年，汪懋华凭借自己在国际学术界的影响力，推荐孙宇瑞申请到德国凯撒斯劳腾大学去当访问学者。孙宇瑞在德国的导师是专门研究应用数学的权威，孙宇瑞跟着他，应用数学的水平迅速提高，并继而获得了应用数学专业的硕士学位，这也是孙宇瑞的第二个硕士学位，他的德语水平也得到了实质性的提升。

1991—1992年，汪懋华在泰国亚洲理工学院任教，虽然工作异常繁重，但他仍然时刻牵挂着远在德国的孙宇瑞，一直和他保持着密切联系。两年下来，他给同样远在异国他乡的孙宇瑞从学习到生活、从思想到情感、从学科宏观发展到个人点滴小节，无不关心备至。1995年，孙宇瑞从德国凯撒斯劳腾大学数学系毕业，留在一家德国公司工作，9月的一天他下班回到家忽然看到传真机上吐出一页熟悉的笔迹，原来是汪懋华来到德国斯图加特市的霍恩海姆大学参加并主持国际农业工程协会农村电气化与能源分会学术年会，这是他写好后委托一位留学生发来的。恩师的到来让孙宇瑞激动不已，他当即启程赶到斯图加特，把导师接到自己生活的城市。那天在火车上，师生二人亲密畅谈，孙宇瑞暗下决心一定要回国跟随老师继续工作。一年之后，他又回到了汪懋华的身边，从此一直陪伴汪懋华在现代精细农业系统集成研究教育部重点实验室工作。

1999年，汪懋华院士与孙宇瑞在美国考察时合影

2003年，由国家留学基金委员会（CSC）和德意志学术交流中心（DAAD）联合资助，汪懋华领衔的“现代精细农业系统集成研究”教育部重点实验室和德国波恩大学联合承担了一个国际科技合作交流项目，叫做“精细农业中的先进传感技术研究”。当时波恩大学农业工程研究所所长曾在国际农业工程协会（CIGR）担任过两届秘书长，为期8年，因而与汪懋华有来往。波恩大学的农业工程研究所相当于我国农业高等院校中的农业工程系，负责培养硕士研究生，项目期间，双方合作开展人才培养，2003年中国农业大学派出了第一批教师和研究生，2004年又派出了第二批到波恩大学参加合

作项目研究。汪懋华作为项目主持人，可以每年到德国去做一个月的访问研究，另外还可以派3名教师或研究生到德国波恩大学参加合作研究3个月。考虑到孙宇瑞会讲德语，又有在德国学习工作的经历，汪懋华便安排他负责和德方开展沟通对接，一直持续到现在。

“精细农业中的先进传感技术研究”项目取得了实实在在的研究成果，在国际上也产生了较大影响。合作中，汪懋华发现，德国工业之所以发达，主要是因为他们的工匠水平很高，合作研究中，你只要告诉实验室技师想要什么东西和提供设计图，德国工匠就能给你做出来，而且做的工艺很好、很精致，从工艺设计到施工，都是由工匠来完成，这是德国制造业的一大特点。汪懋华于是提出，希望能邀请德国的工匠到学校访问交流，帮助实验室培养一些技能型人才。他认为，我国工业化进程中出现的问题，很大程度上是因为熟练的技工人才匮乏和技术水平不高造成的，眼下社会上广为关注的“用工荒”其实是一种“技工荒”，人才结构分布不合理，我国缺少的不是劳动力，而是缺乏具有更大数量的专业技能型人才。

2. 第一个博士研究生的故事

1990年，汪懋华通过了国务院学位委员会的审批，获得我国第一个农业电气化与自动化学科博士学位授权点博士生导师的资格。不过这一年，他正准备启程赴泰国，前往亚洲理工学院任教，暂时无法在国内招收博士研究生。1992年，考虑到汪懋华即将完成国外教学任务返回国内，北京农业工程大学就安排汪懋华招收了一个博士生，他的名字叫刘禾，也是汪懋华招收的第一个博士研究生。

刘禾本科毕业于无锡轻工学院自动化系，1987年考入北京农业工程大学硕士研究生。当年北京农业工程大学电子电力工程系有农业电气化和农业电子技术与自动化两个硕士学位授权专业，共招10名硕士研究生。

1996年，汪懋华院士与刘禾在博士学位授予仪式上合影

刘禾上硕士研究生时，正值学校回迁不久，校园许多地方还被外单位占据，办学条件简陋，百业待兴。汪懋华时任学校副校长，行政工作繁忙，即使如此，他仍让刘禾定期做学习和工作汇报。当时教研室在代理一个企业的单片机开发装置和产品，汪懋华鼓励刘禾借此机会自学单片机，进一步巩固了刘禾的计算机知识，后来刘禾的硕士论文就是以单片机控制为主题。汪懋华还时常提醒刘禾要多参与各类学术交流活动，在培养方案制定、课程选修和论文选题等方面，更是事无巨细地给予认真指导，为刘禾的学业进步打下了坚实的基础。

20世纪80年代，北京农业工程大学针对自动化专业研究生可开出的课程并不多，主要课程只有数字信号处理和线性系统理论两门。汪懋华怕学生基础课学得不扎实，又特别安排刘禾去清华大学听课，以便掌握最新的专业理论与方法，了解学科发展动态。在清华大学，刘禾先后选修了过程辨识、自适应控制、最优控制和计算机软件技术基础等多门研究生课程，这些课程奠定和夯实了他的专业理论基础知识，受用至今。

1989年年初，汪懋华派刘禾去交通部船舶运输科学研究所实习，这个研究所是中国著名的舰船自动化和智能交通系统集成研发制造基地。在这里，刘禾参与编写了大庆油轮控制软件的汇编程序，并完成了研究生论文选题工作。遗憾的是后来，由于春夏之交政治风波的发生不得不中断，但是刘禾回校后的研究生论文依然沿袭了原来选题，即电阻炉自适应控制。

硕士研究生毕业后，刘禾被分配到地矿部无锡石油地质实验中心工作，1991年学校研究生部的随荣珍老师到无锡调研，给刘禾带来了农业电气化与自动化博士点已经获批，并准备招生的好消息。1992年，北京农业工程大学各专业共招收了11名博士生，刘禾即是其中之一。入学时，汪懋华还在泰国亚洲理工学院执教，因而刘禾博士入学的面试未能参加。1993年汪懋华回国，开始正式对刘禾开展博士研究生的培养。

刘禾在硕士学习阶段，还参与了与中国农业科学院气象研究所合作的“反刍动物甲烷排量自动检测系统”的科研项目，汪懋华和王一鸣两位老师是学校里的项目负责人，由刘禾带领3名本科生，以毕业设计方式进行科研。项目研究期间，两位老师不辞辛劳多次亲临现场进行技术指导，经过半年努力，终于完成了项目合同任务。

汪懋华的研究兴趣广泛，科研方向不仅仅局限于农业工程学科领域，作为他的学生，受其影响和带动，刘禾也对多个学科有所涉猎。1994年，汪懋华带领刘禾等学生进行亚运村东洋电梯技术改造项目，其中刘禾与同学陈顺三负责轿厢门机利用程序逻辑控制器（PLC）的技术改造。前期，项目组做了大量扎实的基础调研工作，当时正值北京最冷的严冬季节，为了调查清楚电梯结构与控制问题，汪懋华不顾年过六旬的高龄，带领学生一起爬上爬下，甚至爬到楼顶控制间进行观察。楼顶控制间没有暖气，又是在高楼顶部，密封不严，冷风嗖嗖地往里灌，冻得人直发抖，包括刘禾在内的几个年轻人都觉得受不了，恨不能赶紧完事走人。但汪懋华却一丝不苟地坚持做完实地调研。当时的场景，让刘禾事后每每想起都深受震动。

汪懋华的行为在潜移默化中，塑造了刘禾的学术品行。2001年同样是一个严冬，刘禾在电厂对锅炉进行设备安装，冷风呼啸，但他没有退缩，一直趴在户外地上与有关人员一起安装调试，电厂人员看到刘禾这样认真负责，数年后专门为他设立了科技项目。“这股子精神，我是从汪老师身上继承下来的”，刘禾这样说。

汪懋华不但在科研工作中给学生树立了好榜样，在生活上对学生同样关心备至。博士点刚建立时，系里给了一间博士生工作室，汪懋华让刘禾购买了一些办公桌和书柜，同时把自己办公室的钥匙也交给学生，让他们可以随时进去查找资料、使用计算机和讨论问题。细心的汪懋华还特地准备了茶叶、点心放在办公室，供学生享用。轿厢门机改造工作开展到后期，刘禾和陈顺三进入了紧张的博士论文撰写期，项目工作便移交给了同学杨世凤。但汪懋华考虑到刘禾是个经济条件比较困难的学生，经济压力很大，而且前期为项目推进做了许多扎实有效的工作，每月依然给刘禾发放项目补贴，一直到刘禾博士毕业，解决了他的后顾之忧。

刘禾的博士论文，也耗费了汪懋华许多心血，甚至为其申报过联合国的项目，后来经过综合考虑他为刘禾选择了图像处理技术研究作为论文主题。

1994年，学校还没有网络，所有图像处理软件均需自己从头编写。当时的教学条件也有限，计算机等硬件设备跟不上科研工作的需要。特别是图像处理技术研究，没有先进的电脑设备很难推进。汪懋华鼓励刘禾不要放弃，并和刘禾共同面对问题、寻求解决难题的方法。师生合力，在一台内存只有640K、只安装了DOS系统的386计算机上完成了大多数的图像处理研究工作，难度可想而知。可是多年后回过头来，刘禾却不得不佩服汪懋华的高瞻远瞩、高屋建瓴，正是他开辟了数字图像处理在我国农业工程领域应用的先河，在这一研究领域汪懋华带领包括刘禾在内的学生们开展了各类研究，对推动高科技在农业工程中的应用起到了关键的引领示范作用。

汪懋华非常重视科学研究与实际应用的结合，强调研究要有的放矢，杜绝空洞。并在研究过程中给学生们创造了宽松自由的科研环境。当时学校培养博士生只要求公开发表1 ~ 2篇论文即可，不像现在这样必须发表多少篇SCI文章才能毕业。作为导师，汪懋华从不催促学生发表论文，但是一旦要发，其要求是非常严格的，要反复修改好多次，并告知学生一篇论文写好后要放一段时间，之后再看、再修改，这样才能精益求新。在汪懋华的指导下，学生们先后发表了多篇有影响力和含金量高的论文。

汪懋华严谨认真的做事态度，也在时时影响着他的学生们，在刘禾攻读博士学位期间，汪懋华给研究生开设了计算机课程，当时汪懋华刚拔了前门牙，说话费劲、漏风，但他依然一节不落地给学生讲课，并亲自跟刘禾、陈顺三两位博士研究生一起利用晚上时间给系里的计算机房安装好实验软件，让学生们可以用计算机做实验。1994年，汪懋华带着刘禾去山东理工学院开展项目鉴定时，他的腰病犯了，以至于会议开到一半时不得不到校医院去看病，可是看完病后他马上又回到会场，坚持把鉴定工作做完；会后，还坚持给该学院老师做了一场学术报告。

汪懋华还非常注重培养学生对学科发展方向的把握能力，每次研究讨论或论文阶段汇报他只强调重点，对一些技术细节放手让学生自己去掌握，就是现在所说的“抓大放小”，这对培养学生的独立科学研究能力非常有效。

最难得的是，汪懋华虽然荣誉在身、资历深厚，但他对学生却像春天一般温暖，学生们都说：“汪老师待人和蔼可亲，没有任何架子，有超常的亲和力，我们可以放开来跟他讨论任何问题。与汪老师一起，就能感受到大学者的高度、风范与气度。”

2012年，在汪懋华年届80岁的时候，中国农业大学信息与电气工程学院院长杨仁刚教授用一首诗，为人们清晰勾勒出了汪懋华的教师形象。

汪懋华院士在1996届研究生毕业典礼上代表指导教师发言

从教六十载，
传道授业解惑，
红烛园丁，
学生良师益友。
重教育辛勤耕耘，
育英才诲而不倦。
攀高峰，言传身教，
其身正，不令而行，
喜得桃李芬芳满天下，
乐见青出于蓝胜于蓝。
亲眼见，
简陋平房实验室内，
为攻克技术难题，
灯光常彻夜明亮，

实验现场亲力亲为，
带领团队不断攻坚。
对待科学态度严谨，
仰之弥高，钻之弥坚，
锲而不舍，金石可镂，
成就一代科学大师。
精神充沛，
志在千里，
常年活跃学术讲坛。
新观念新前沿，
提纲携领，
高屋建瓴，
铿锵有力，掷地有声，
吸引国内外学术界同行赞许目光。
承前启后，继往开来，
占领制高点，
科学发展，创新驱动，
开创农业工程学科新局面。
心系“三农”事业，
力行解民生多艰，
推动现代农业工程化进程，
精耕细作，破解农业发展关键。
睿智过人，
孜孜不倦，
与时俱进不断书写新篇章，
展现一代大师风范。
他是我们做学问的楷模，
他是我们做人做事永远学习的榜样。

3. 情系晚生

“现代精细农业系统集成研究”教育部重点实验室主任李民赞教授是汪懋华的主要助手。汪懋华在与他的交往过程中，充满着一个长者的爱心。李民赞1996年离开北京农业工程大学的教职赴日本读书，那个时期汪懋华正根据现代科学技术的发展趋势，密切关注现代农业前沿技术，认识到精细农业将是保证农业可持续发展的主要技术支撑，并从20世纪90年代初中期起，在我国率先引进、介绍并实践精细农业技术体系，成为我国精细农业技术的奠基人和开拓者。李民赞在日本留学时的导师 Sakae Shibusawa 教授由于参加了1999年在北京召开的由汪懋华主持的国际农业工程学术会议（99' ICAE）,在会上与汪懋华有所交流，使他得知李民赞正在日本从事农田土壤的光谱学检测技术相关研究，会后便主动给李民赞发了邮件，第一次就表示了欢迎他毕业后能回到母校“现代精细农业系统集成研究”教育部重点实验室工作的意思。置身海外收到院士的亲笔信件让李民赞激动万分，当即下定决心，一定要回到汪懋华的身边，在大师指导下，从事自己喜欢的工作。从此他便和汪懋华保持经常的联系，及时把在日本收集到的精细农业最新进展信息资料发给汪懋华。2000年李民赞博士毕业之后，恰好有个机会可以到日本国立农业生物资源研究所做博士后研究，他本人也很渴望能有在日本正规研究机构做研究工作的机会，但由于出国时间过长，如不按时回国，将会失去学校保留的职位。李民赞还是个思想比较传统的学者，总觉得回国工作才算有根，因此当时很彷徨。苦闷中就与汪懋华商量能否推迟一些时间回国，汪懋华慨然应允，并告诉他不管何时回来，都欢迎来重点实验室工作。汪懋华的回信，更坚定了李

李民赞教授（右）与鲁诺夫院士

民赞回国工作的信念。博士后期间除了继续保持联络之外，汪懋华更多的是关心李民赞回国后的研究方向，还让自己的学生张漫博士给李民赞寄去国内申请课题的指南，让他及早做好回国后工作的准备。那时电子邮件不像现在这么方便，在国外还不能阅读中文也不能发附件很大的邮件，汪懋华指示张漫博士把指南扫描成图片文件，一页一页向他发送。当李民赞确定2001年3月30日回国后，汪懋华又及早为他的生活安排跑前跑后。由于李民赞毕业后延期回国，公职已不再保留，汪懋华于是为他办理了人才引进手续，并按照人才引进原则，在学校新建的小区里为他申请了一套三室的住房。回国的当天，汪懋华设家宴为李民赞全家接风，当得知他的孩子尚小，在学校临时安排的家属宿舍里洗澡不方便的时候，就从家里拿来了一个大号澡盆帮助他解燃眉之急，汪懋华还特别风趣地介绍这个澡盆是他的孩子小时用过的，跟着他一家到过重庆、邢台等地，是个传家宝。汪懋华说着轻松，在李民赞听来却似火一样炽热、山一般沉重。回国十多年来李民赞有过挫折、走过弯路，但都没有动摇过他跟着汪懋华院士解民生多艰、育天下英才的信念。

曾任东北农业大学工程学院院长的蒋恩臣教授，20世纪90年代中期正师从中国工程院院士蒋亦元教授攻读博士学位。1996年他博士即将毕业，要进行论文答辩时，惊喜地获悉他的答辩评委会主席是汪懋华院士，他在激动之余，还有几分紧张，毕竟汪院士是学术界知识渊博、建树颇多、令人仰止的泰斗级人物。但当他在答辩现

1996年，汪懋华（右六）出任东北农业大学博士研究生蒋恩臣（左五）的论文答辩委员会主席，左四为蒋亦元教授

场阐述完论文的主要研究内容时，他的一切顾虑都烟消云散，原因是汪懋华当时在现场竟然亲切地称呼蒋恩臣为“蒋老师”，这对于一位晚辈学者而言真是莫大的荣幸，况且又是在这样一种特殊的场合！答辩过程中，汪懋华对蒋恩臣的博士论文非常赞赏，论文评语写得十分中肯，对他的学术观点青睐有加，这使得那天的答辩气氛非常和谐融洽。博士论文答辩顺利通过后，蒋恩臣整个人还有一种迷迷糊糊的感觉，不知道那一天是怎么度过的。后来，他的博士论文被评选为中国首届百篇优秀博士论文。参加完蒋恩臣的博士论文答辩后，汪懋华紧接着又参加了东北农业大学申请211工程建设评审论证会议。在会议上，当谈到农业工程学科发展的时候，他说，东北农大的农业机械学科“后继有人”，这是个“新苗子”！汪懋华所说的“新苗子”便是蒋恩臣，那时他刚把工作关系转入东北农业大学，只是一位“后生”。从蒋恩臣身上，汪懋华惜才、爱才的情怀表现得淋漓尽致。之后汪懋华还注意到东北农业大学工程学院领导即将换届，主

动向刘校长建议可以考虑提拔年轻博士蒋恩臣为工程学院副院长。

汪懋华的学术助手之一张淼博士2004年被录取到汪懋华门下攻读硕士学位，2006年起又在汪懋华门下继续读博士学位，毕业后留校任教，成为汪懋华学术团队的一员。2007年国家留学基金委启动“建设高水平大学”项目，主要面向211重点大学的优秀研究生提供全额中长期国际联合培养资助。申请之初，身边很多老师都不愿意放手让正在承担课题任务的博士生参加，怕影响到课题任务的完成。张淼是怀着忐忑的心情向汪懋华汇报了这项资助政策，谁料他听到后，竟然比张淼还激动。“我觉着年轻人有机会出国，去多了解外部世界，开拓自己的视野是很好的。去了解丰富多彩的世界和国外的生活、文化，也是很好的，我很支持我的学生有机会走出去学习或看一看”，汪懋华说。随后，他亲自帮助张淼联系落实国外的导师、学校，与外方导师 Simon S. Ang 教授沟通具体的合作研究方向，落实在国外的宿舍等大小事情。在汪懋华的协调帮助下，张淼的出国手续办理得非常顺利，她是第一批获得该项目资助去美国阿肯色大学农业生物系统工程系交换学习的学生。临上飞机前，她去老师家拜别，老师拿出了已经替她准备好的送给国外导师的礼物，并装好一小袋美元硬币以备在旅途上零用，并叮嘱她好多国外生活的礼节和注意事项。此时的张淼非常感动，眼泪在眼眶里打转，暗暗告诉自己一定要在外争气，学好真本领，不能给导师丢脸。在国外学习期间，张淼平日紧凑的学习和实验让日子过得很充实，但每到休息时间特别是节假日也会有些寂寞、有点想家。每逢周末汪懋华都会用skype打来越洋电话，嘘寒问暖，询问课题进展，帮她分析遇到的困难，指点她该如何面对，还给她讲国内实验室的工作情况，每次通话结束后，她总是感到特别温暖，浑身充满干劲和正能量。出国的经历让张淼拓宽了眼界，增长了专业本领，也让她有机会锻炼和提高了英语使用能力，这些对她后来开展研究、与国外专家交流、帮助导师筹办国际会议都帮助很大。

2012年11月11日，汪懋华与学术助手张淼博士（右）和李莉博士（左）在北京举办的农业与生物系统工程科技创新发展战略国际论坛上合影

北京市农林科学院国家农业信息化工程技术研究中心的李斌，2008年3月从浙江理工大学硕士毕业后经硕士生指导老师赵匀教授推荐，报考了汪懋华的博士研究生。汪懋华得知情况后，百忙中给他打了一次长途电话，通话中，非常和蔼、细心地询问他的专业基础、博士考试的科目、考试时间、考试安排等，然后在考试复习准备方面给他做了耐心的指导。大约25分钟的通话，汪老师非常宏观、系统地为他指点了博士考试的准备工作，使他清晰地掌握了如何备战博士生入学考试。2008年3月底，考试如期在中国农业大学西校区进行，紧接着到东校区答辩，通过电话预约，李斌第一次在计算机网络中心楼见到了导师。他非常热情，首先让李斌打开面试PPT，一点一滴地耐心指导PPT需要完善的地方，并不时讲述如何更能表达、突出自己的优势。他精神矍铄、思维敏捷、和蔼可亲、做事严谨，给李斌留下了深刻的印象。最后汪懋华抱歉地告诉李斌，这次因为出差，不能参加他的答辩，鼓励他努力去讲。结果，李斌没有辜负导师期望，取得了

总成绩第一名的好成绩，正式成为汪懋华的博士研究生。2008年4月李斌获得硕士学位后，提前来到汪懋华的实验室，开始直接参与导师主持的广东省农业机械研究所开放课题“田间菠萝采收机器人关键技术前期研究”，李斌主要负责田间菠萝识别与定位系统的研究工作。每一次召开课题会，汪懋华都认真地倾听各位成员的研究工作进展汇报，并有针对性地提出指导建议，指点下一步如何推进工作。平时，汪懋华也会将开会带来的相关资料通过扫描、复印、拷贝等形式分发给学生们阅读、学习，这些资料大都是国内外相关领域的最新研究进展、最新期刊等，极具参考学习价值，这对于学生们学习、了解、接受国内外的最新技术、新思想有着很大的帮助。博士研究生二年级时，李斌像师姐张森一样得到了国家留学基金委博士生联合培养的资助，到美国俄克拉何马州立大学学习一年，师从汪懋华的女儿汪宁副教授。在这一年及后续的学习、工作中，汪懋华和汪宁一直共同指导着他的个人发展。太赫兹技术应用是进入新世纪才快速发展起来的一项国际前沿科技，在生物系统和农业工程领域的应用研究才刚起步，有着重要的研究和应用潜力，而俄克拉何马州立大学就有一个实验小组从事太赫兹光谱技术研究，其合作指导教师曾被科技界公认是“太赫兹之父”，研究工作居于世界领先水平。当两代汪老师捕捉到该信息的时候，立刻指引他借助这一难得的国际合作机会和太赫兹技术实验研究平台，着力开展太赫兹光谱技术用于生物系统和农业工程领域的前期研究工作，并先后在太赫兹专家、土壤学专家和农业工程领域专家的共同指导下，开展这项富有挑战性的前沿科技研究工作。汪懋华曾多次用skype聊天软件、邮箱邮件等方式，对他的课题研究给予远程指导，并在他的生活方面，给予很大的关怀和鼓励。汪宁在英语学习、英语写作方面对他不断培养，帮他提高英语水平。学成归国后，汪懋华尽全力支持李斌的国际前沿课题研究，推动了“现代精细农业系统集成研究”教育部重点实验室和首都师范大学太赫兹教育部重点实验室的合作，期待在太赫兹前沿科技应用于农业领域的研究方面取得一些突破性进展。汪懋华认为太赫兹技术在农业领域有着良好的应用前景，但因为技术刚起步，当前设备比较昂贵，今后随着科技的不断发展进步和技术成果应用市场的培育，成本会逐步降低，将来完全可以实现低成本、小型化和实用化。太赫兹设备正在向着低成本和小型化方向发展，目前市场上已出现了小型的太赫兹设备，并且在美国也出现了太赫兹安检仪取代传统X射线安检仪的推广应用，正是验证了他的这一论断。

2012年，汪懋华八十大寿时，他的学生写下多篇诗文，发自内心地表达了汪懋华与他们的浓浓师生情谊。其中汪懋华2003级博士生张漫、邝继双伉俪合写的《言传身教　惠我终生》，较为全面地展现了汪懋华作为一名教师的风采。特摘录如下：

科　研　篇

张漫

我是1998年进入实验室攻读汪老师硕士研究生的，那时候汪老师已经开始在国内传播“精细农业”的理念，并开始从事精细农业相关的研究工作。精细农业的实践，首先要定量认识田间小区内的作物产量及土壤肥力、苗情长势等因素在时间与空间上分布的差异，并且研究这些差异之间的相互关系，分析产生差异的原因，然后因地制宜，提出相应的定位管理措施，按照不同需要调整种子、化肥、除草剂等农资的使用量，最终达到减少投入、提高产量和农业生产资料利用率、减少环境污染的目的。精细农业的主要支持技术包括3S（GPS、GIS和RS）技术、农田空间分布信息采集技术与处理方法、收获机械产量计量与产量分布图生成技术、作物生产管理决策支持技术（DSS）、智能化农业机械以及系统集成技术等。

2010年10月，汪懋华与学术助手张漫副教授在合肥

GPS是精细农业的主要支持技术之一。在我1998年进入实验室后不久，汪老师就购买了美国Trimble公司的农用GPS接收机AgGPS 132。当时，很多农业院校都对GPS很感兴趣，但又了解不多。汪老师就和Trimble公司在中国的代理签了一份合约，为兄弟院校购买GPS设备提供技术咨询，并负责培训用户使用。还记得2000年中国农业科学院土肥所购买了GPS接收机，我和张博师兄一起，带着我们实验室自己开发的GPS数据接收存储软件去为那里的老师做培训。（当时购买的接收机没有后续数据读取、存储软件，冯斌师兄花了不到1个月时间，用VB语言开发了这个软件，佩服！在此基础上，后续实验室又开发了许多相关的软件系统。）汪老师的这一举措，在很大程度上，促进了GPS在我国农业中的应用，也为精细农业在中国的实践奠定了基础。后来，这款GPS接收机，成了我们实验室人人都可熟练操作的设备，也在后续很多项目实施中，立下了汗马功劳。在小汤山精准农业示范项目建设初期，完成了土地利用规划、土壤采样等重要任务。还记得在2000年12月的一天，天气特别寒冷，刘刚师兄带队，我、继双、刘卉、孙要夺一起，带着GPS接收机，做了一天的农田测量任务，晚上还没到家，就接到汪老师电话，说是已经煮好了姜汁红糖水，让大家去家里喝，防止感冒。当时心里的感激之情，直到现在也无法用语言描述。整个研究生阶段，汪老师从学习和生活上，都给了我们无微不至的关怀。那时候就觉得，虽然学习、研究工作任务很

重，但每天都过得很快乐、很充实，实验室的气氛特别融洽，感谢汪老师给我们创造了这么好的学习机会和环境！

GIS是精细农业的另一大支持技术。在精细农作技术体系中，GIS主要用于建立农田土地管理、土壤数据、自然条件、生产条件、作物苗情、病虫草害发生发展趋势、作物产量等的空间信息数据库和进行空间信息的地理统计处理、图形转换与表达等，为分析差异性和实施调控提供处方决策方案。为了满足精细农业应用的需要，通常需要在通用地理信息系统的基础上开发新的农业应用功能，或者针对精细农业应用的需求设计开发新的农田地理信息系统。继双就是在汪老师的指导和帮助下，针对我国农业生产与发展精细农业的需要，以较小的开发成本在较短的开发周期内，设计开发了一套功能适当、界面友好，并且符合用户操作习惯与作物生产管理方式的农田地理信息系统FIS，用来分析与处理田间数据，管理农田信息，为开展精细农业提供支持。自2003年毕业后，继双一直从事数据库应用和管理信息系统相关的软件开发工作，这主要得益于博士阶段的锻炼，得益于汪老师当年的指导和教诲！一直到现在，汪老师还依旧关注着继双的成长和发展，前段时间还打电话叫继双去家里，和林建涵师弟一起讨论职业生涯的规划问题。

获取农作物小区产量信息，建立产量分布图，是实施精细农业的重要基础。在我的博士研究生阶段，小汤山精准农业项目购买了美国CASE IH公司AFS（Advanced Farming System）产量监测系统，这也是我国引进的第一套测产系统。当时汪老师交给我们的任务是消化、吸收这套系统，并在此基础上根据国产联合收割机的特点，设计开发具有自主知识产权的产量监测系统。2001年第一次实验之前，大家的压力都非常大。测产实验不同于其他实验，它需要在收获的同时记录产量空间分布信息。任何一个环节的疏忽都可能导致实验数据不准确、不完整或者数据丢失，损失也是无法弥补的。在汪老师一次次的指导和鼓励下，从系统设置，到速度、温度、流量传感器的标定，再到后续数据的存储、输出，一步一个脚印地走了过来。实验完成后当天晚上回到实验室，看到了完整的实验数据时，喜悦的心情真是无法用语言表达。麦收时节，天气异常炎热，为了赶时间，每天的午饭也都是盒饭直接送到地头，条件非常艰苦，但我们快乐地工作着，并在工作中，收获了与刘刚老师、陈立平老师、孟志军师弟（呵呵，后来的师弟）、刘卉师妹一生的友谊。后续几年的实验就比较顺利了，在北京连续做了4个季节的小麦、玉米、大豆收获实验后，2002年实验室与新疆石河子市科委合作，开展了对引进技术的采棉机测产系统的实验，同时实验室也开始自己设计开发具有自主知识产权的谷物测产系统，并在河北保定开展实验，一直坚持到今天。汪老师那时候给大家买了统一的工作服，男女生裤子是相同的颜色，上衣颜色有所不同，女生是粉色，男生是军绿色，汪老师自己也穿。每次实验室来客人，汪老师都会非常自豪地说："我这里有一支能打仗的队伍！"

变量灌溉系统是智能化农业机械的重要组成部分。2002年在汪老师的指导下，小汤山精准农业项目引进了美国维蒙特公司生产的伐利8平移喷灌机，安装调试是一项非常艰巨的任务，需要投入大量的人力、物力。时至盛夏，李民赞老师那时候已经回国并负责此项目，在汪老师的统一安排下，李老师和刘刚老师一起，带着继双、孙要夺师弟，整整两个月，和维蒙特公司的工程师一起工作在施工现场。当时因为工作需要，也从当地雇了很多民工。有一幕我至今记忆犹新，因为安装工作是力气活，我没有直接参与。但有一次，因为有其他试验去了实验基地，正好中午，大家都在休息，我看到晒场旁的麦垛上躺着长长的一大排人，麦秸上的土混着汗水粘在每个人的脸上，根本分不出哪个是老师，哪个是同学，哪个是民工。大家都一样，不计较个人得失，为了共同的目标，工作着、快乐着。这个情景深深地印在了我脑海里，也对我以后的工作方式和态度产生了深远的影响。感谢汪老师为大家创建立了这么好的研究气氛和团队。

管 理 篇

邝继双

对于汪老师的诸多教诲我们都铭记在心，一直以来都令我们受益匪浅。其中使我收益最大的，应该要数汪老师为了提高个人工作效率所想出来的各种办法了。

自从实验室创建于节约楼时代以来，校园里最快捷的交通方式就是骑车。校园里自行车的保有量一直也都相当大。尤其每次上下课的时候，想要从众多自行车中找到自己的那一辆，多少都要费点周折。但令我们感到奇怪的是，无论何时，汪老师总能立刻找到他的自行车。经过观察，我们发现原来汪老师自行车座后面，系了一条明亮的黄丝带。这样无论有多少自行车放在一起，一眼看去很容易就能锁定目标。这个小方法就是汪老师的高效工作法之一。可能有的人对这种每次节省一两分钟的小方法会不以为然。其实经过日积月累，这些零星的时间也会汇集成一笔巨大的资源。据说当年微软NT操作系统上市之前，比尔·盖茨为了将系统启动时间减少五秒钟，曾投入了大笔的研发资金。当时也有人认为不值得。但考虑到NT操作系统上千万的目标用户，微软公司还是坚持进行了研发。因为按照比尔·盖茨的算法，如果每次系统启动节省五秒钟，每天一次，一千万用户每年节约下来的时间累积起来就是五百七十多年。这么多年了，这辆小红车一直跟随着汪老师，有时候在金码大厦开会，开完会，总有老师说："汪老师，我开车送您回家。"汪老师总是说："不用，不用，我有车。"说着，就找到了他的小红车骑着走了。大家往往会心一笑，敬佩之情也油然而生。

后来汪老师还把这个醒目标识法的应用范围进行了推广。那就是系在旅行箱手柄上的黄丝带。在机场等行李的时候，系着黄丝带的旅行箱总是能够很快被认出来。如果和汪老师一起乘飞机出差，汪老师就会拿出事先准备好的黄丝带，发给每个人，让大家都系上，我和张漫的箱子上也早就系上了汪老师发的黄丝带。去年十月去美国，在芝加哥机场等行李时，我们没费吹灰之力就找到了自己的箱子。而同机到达的众多老外还都站在传送带前，目不转睛地盯着传送带上的行李，费劲地分辨着。偶尔还有人从众多外观相似、颜色黢黑的旅行箱里兴奋地拎起一个，看看，又失望地放回去，还叹一口气说："唉，又认错了。"不过这个醒目标识法也有失效的时候。那就是当我从美国回北京时。当时和我乘坐同一航班的，基本全是中国同胞，这个醒目标识法似乎已经在全国普及。所以到达北京机场时，站在等行李的传送带前，我惊奇地发现，颜色、外观和尺寸几乎相同的众多旅行箱上，居然都整齐划一地系着一条黄丝带。这样大家也都只好目不转睛地盯着传送带上的一件件行李，认真地辨认着。事后我总结了一下，看来方法上的创新也需要与时俱进，不断改善。于是我历尽千辛万苦，好不容易找到一条绿丝带，把它系到了旅行箱上。希望这样能有所帮助。

其实，与时俱进也是我努力想从汪老师那里学习的一个优点。在这方面我觉得汪老师绝对堪称时尚潮人。为了提高工作效率，汪老师常常会采购和学习使用一些非常新的设备。比如说激光彩色打印机、便携式扫描仪、还有新型的数码相机和手机等。我记得2000年我和张漫结婚时，汪老师寄来的贺卡，就是他亲手设计并用彩色激光打印机打印的。这件珍贵的礼物我们一直珍藏着。另外我还记得多年前的春节，大家放假休息的时候，汪老师却往往很忙。这是因为除了节假日的活动安排以外，汪老师还要处理大量全球各地发来拜年的邮件和短信。但最近这两年春节，我和张漫、邝修宁到汪老师家拜年时，却发现汪老师都非常轻松。原来汪老师利用新款的手机和邮箱，分门别类地设计了几种邮件和短信的模板，并使用群发的功能，这样只花了很短的时间就把往年这些十分繁重的工作做完了。看来要做效率高人，非常有必要不断学习和使用新的工具和方法啊！

除了提高效率的方法以外，汪老师在时间管理方面也有很多方法。比如提前规划、集中处理同类事务等。说到提前规划，汪老师手上一直都有个日程表。最近一段时间有哪些事情要处理？要访问哪些地方？要与哪些人会面交流？时间上如何安排？所有这些问题在汪老师的日程表里都能找得到答案。清清楚楚，一目了然。这份日程表汪老师会定期更新，而且用电子邮箱发送给大家。这样相关的人就会对他的日程非常了解，工作也容易协调和安排了。我觉得这部分工作就是时间的规划。通过这种规划可以使一个人随时都能明确掌握自己手头上的工作，方便区分轻重缓急，可以大大减少时间上的浪费。在校阶段，由于生活和学习都比较单纯，我还没有体会到时间规划的重要性和优点。参加工作以后，我在开发部曾经同时负责十多个新项目的开发工作，还有二十多个旧项目的保运工作。这时就越来越体会到制定时间表和工作计划的重要性了。否则头绪一多，工作还没有展开，自己就早已经手忙脚乱、焦头烂额了。自从毕业以来，我们都养成了使用效率手册的习惯，这些习惯的养成都要特别感谢汪老师的言传身教。

另外集中处理同类事务也是汪老师常用的一个时间管理方法。集中处理同类事务就是说，假如你有几篇文章要阅读，那最好用一段时间统一读完这些文章；假如你有几个问题需要思考，最好用一段时间只作思考；如果是打电话，最好把电话积累到一起，集中在某段时间把它们连续打完。这样做的好处就是，当你集中做同类事情时，你会熟能生巧，效率也一定会有所提高。汪老师就是这样，集中一段时间开会，集中一段时间写材料，再集中另外一段时间与别人会面。除了集中处理同类事务以外，就像前面介绍过的那样，汪老师还是群发邮件和短信的高手。我想如果汪老师不运用这些方法的话，会很难做到每天回复几十封邮件，或者节假日的时候回复几百条短信。

除了高效以外，汪老师还是一位十分严格的导师。直到今天我还清楚地记得，我那被汪老师批改过的文章上满篇的红色。

除了严格以外，汪老师还是一位非常勤奋的学者。我和张漫就常常会收到汪老师发来的电子邮件，上面标注的时间是凌晨两点。甚至有几次午夜过后还接到汪老师打来的电话，上来就直接讨论工作上的情况。很明显能感觉出汪老师又工作到了一种忘我的境界，已经完全忽略了时间的流逝。

——摘自《情满农工——恭贺汪懋华院士八十华诞（随笔集）》（内部资料）

第十一章

大爱无疆 帮扶兄弟院校

1. 出任浙江大学兼职院长

汪懋华常说，就推动学科发展这个大任务而言，“一花独放不是春，百花齐放春满园”，中国农业大学一家单位的农业工程学科搞得再好，各具特色优势的其他院校不能齐心协力同步推进，农业工程学科的大发展也无从谈起。为此，汪懋华坚定地把本位主义抛在一边，对国内各个院校农业工程学科的发展竭尽全力予以支持。1995年5月他当选中国工程院院士以后，工作量骤然增加，除了教学任务和课题研究之外，新增工作量的很大部分是帮助、扶持国内其他兄弟院校和相关科研单位提升农业工程学科的建设水平。

近十多年来，汪懋华在不少大学与农业工程有关的学院里担任过咨询性职务，还兼任过农业部南京农业机械化研究所的学术委员会名誉主任，但这些都是挂名的，没有固定的业务和工作内容。与他真正联系紧密的学校主要有：河北农业大学、浙江大学、华南农业大学、浙江理工大学、内蒙古农业大学等。其中，河北农业大学机电工程学院是他作为河北省院士联谊会的院士联系点，2000年新浙江大学合并建立之后曾聘请他担任过近十年时间的生物系统工程与食品科学学院兼职院长，内蒙古农业大学根据内蒙古自治区政府引进智力的要求规划聘请他为“特聘院士”。

20世纪90年代，浙江农业大学农业工程学院只有一个农业机械化硕士点和一个农业生物环境及能源工程博士点，与学校其他学科相比较，还相对薄弱。要想由弱势转化为强势，增列博士点是学科建设的目标。这时候，学校注意到汪懋华刚刚当选中国工程院院士，又是农业工程学科评议组召集人，学院领导班子常请他到学校实际考察学科情况并给予指导。第一次到浙江农业大学，汪懋华任务繁忙，在学校只有大半天的时间，主要是参观、听取学科现状和发展规划汇报，然后他提出了几个问题，在前往车站的路上，他又进一步详细询问了学校的师资队伍情况。到了车站后，汪懋华终于打破了沉默，他首先围绕队伍建设的问题，提出学院应该针对师资队伍青黄不接的状况，下定决心培养几位已经开始显露学术实力的三十岁左右的年轻人，同时对如何抓科研以及科研方向，如何结合地方经济发展提出了自己的意见。汪懋华的这些意见对浙江农业大学以及后来并入浙江大学的农业工程学科发展起到了重要作用。之后，在汪懋华和罗锡文前后两任学科评议组召集人的支持下，浙江农业大学农业工程学科先后拿到了两个博士点、一级学科博士点和国家重点学科。汪懋华从一开始就重点关注的几位年轻人如应义斌、何勇以及之后调入的王剑平教授，现在已经成为国内农业工程几个重要方向的新生代领军人物。

2000年年初，浙江大学的校领导来北京找汪懋华商量：合并后的新浙江大学一共有20个学院，考虑到要引领学科发展方向的需要，浙江大学出台了一项政策，拟从全国聘请11位院士到浙江大学出任11个学院的兼职院长，原有的学院院长改任常务副院长。11位院士中，从北京聘的有6～7个，其中中国农业大学有2人，一个是信息与电气工程学院的汪懋华，另一个是动物科学学院的吴常信教授。

在考虑接不接受聘请时，汪懋华曾写信问浙江大学的应义斌教授，“你们学校评判学院院长成绩的60分标准是什么？我如果去当院长做完哪几项工作才算‘及格’？麻烦你向浙江大学领导请示一下。”这年春节前后，浙江大学潘云鹤校长和张浚生书记邀请汪懋华到浙江大学去，盛情之下，他就过去了，也想顺便了解考察一下浙江大学的工作环境和农业工程学科的建设情况。在杭州两位校领导请他吃饭时，他在饭桌上仍然提出如果我接受聘请，达到工作及格的标准是什么？浙江大学两位校领导很友善地回答道：“您不要想这

2011年10月13日，汪懋华院士（左三）、罗锡文院士（左二）、康绍忠院士（右一）在浙江大学应义斌教授（右三）、何勇教授（右四）、宋松明教授（右二）陪同下，考察水果糖度无损检测研究进展

件事，我们知道院士的工作都很忙，请你来主要是帮助我们学校引领学科的发展，我们不会给院士们提出什么及格的标准，只希望在精力能够顾及的情况下帮助我们把好学科发展的方向”。这次交谈给汪懋华留下很好的印象，他感到校领导们的态度非常诚恳。

这种情况下，从2000年5月起汪懋华受聘在浙江大学农业工程学院担任院长，原来的院长应义斌教授改任常务副院长。浙江大学对11位外聘的院士院长制定了相应的政策，学校每年发给每位院士3万元的补贴，平均一个月2 500元的标准，院里为汪懋华立了一个存折，将每月扣除个人所得税后的补贴2 360元存进去。同时，学校还拨给院士们每人每年3万元的工作活动经费，由院长办公室负责管理，解决来往杭州的差旅费用，在杭州住房的水电、租金所需开支，都由院办公室从这笔钱里面结账。汪懋华通常一年能去几次浙江大学，主要是与教师们开工作研讨座谈会，给学生做专题报告，学生开学时、期末放假前他一般都要过去。

在浙江大学任院长期间，教授们提出为适应国际农业工程学科发展的新趋势和发达地区农村社会发展的需要，建议变更浙江大学农业工程学科院、系的名称；建议系的名称由农业工程系改为生物系统工程系，学院的名称也同时改为生物系统工程与食品科学学院，经过汪懋华列席参加的校学术委员会的审议，这项申请得到了批准。

汪懋华任院长期间，学院本科拟招生的生物系统工程专业列进了浙江大学的招生目录，并上报到教育部备案，教育部组织专家评审时，由于部分专家提出一些疑问没有得到通过。可是招生简章已经向社会公布出去了，有不少考生来校来电来函咨询要报考这个专业，局面一下子变得很被动。一个周五的下午，常务副院长应义斌教授从杭州打来电话报告了有关情况，这引起汪懋华的高度关注，他马上给教育部相关负责同志打电话说明情况，表示要马上亲自前来汇报。同时通知应义斌教授，立即帮助准备一份两页纸的说明，

2012年11月，汪懋华在北京与浙江大学农业生命环境学部副主任应义斌教授（左一）、美国农业部西部研究中心研究员潘忠礼（左二）、美国华盛顿州立大学教授张勤（右二）、女儿汪宁（右一）合影

他自己再写一页纸的说明，总共三页纸的申述报告，立即送到了教育部高等教育司。经过主管司局的进一步研究，最终批准了浙江大学增设生物系统工程专业的探索实践。汪懋华在浙江大学当兼职院长的生涯一直延续到2009年5月，以后改任学院的发展顾问。

2. 关心指导华南农业大学农业工程学科建设

华南农业大学的农业工程学科在发展中也得到了汪懋华的关心和指导，无论是凝练学科发展方向、队伍建设，还是培养学生，无不凝聚着汪懋华的心血。从20世纪90年代起，汪懋华每年都要到华南农业大学1 ~ 2次，有些年甚至超过3次。他尤其关心学校学科建设方向，他认为农业工程学科最主要的任务是提出面向问题的解决方案，为农业增产、农民增收、农村富裕服务。在与华南农业大学副校长罗锡文教授等人座谈时，汪懋华一再强调要加强战略研究，要研究我国农业生产中存在哪些问题，研究农业工程学科应该为解决这些问题提供哪些技术支撑。在汪懋华的指导下，1993年年底至1994年年初，华南农业大学根据本校农业工程学科面临的经济社会发展环境和已有的学科基础和优势，提出了自身农业工程学科建设的原则——“软、硬、新”。“软”就是要认真研究农业工程学科的发展战略，特别是农业机械化发展的形势和任务，研究国家对农业工程发展的要求，研究国内外农业工程发展的趋势和经验。“硬”就是要为我国，特别是南方的农业、农民、农村提供先进的农业工程技术与装备。“新”就是要在若干农业工程发展前沿有学校的话语权，在若干农业工程发展高新领域有学校的地位。在这个原则的指导下，又提出了华南农业大学农业工程学科建设的三个方向，一是水稻生产机械化关键技术与装备，包括水田耕整、水稻种植、田间管理、水稻收获和稻谷干燥五个关键环节；二是南方特色农业农作物生产机械化关键技术与装备，包括甘蔗、蔬菜和水果等；三是精细农业生产关键技术与装备。汪懋华知道这些后非常高兴，和罗锡文等一些教授反复讨论这个方案，并希望他们进一步凝练，进一步提升，一定要形成特色鲜明、能为农业生产提供科技支撑的学科建设方向。之后，汪懋华每次到华南农业大学，都要询问这三个方向的建设情况。近20年来，华南农业大学在这三个方向上都取得了一批创新性研究成果，基本上形成了方向稳定、特色鲜明的学科建设方向，并先后列为华南农业大学第一期、第二期

2011年9月，在华南农业大学参加会议时合影（前排右三为汪懋华院士、右二为罗锡文院士）

和第三期省部共建“211工程”重点建设项目。农业机械化工程先后被遴选为广东省第一期、第二期和第三期重点学科及国家重点（培育）学科。学校也基本形成了一支稳定的学科队伍，有三人成为了农业部产业体系中农业机械与装备岗位的首席专家，一人成为广东省产业体系机械与装备岗位的首席专家。2009年罗锡文教授还被遴选为中国工程院院士。

3. 内蒙古农业大学的特聘院士

内蒙古农业大学成立于1952年，是内蒙古自治区成立最早的本科高等学校，以农为主，以草原畜牧业为优势和特色，具有农、工、理、经、管、文、教、法、艺9个学科门类。为帮助内蒙古自治区发展农业和草原畜牧业，加强该校机电工程、水土工程和计算机学科建设，2006年5月30日，内蒙古农业大学在学校新教学楼报告厅举行了一个仪式，聘请汪懋华为内蒙古农业大学的特聘院士，学校的李畅游校长为他颁发了聘书。受聘之后，汪懋华真把内蒙古农业大学的事情当成自己分内的工作，努力去履行一个院士的职责。在对学校的学科建设指导方面，取得效果比较明显的是帮助农业水土工程学科和农业机械化工程学科先后获得了博士学位授予权，农业工程学科获得一级学科博士学位授予权并且成为博士后科研流动站。同时，对内蒙古农业大学农业工程学科学术梯队建设、对学科研究方向的确立他也提出了一些很有建设性的意见。在内蒙古农业大学，汪懋华参加过工程院的草原牧区畜牧业机械化发展战略研究专家研讨会，为全校副高级职称以上的教师以及博士、硕士研究生做过《建设现代化农业与农业科学技术创新思考》的专题报告，报告中汪懋华首先回顾了我国在“十一五”期间取得的巨大成就，指出我国在“十二五”期间仍处于可以大有作为的重要战略机遇期，“三农”问题仍是重中之重，扩大内需的最大潜力来自农村，实现经济平稳较快发展，基础支持在农业，保障和改善民生重点在农民，因此要大力推进农业现代化，加快社会主义新农村建设，统筹城乡发展，加快发展现代农业。报告中，他还分析了农业工程科技发展趋势与战略需求，指出，下一个二十年是我国转变经济发展方式，调整经济结构，大幅提高科技自主创新能力，实现由中低收入国向中高收入国家的关键时期。农业工程科技创新要“科学发展、创新发展、绿色发展、和谐发展、持续发展”。后金融危机时代，新的挑战虽然严峻，更孕育着新的巨大机遇，探索以绿色、智能、可持续为特征的科技创新，建立未来经济社会发展的新引擎，正成为许多国家建立新竞争优势的战略。我国要着力推动经济结构调整，转变发展方式，提高经济增长质量和效益，通过加快应用新技术来改造、提升传统产业，加大自主创新力度，加快培育战略性新兴产业，提高经济社会发展的稳定性、协调性和可持续性。科技创新必须走出跟踪模仿、坐等技术转移，由使用、改进技术为主转向走创造技术的自主创新之路，为实现我国中长期经济社会发展战略奠定坚实的基础。除了就宏观发展指引方向，汪懋华还积极参与到内蒙古农业大学的学科建设中去，一再鼓励学校多研究国家及内蒙古自治区发展战略，为内蒙古的经济发展找到自己的位置，为建设现代化草原做出贡献。

每次去内蒙古农业大学，汪懋华都要和校领导、相关职能处室的负责人、学科带头人就学校学科发展进行座谈；与机电工程学院、水利与土木建筑工程学院、研究生院的教授、学生代表及相关负责人就研究生培养、学科建设等内容交换看法。此外，还在李畅游校长陪同下考察过学校新建的海流图科技园区。

2011年3月31日，内蒙古自治区召开了全区人才工作会议，这次会上，自治区政府决定聘请汪懋华和其他五位院士为自治区人民政府的特聘院士科技顾问，自治区政府主席巴特尔亲自为院士们颁发的聘书。这个会开得非常隆重，四大班子主要领导都出席了，有自治区党委书记胡春华，自治区党委副书记、主席巴特尔，自治区党委副书记、政协主席任亚平，自治区党委常委、组织部长李佳，自治区党委常委、秘书长符太增，自治区人大常委会副主任柳秀，自治区副主席连辑，自治区政协副主席娜仁等。

时任自治区党委书记胡春华在这个会上强调，与科学发展的新要求相比，内蒙古人才队伍建设还有很大差距，人才事业滞后已成为内蒙古发展的“软瓶颈”。只有切实抓好人才队伍建设，为加快转变经济发展方式提供强有力的人才支撑，内蒙古科学发展、富民强区的道路才会越走越宽广。要着力在用好现有人才、引进高端人才上下功夫，把现有人才的作用发挥好，想方设法为他们干事创业、实现价值提供机会和条件，支持他们不断更新知识、提升能力，更好地适应经济社会发展的需要。

4. 对江苏大学的无私帮助

2003年年初，江苏大学机械工程学院向上级提交了农业生物环境与能源工程二级学科博士点和农业工程一级学科博士点的申请。为了宣传江苏大学如何从镇江农业机械化学院发展演变而来、为什么说农业工程是学校的传统优势特色学科等校情，时任江苏大学机械工程学院院长的李萍萍教授走访了很多学校和专家，其中就有汪懋华。因为汪懋华名气大，李萍萍教授当时是怀着胆怯又忐忑的心情走进他办公室的，李萍萍心想，汪院士毕竟是原国务院农业工程学科评议组组长、中国农业工程学会的理事长，这么大的专家是否会有时间来接待我？哪知道，一进办公室，就受到了汪懋华非常热情的接待，他细细询问了江苏大学农业工程学科发展的进展，包括科学研究、师资队伍、与机械工程学科的关系等。当得知为了保持学校农业机械的传统特色，学校专门成立了农业装备工程研究院时，汪懋华更是笑得合不拢嘴。他当即拿起电话联系中国农业大学工学院院长韩鲁佳教授，说“江苏大学有个女院长要为学科建设的事来找你，请务必支持”，这让李萍萍感动万分。那一年，在农业工程学科各位学者和同仁的关心、支持和帮助下，江苏大学如愿获批准取得了农业工程一级学科博士学位授权点，为学科的发展拓展了更高的平台。

获批一级学科博士点后，为感谢大家的厚爱，江苏大学全力

2010年5月，汪懋华在江苏大学校长袁寿其教授（右二）、工学院院长毛罕平教授（右一）陪同下，考察该校教学设备

支持中国农业工程学会的各类活动，与农业工程学科同行之间的关系愈加密切，与汪懋华的交往也逐渐增多。2004年，汪懋华带领美国、俄罗斯、丹麦等一批专家到江苏大学访问，学院趁此机会组织召开了一个农业工程专家报告会和专家座谈会。报告会上，多位专家介绍了农业工程学科各领域的国际前沿研究，让师生们受益匪浅，而座谈会上汪懋华的一席话更帮助学院理清了发展的思路。至今李萍萍仍清晰地记得汪懋华说的话，“优势要树立起来很不容易，丢掉了很是可惜。江苏大学在农业机械装备研究方面曾经有明显的优势，一段时间从大家视野中淡出了，希望萍萍你们能够把这一优势再发扬起来，以农业装备工程为发展方向。需要我们支持的我们一定会全力支持。”会后，李萍萍当即向学校主要领导提出了学校应该把农业工程作为优势特色学科进行建设的建议，得到了领导们的认可。2006年，袁寿其教授升任江苏大学校长后，李萍萍教授也担任了分管学科建设的副校长，袁寿其校长多次在各种场合说道：“名校靠的就是名师和优势特色学科，我们必须竭尽全力把农业工程打造成学校的优势特色学科，要经常请汪懋华院士等大牌专家来为我们的农业工程学科把脉，求得同行专家的支持。”这几年，江苏大学的农业工程学科快速发展，相继获得了现代农业装备与技术省部共建教育部重点实验室、农业电气化与自动化博士学位授权点、农业工程江苏省优势学科等优质资源。这期间，汪懋华曾多次亲赴学校，参加重点实验室学术委员会、学科建设研讨会、高层论坛等。往往是学院只要去一个电话、一条短信或是一个电子邮件，他便会在百忙之中安排时间，尽量赶到学校参加活动，提供指导和帮助。

5. 帮扶云南师范大学太阳能研究所

地处昆明的云南师范大学是一所拥有光荣历史传承的大学，始建于1938年，抗日战争时期与北京大学、清华大学、南开大学组成了国立西南联合大学。抗战胜利后，北京大学、清华大学、南开大学三所大学北返后，国立昆明师范学院留在昆明独立建校，20世纪80年代更名为云南师范大学。云南师范大学的太阳能研究所有位老师叫曾言行，1988年，他先后3次慕名到北京农业工程大学找到汪懋华，向他汇报云南师范大学太阳能研究所近些年都开展了哪些工作，其中，太阳能在农村的应用方式研究、农村太阳能热水器研制等方面已经有了一些成果。因此，他们想把这些成果应用到农村山区去，希望能够得到汪懋华的支持，指导和帮助他们申请一个这方面的硕士学位授予点。汪懋华听了曾言行的情况介绍后，一是表现出对他们的想法比较感兴趣，也比较重视，肯定他们在太阳能光伏半导体器件和太阳能热水器方面的基础不错，具有好的基础优势；二是汪懋华对他们的工作做了些深度了解，力求多掌握些情况；三是帮助他们分析，研制出的这些太阳能器件、光伏器件、太阳能电池和农村的实际应用之间如何建立起密切联系。曾言行不但向汪懋华做口头汇报，也送给他了不少文字和图片材料。

当时国内农村能源学科有硕士学位授予权的只有沈阳农业大学鲁楠教授的团队和河南农业大学张百良教授的团队，汪懋华这时产生一个想法：鲁楠教授的团队、张百良教授的团队，包括他自己的团队都是从农科院校里干出来的，隶属于农业院校中的工程学科；

2011年6月，应云南省宣传部、省科技厅邀请，作为云南科学大讲坛主讲嘉宾，在云南参加座谈会

这个时候应该，也有必要积极吸收一些工科院校同类学科优势和经验。既然云南师范大学太阳能研究所一直强调他们十分重视为农村农业服务，为偏远山区服务，解决那些地区的供电、用电问题，我们何不借机把他们吸纳进来?

到1990年学科评议组开会的时候，汪懋华在会上明确表示应该把他们吸收到农业工程学科团队中来，他阐述完理由后，没有谁提出反对意见，就同意通过了。因此，1990年学科评议组第一次批准非农业院校拿到了农业工程硕士学位的授予权。云南师范大学始终对汪懋华充满着感激，即便后来汪懋华出国到曼谷的亚洲理工学院执教，他们也一直保持着联系。因为汪懋华在亚洲理工学院工作时也同时在能源技术系工作，工作上亦多有交流。汪懋华回国后的1994年，云南师范大学通过云南省科技厅，正式聘请他为该校太阳能研究所的客座教授。但这个时候他们还没有博士学位授予权，他们培养的博士都是跟中国农业大学进行合作。再后来，经云南省科学技术厅批准，太阳能研究所又争取到一个农村能源重点实验室建设项目，汪懋华又受聘担任了这个实验室的顾问。汪懋华这时开始对专业做进一步调整：因为农村能源是与生物环境联系在一起的，所以汪懋华就把他们整合进来，将云南师范大学太阳能研究所的博士研究生培养跟中国农业大学的农业生物环境与能源工程学科博士研究生培养结合起来，使用一个名字，由中国农业大学的水利系帮助云南师范大学培养博士研究生，取得不错的效果。人才培养问题解决了，争取科技项目的实力也增强了，云南师范大学太阳能研究所争取到了一个大项目——山区农村太阳能发电项目，又聘请汪懋华作为他们的项目顾问，面对云南山区数量庞大的小水电，汪懋华指导他们要尽力拓展在农村能源服务的方面，为农村的加工、照明、电气使用服好务，他们照单全做了，而且全做得相当不错。

6.情洒“农工”都是爱

黑龙江八一农垦大学位于享有“中华大粮仓”美誉的龙江大地，原建于兴凯湖畔的密山县，前些年搬迁落户在石油名城大庆市，经过50余年的发展积淀，八一农垦大学已经成为以农为主多学科集约发展的综合型大学，其中农业工程学科在发展建设过程中得到了汪懋华的鼎力支持。

学校的农业工程科研团队与汪懋华结识于中国农业工程学会的交流平台，当黑龙江八一农垦大学的学者以年会发言、学术报告等形式将自己在研课题、前沿思考和学科建设取得的成绩与面临的困难在学会年会上做了陈述后，汪懋华便把这个学校的学科发展挂在了心上。2006年和2007年他两次前往黑龙江八一农垦大学，全面听取学校关于农业工程学科发展的介绍，给予亲切的指导和持续的关注。并先后两次深入黑龙江农垦友谊农场、建三江农场和红星农场等生产一线，就学校承担的大型科研项目开展调研，提出了许多宝贵的意见和建议。尤其是为大力提升学校在农业工程研究领域的知名度，汪懋华极力推荐该校承担了中国农业工程学会2007年学术年会的承办工作。2007年8月，700余名中外农业工程学者云集到大庆市，来到黑龙江八一农垦大学，充分交流了学科领域的前沿成果，极大地开阔了学校科研工作者的视野，浓厚了学校农业工程研究的学术氛围，让黑龙江八一农垦大学为更多专家、学者所熟知，提升了学校学科建设与科学研究的能力水平与建设层次。

2006年7月，在黑龙江八一农垦大学出席数字农业学术研讨会

黑龙江八一农垦大学在“精细农业”方面的科研成绩也离不开汪懋华的指导与帮助。汪懋华根据20世纪90年代国际农业工程的发展趋势，认为精细农业所提供的技术思想和改造客观世界的认识方式，将使人们对科学利用农业资源潜力和作物生长管理观念及模式上都产生深刻的变革，将成为发展中国家与发达国家拉近距离的难得基点。为此，他一方面指导研究生进行着有关精细农业技术应用的基础性研究工作，一方面认真研究总结国外实践的经验，根据中国国情找准自己的切入点，为推动中国新的农业科技革命进程作出实际的贡献。在汪懋华对搭建理论构架的具体指导下，黑龙江八一农垦大学紧密围绕黑龙江垦区的生产经营实际，积极开展“精准农业技术”研究与推广工作，参加了农业部黑龙江省友谊农场精准农业试验示范项目，国家“十一五”863计划重大

2006年7月，在大庆市黑龙江八一农垦大学参加数字农业学术研讨会期间参观黑龙江八一农垦大学校史馆

项目课题大豆作物精准作业系统构建与应用示范，主持了黑龙江重点攻关项目基于GPS自动控制的变量施固体肥播种机研制等课题多项，产出了一大批较有影响力的学术成果。

1999年8月，赵匀教授从浙江农业大学调动工作到浙江工程学院（2004年更名为浙江理工大学）后，曾一度兼任浙江大学农业机械化学科带头人和浙江省农业工程学会理事长，当时汪懋华已经被浙江大学聘任为农业工程与食品科学学院（后改名为生物系统工程与食品科学学院）兼职院长，二人经常在杭州见面，赵匀除了请他对学科发展提出意见外，也经常征求他对浙江工程学院发展的意见，有时还专程请汪懋华到学院作报告。在学校的发展过程中，赵匀采取了一系列的奖励政策，而没有像其他学校那样将教师分成级别，在制定政策之前赵匀征求了汪懋华的意见并得到他的首肯。事实证明，奖励办法适合浙江工程学院当时的现实情况，既减少了教师矛盾，又调动了大多数教职工的工作积极性，推动了学校的快速发展。2004年年底，赵匀离开了学校领导岗位，开始全身心的投入学术研究工作。在开始阶段，汪懋华再三告诫赵匀“不要把手伸得太长，要抓重点”；后期开始出成果的时候，汪懋华又适时提醒他“要重点抓产业化，而且不要铺得太大，要重点和一两个大企业合作”。2011—2012年，赵匀的学术课题组召开了两次鉴定会，汪懋华都是每请必到，在学术上从不含糊，实事求是的给予评价。其中一次是关于研究平台建设的成果鉴定，在鉴定结论意见上，课题组认为是“农业机械创新设计平台处于国际领先地位”，汪懋华一针见血地指出：研究工作的成果主要集中在移栽机械上，应该用“移栽机械”取代“农业机械”。随着时间的推移，赵匀团队越来越认识到汪懋华的意见是对的，名不副实会给以后的工作带来隐患。在2012年研究平台建设项目的报奖中，由于成果内容和名称相副，评审专家没有提出任何异议。

从2012年起，赵匀教授调回东北农业大学工作，被黑龙江省教育厅评聘为黑龙江农机联盟的首席专家，更加深刻地体会到了汪懋华“全国农业工程学科一盘棋”的理念。汪懋华特别通过东北农业大学的冯晓校长约赵匀到北京见面，并且让冯校长为赵匀订了几份报刊。在汪懋华家里，他用了很长时间告诉赵匀如何查询资料和获得信息，并且希望他能够以联盟首席专家的身份推动黑龙江现代化大农业的农业装备研究，他愿意亲自到黑龙江省帮助赵匀做好这方面的工作。这些年，赵匀一直带领浙江理工大学和东北农业大学的团队做学术研究工作，通过研究工作培养人才，虽然被任命为联盟首席专家，却较少考虑黑龙江这个农业大省的科研组织和规划工作，是汪懋华在关键的时候提醒了他。

作为山西农业大学工程学院兼职教授，汪懋华曾于2003年5月、2007年8月、2009年8月，先后三次来到山西农业大学指导学科建设、作学术报告，深入实验室和山西农业工程新技术示范基地进行指导，与教师和学生座谈，引领科研方向。在汪懋华等农业工程界著名学者的支持、帮助、关怀下，山西农业大学农业工程学科拥有了农业工程博士后科研流动站、农业工程一级学科博士点、一级学科硕士点、工程硕士授权点、省级重点学科、重点实验室、工程中心等学科平台，在学术团队、人才培养、科学研究、科技服务等各方面取得了长足的进展，跨入了全国先进行列。

第十二章

影响力遍及四海

1. 刻苦自学闯关英语

汪懋华一直强调从事农业工程教学与研究的人们要有国际大视野，要把今天中国的农业工程学科放到全球经济一体化的大背景下去探索发展的路径，中国的农业工程学科要学习国外，特别是发达国家发展农业工程的先进经验，为此，他积极参与并推进农业工程领域的“走出去，请进来”策略，积极开展与世界农业工程学界的交流与合作。

20世纪80年代初，汪懋华就开始积极组织国内的农业工程学者出国交流考察，特别是参加美国、欧洲和亚洲农业工程学科的会议，在他的引领和带动下，中国农业工程学者越来越多地出现在国际农业工程学术交流舞台上。而汪懋华本人，更是时常被国内同行推选为代表，出席一个又一个重要的国际学术会议，并以出色的表现赢得了国际同行们发自内心的尊重。

汪懋华经常在农业工程界各种学术会议和活动中用英语发表演讲，在与国外同行的接触中也常常直接用英语交谈，其熟练程度令人赞叹。周围的一些同事和朋友，往往误认为他也和曾德超院士、陶鼎来院长一样，是在美国学习完农业工程后回国的。很多人都问过汪懋华这样一个问题：“汪老师，您是在苏联留学的，但您的英语怎么会讲得这么好？”每到这时汪懋华就坦诚地告诉他们：“我是在苏联留学，我的俄语讲得也还不错，英语是自学的，讲得也还行。”

汪懋华一生中一大特点是很爱自学专业知识，不管学什么都有一股子韧劲，早期的电气工程专业基础课是自学的，中期的电子、信息与自动化技术专业基础课是自学的，还有一项，英语也是自学的。

汪懋华最初接触英语是在中学时代，1951年高中毕业考大学时考的外语语种是英语，但从此之后近30年就再没有与英语打过什么交道，俄语一直是他的主修外语。改革开放后，国家工作重心转移，以经济建设为中心，扩大对外开放，开始重新重视科技、文化发展，欧美西方社会经济现代化的信息随着国门开启扑面而来，汪懋华敏锐地意识到，英语在国际交往和知识传递上的作用将越来越突出，缺了这门工具肯定是不行的，于是暗下决心，一定要重新掌握英语。

放手了30年的一门语言，要重新学起又谈何容易。有了学习意识还得有学习方法。十年动乱刚刚过去，一切都百废待兴，平时业务工作就很忙的汪懋华，想要参加正规的英语培训班还真不容易。这时汪懋华注意到了中央电视台的英语电视广播讲座节目，特别是《陈琳英语》很吸引他，电视课讲得很好，既可以看到文字，又可以听到声音，还能看到讲课人的神态，与老师面对面讲课没有什么两样，就这样，汪懋华开始跟着电视自学《陈琳英语》。那时他全家五口人挤在学校澡堂改造出来的一间屋子里，生活上存在许多不便，可他实在是太渴望学习英语了，对这些现实困扰浑然不在意。每天下班回到家，汪懋华一准儿要在五点打开电视跟着陈琳老师学英语。平时阅读英文书，看不懂的地方就查字典，几年下来，好几本字典都被他翻烂了。

靠着这股子韧劲，阅读、语法和词汇是基本没问题了，可是汪懋华心里清楚，没有机会张口说话，学的就是哑巴英语，他有早年跟苏联专家学习俄语的经验，知道光会读、不会说不能算是学会了英语。于是他又开始跟着电视重点学习朗诵者的发音、语调，对重音之类的难点特别关注，把国际音标发音的要点在书上标出来，重音、节奏都标得清清楚楚。学习英语的过程中，汪懋华一直保持低调，学校里几乎没有人知道他在自学英语，即使在他当上了副院长以后，分管的工作多了，事务性工作忙了，他也尽量不耽误看电视学英语的时间，在办公室一处理完当天的工作，下班马上就回到家中跟着电视学英语。年复一年，付出的努力得到了回报，汪懋华的英文水平大有长进，与人交流起来也没有什么大障碍了。

说来也巧，汪懋华刚当上副校长不久，就迎来了一个检验英语自学成果的绝好机会。1985年，世界银行启动了对华农业教育贷款项目，汪懋华要以北京农业工程大学副校长的身份，只身前往英国参加英国皇家农学会举办的电子技术在农业中的应用国际会议，并且顺道访问在欧洲负有盛名的英国国立农业工程研究所和西尔索农业工程学院、里丁大学、纽卡斯尔大学农业工程学系等。

临行前，汪懋华为学校起草了合作协议，起草完了再请同事帮忙修改，将英文文本确定下来。农牧渔业部外事局的同志帮助与中国驻英国大使馆联系，请他们安排人去伦敦盖特威克国际机场帮助接机。抵达伦敦机场下了飞机后，汪懋华循着路标往外走，大使馆的同志已经等候在那里，他们已经提前帮他在一家旅馆里预订好房间，开车把汪懋华直接送到旅馆的前台、留下联络方式后就挥手拜拜了，这意味着，剩下的事都得靠汪懋华自己去料理。

此行只有汪懋华一个人，这也是他第一次前往讲英语的西方发达国家访问和参加国际学术会议。当时真有点心中不踏实，路上不敢随便跟别人说话，吃饭也只敢到中国人开的饭店去吃。第二天坐火车前往英国的西尔索学院，上了火车后才发现，偌大一节车厢里只有两个人，没有乘务员报站名，也不知道什么时候下车。没办法，汪懋华只能根据事先掌握的列车时刻表计算时间，从上车算起，大概走多少站，用多少时间，挨到差不多的时间点就知道该下车了。那一站，整列火车就汪懋华一个人下车，站台上空荡荡地没有一个人，感觉好凄凉！汪懋华提着行李大着胆子沿着站台往前走，到了车站外面居然看到了前来接他的西尔索学院的校车。

趣事儿发生在西尔索学院，到院长办公室见面时，Radly院长对汪懋华说，“我十分欢迎您远道而来，为帮助您顺利开展访问并与我

1985年出访英国，与西尔索农业工程学院Radly院长合影

们洽谈未来的合作，英国文化协会决定补贴您个人1 000英镑，用于在英国期间的各项补充开销，明天早上我的秘书就带您到银行去办理相关手续。”

按理说这是个好事，但当时汪懋华的英语水平还不过关，听得似懂非懂，把“补贴给您1 000英镑”理解成了“要他缴纳1 000英镑”，误以为第一次到英国访问，需要交1 000英镑费用给主管部门。汪懋华这下心慌了，这是怎么回事，要交这么多钱怎么事先也不说清楚，自己身上一共也没有1 000英镑，这么大一笔钱上哪儿找去？回到饭店他又仔细回味Radly院长的话，对照字典阅读英国文化协会的信件，折腾了半天才搞明白，是人家要给他个人补贴1 000英镑。

这1 000英镑虽说是给汪懋华个人的，但那时候人们对金钱观念非常淳朴，组织纪律性也很强，总觉得这么大的事情不能瞒着单位领导，所以领到钱后汪懋华立即向国内学校党委书记艾荫谦同志做了汇报，请示如何处理这笔费用，在征得领导同意后汪懋华于回国前为单位买了个组织召开国际会议时急需的电动打字机回来。

到西尔索学院的第二天，恰逢该校为研究生举行毕业典礼，汪懋华作为贵宾也应邀出席。典礼期间，Radly院长突然宣布请北京农业工程大学副校长汪懋华先生致辞，一下子把汪懋华搞懵了，他何曾在大庭广众之下讲过英文，何况还是在那么隆重的研究生毕业典礼上公开进行演说？他心里不由得一个劲儿打鼓。但那种情况下已是箭在弦上不得不发，汪懋华只好硬着头皮上台用英文讲了一段祝福的话语，好在效果还是很不错，这又一次验证了汪懋华出色的应变能力，虽然个别字句用得还不够严谨，但总算没出大的纰漏。

出访英国的经历，帮助汪懋华树立起了使用英语的自信心，接下来在不到20天的时间里，汪懋华跑了英国的几所大学，看了两个企业，接触了40多位教师，基本上跑遍了英国的农业工程主要高校和研究院所，结识了一批科学家同行，顺利地完成了任务。

从那以后，北京农业工程大学与英国西尔索学院之间建立起广泛的合作联系，学校里不少学术骨干，尤其是青年教师都曾被派到西尔索学院进行学术交流与访问，通过交流为学校培养出一批青年学科带头人。后来担任过中国农业大学副校长的傅泽田教授曾于1991年10月到1992年2月被派往西尔索学院从事合作研究，每当他去访问那里的重要学术带头人时，人们不约而同都会谈起汪懋华，对他熟知欧美农业工程学科的特点和对学科发展的前瞻性认识，赞叹不已。傅泽田提出的与西尔索学院在农村发展领域的合作科研报告，被顺利推荐到英国文化委员会和海外发展部，使他在以后的十几年中多次获得英国政府资助与英方专家开展合作研究的机会。

1986年，汪懋华代表北京农业工程大学与英国西尔索农业工程学院签署合作协议

在那以后，汪懋华始终没有间断

英语学习。真正使他英语水平取得突破性进步、提升到能够听说写译运用自如的阶段，则是1991—1992年在泰国曼谷的亚洲理工学院任教的时期。

亚洲理工学院是一所国际性的研究生院，学生来自全球20多个国家，教学与学校管理统一使用英语。和中国学生课堂上很少主动提问不同，其他亚洲国家学生，在课堂上遇到问题时会随时打断老师的讲课站起来提问，这对汪懋华来说是个不小的挑战。亚洲学生的英语发音普遍地方口音很重，就跟我们国家各地方人讲不同的方言一样，尤其是印度学生。虽然印度历史上长期遭受英国的殖民统治，英语普及基础好，但印度人讲的英语，西方人、东方人听起来都不太习惯，也经常听不懂。如果解答学生提问时，老师听不懂学生的提问或者解释有误差时，那是要闹笑话的。为了听懂印度学生的提问，汪懋华当起了其他印度教授的学生，一方面，他跟踪旁听一位英国教授讲课，看看正宗的英语到底是如何发音的；另一方面，跟踪旁听另一位印度教授讲课，了解他讲课内容的组织构架，熟悉印度人讲英语的发音习惯，锻炼自己适应听印度人讲英语的发音。一段时间后，听印度人讲英语逐步适应了，再听其他亚洲国家学生讲英语也不困难了。汪懋华付出努力的效果，最终体现在授课质量上。突破了语言障碍，汪懋华的学术优势加倍显现出来，再加上他本人勤奋刻苦、用心治学，赢得了师生们的一致好评。

2. 毛遂自荐出国任教

在亚洲理工学院任教的经历，是汪懋华人生中浓墨重彩的一笔。它对于汪懋华之后树立在国际同行间的影响力、开拓本人国际化视野、参与开展跨国学术交流与合作，都起到了至关重要的作用。

1990年6月，国家教育委员会给北京农业工程大学发来通知，要求学校遴选一名教授去泰国曼谷的亚洲理工学院任教，为农业与食品工程、能源工程系的研究生开设农用电子技术、计算机应用、仪器仪表等电气工程课程。校领导们一致认为，教电气电子工程课的一定要是电气化系的老师，于是，汪懋华毛遂自荐找到翁之馨校长说："你再也找不到比我更合适的人选了。"

亚洲理工学院(Asian Institute of Technology, AIT)是由国际组织"东南亚条约组织"成员国1957年发起，于1959年正式创建的亚洲第一所国际性研究生院，最初由该组织成员澳大利亚、新西兰、法国、英国、美国以及区域成员国巴基斯坦、菲律宾、泰国等提供经费支持，后又发展成为由全世界许多国家和地区的政府(包括中国政府)、国际组织、基金会、商务机构和个人资助的亚洲最大的国际性研究生院之一，位于泰国曼谷市北郊42千米处，学院采用英语为唯一的工作和教学语言，学生来自全世界60多个国家和地区，拥有一个真正的国际环境，校园环境优美、风景秀丽。

亚洲理工学院是按照西方模式建立和运行的，办学宗旨在于培养能够在全球及区域经济可持续发展中发挥领导作用的高素质专业人才。共有十多个国家向其派遣教师，去那里任教对中国教师来说是一个提升英语水平、拓展国际学术视野的好机会。20世纪80年代末，当时的校长是苏格兰人，菲律宾派了一个副校长。从大的政治背景看，1989年春夏之交的政治风波发生以后，中国跟西方资本主义世界的关系一度很紧张。而此时，亚洲理工学院校长亲自带领代表团到中国访问寻求合作，主动要求中国政府派出教师前往任教，被我国认为是亚洲理工学院从政治上改变对华姿态的一个重要标志，所以国家教育委员会非常重视这件事情。

尤其要说明的是，在此之前，台湾当局也曾资助了亚洲理工学院一笔经费，并派有教授在那里工作，当时所有支持亚洲理工学院的国家和地区都可以在学校校园里挂上自己的国旗或区旗。所以，在汪懋华前往任教之前很长一段时间，校园里一直悬挂有台湾当局旗帜，而没有中华人民共和国的国旗，这也是此前中国政府不跟亚洲理工学院打交道的原因。到后来，双方交往有所松动。1988年起，亚洲理工学院先跟中国科学院商谈，在坚持“一个中国”原则下，由中国科学院派出了两位教授去执教。当然，在会谈之前校方已经明确承诺了不在校园里面悬挂台湾当局的旗帜。1989年10月那位菲律宾籍副校长到国家教育委员会来谈判时即明确表示政治上的问题解决了，希望跟中国国家教育委员会建立关系。

那次访问期间，这位副校长专门到北京农业工程大学造访，此前，翁之馨校长曾率团访问过亚洲理工学院，了解了一些该校的情况。他们搞的农业与食品工程等专业研究、教学都跟农村发展密切相关，与北京农业工程大学的很多学科比较接近。所以10月代表团到国家教育委员会访问时，明确提出来要再次到北京农业工程大学访问，学校方面就由汪懋华副校长负责组织接待。

按照国家教育委员会同亚洲理工学院签署的协议，中国将派出两名教授前去任教和提供20万美元的经费赞助，与此同时，亚洲理工学院给中国国家教育委员会提供20个全公费硕士研究生名额。协议规定要去曼谷工作两年，汪懋华便主动向学校领导提出申请，恳请学校将其从副校长职位上调整下来，以避免影响学校的正常工作，为此，汪懋华还向学校党委写了辞去副校长职务的报告。

当时，有些老朋友劝汪懋华，你怎么那么傻呀，有副校长你不当非要去国外当老师，回来后副校长位置就没有你的了。汪懋华淡淡一笑：“我当了近7年的副校长，也该下来了，这是个机会，我老搞‘双肩挑’总不是个事儿，不如集中精力搞教学和科研。”

辞职报告要经农业部党组织审批才行，汪懋华1990年6月交上去的报告，然后一直都没有确切的批复消息，但那段时间，汪懋华很淡定，他自信，如要派人去，最大可能就是派他，所以有条不紊地开始准备资料、教材，包括强化英语训练。

1990年11月，辞职报告终于批复下来，农业部党组织于11月5日发文：免去汪懋华同志北京农业工程大学副校长职务[①]。汪懋华可以踏实地去曼谷工作了。当时明确了给汪懋华的待遇是800美元一个月，有400美元作为工资发给他个人，另外400美元是租房费实报实销。同时明确，汪懋华的夫人可以一并陪同前往，国家负担往返路费，每月还发给115美元的夫人生活补贴，这样汪懋华夫妇在曼谷期间每月就能有515美元的实际收入。当时在曼谷工作的来自其他国家的教授每月工资可以拿到3 000多美元，和他们相比汪懋华的收入差距是很大的。但是汪懋华并不在意，觉得够吃就行了，他总说，自己在国内的工资是每月79元，所以尽管在曼谷比别人挣得少，但是比国内工资强了许多。

1991年1月6号，汪懋华和夫人从北京启程，作为由中国国家教育委员会派往亚洲理工学院工作的首位教授第一次到了泰国首都曼谷。

3. 亚洲理工学院的中国教授

20世纪80 ~ 90年代，亚洲金融风暴发生前，泰国的经济发展速度很快，是“亚洲四小虎”之一。一接触到泰国社会，汪懋华感到，泰国的政策很开放，带动了国内经济的腾飞，过去留学美国成

① 1989年11月5日，农业部党组发文：经1990年11月2日部党组会议研究，决定免去汪懋华同志北京农业工程大学副校长职务。（参见《农业部干部任免名录》）。

长起来的泰国青年学者慢慢地往国内回流，而且很多人都是拿到学位后回国工作的，人才结构发生着很大变化。经济的快速发展、高度开放的环境，使得这些归国人员可以在国内找到更多当家做主的感觉，这一点是这些人以往在美国所感受不到的。

当时泰国的农业、农业机械、农业工程方面发展水平还不是很高，东南亚国家农业生产都是小田块为主、经营规模小、农业生产中投入了很多的劳动力，而劳动力得到的回报又普遍较低，城乡两极分化严重。在曼谷的马路上三轮车、敞篷车、板车都非常多，但另一方面曼谷市内的基础设施、公共交通已经走向规范化、现代化了，只要愿意出钱，人们去哪里都可以乘坐上空调大巴，对比非常明显。汪懋华十分感慨：对发展中国家来说，选择开放式的发展道路是很重要的，封闭是没有前途的。

亚洲理工学院的学术氛围浓厚，汪懋华很快就全身心地投入了新的执教生活。由于泰国有着比较开放的环境，出国很方便，也有较充裕的科研经费，所以他经常到欧洲、亚洲各国参加学术活动，一切都很方便，费用开支也很宽松，系里的秘书会帮他办好各种手续，汪懋华本人只需要填个表，回来后再把机票之类的东西交给秘书，他就会全部办好，然后再将报销后的钱转到他的个人账户上去，学校、系里所提供的服务完全是西方式服务，很周到也很人性化。

在曼谷执教期间，汪懋华先后到过印度尼西亚、马来西亚、香港几所大学进行过实地考察，从中进行对比研究。当时这些东南亚国家和地区都是处于经济发展阶段，劳动力成本便宜，很多外资企业都集中在这些地区。但在传统产业向现代产业逐步升级的过程中，一些新兴发展中国家开始遭遇中等收入陷阱，也就是说当发展中国家发展到一定程度后，如果不转变发展方式则经济发展将进入停滞状态。现在人们最熟悉不过的就是阿根廷等南美国家在20世纪70年代就进入快速发展阶段，比东南亚国家走得更早，到20世纪90年代初人均GDP已经达到四五千美元的水平，可是因为没有解决好转变发展方式的问题，他们的发展受到了很大制约，人均GDP水平在后来的几十年中一直没有显著增长。

在曼谷亚洲理工学院的办公室办公

汪懋华发现泰国也同样碰到这些问题，东南亚国家中，越南、老挝、柬埔寨与泰国相比差距较大、发展明显滞后，只有泰国、马来西亚、新加坡等少数几国发展起来了。但是经过一段时间的高速发展后，尤其是近10年间，除新加坡外，其余各国也都相继进入中等收入陷阱。经过调研分析，汪懋华认为这主要还是没有解决好经济结构调整、科学技术支撑的问题，没有建立起现代的产业结构。尤其是1998年亚洲金融危机之后，部分国家再也没能继续保持平稳较快发展的态势。

在亚洲理工学院，汪懋华在两个系承担了教学任务，一个是农业与食品工程系，包括食品工程和农业系统工程；另外一个是能源技术系。那个时候西方国家非常注重能源问题，尤其是农村能源问题、农村电气化问题。此期间汪懋华先后为学生们开设了4门课，并且为16名来自各国的研究生进行集体指导，学生上完课还要带他们到企业去参观。安排学生实习很方便，这些活动都不需要老师自己去联系，只要老师提出要求，系里面有秘书具体负责联系安排。每次到企业参观，企业招待得也很好，中午还会管师生们一顿饭，而学生也很认真地参观学习，自觉性很高。

亚洲理工学院校园占地面积比较大，有3个占地800亩的校区，一个800亩是学校管理和教学区，一个800亩是实验农场，一个800

1992年，汪懋华教授在印尼茂物市亚太地区国际农业工程学术会上做主题报告

亩是高尔夫球场。由于学校只招收研究生，所以学生总数不是很多，汪懋华执教期间大约不到1 000人，来自西方国家的研究生较少，多数是东南亚国家的学生。最初中国学生也不多，但在校的中国学生比较勤奋。后来，因为中国国家教育委员会与亚洲理工学院有了协议，所以每年教育部会推荐20名学生过去学习，也有少数自费去的中国留学生。亚洲理工学院给学生们提供的条件很不错，一人住一个房间。金融危机前，汪懋华教过的很多学生都留在曼谷工作，也有不少人到了美国工作，他们中的许多中国学生之后一直跟汪懋华有联系。

亚洲理工学院的学习环境也比较开放，每天早上7点半上课，中午不休息一直上到下午3点结束，下班时间一到，服务员就到教师办公室打扫卫生。汪懋华基本上是利用没课的时候回家吃点饭，3点下课后就到图书馆去看半小时报纸，3点半回到办公室，那时候大多数人都已经离开了，办公室非常安静，汪懋华就在办公室一直工作到夜里11点才回家。那个时候是汪懋华身心都感到愉悦的时期，静静地读英文书的感觉真好，学校里的服务做得也好，教师操心的事情很少，一切杂务有专职的系秘书帮助处理，教师就是全心全意把课程教好。同时，有了一个完整的讲英语的环境，汪懋华明显感觉与别人用英语交流一天天变得更加自如了。

在亚洲理工学院任教期间，指导研究生上实验课

离执教合同结束还有半年的时候，亚洲理工学院派了一位印度籍副校长找他谈话，说是学校研究过，希望汪懋华两年合同期满后能留下来继续任教。汪懋华当即明确告诉他："我是国家派来的，没有国家批准我是不可能留下的。这个问题跟我本人谈不合适，需要请学校出面去和我们的国家教育委员会谈。"

亚洲理工学院接受了汪懋华的建议，直接与中国的国家教育委员会协商；与此同时再次征求汪懋华本人的意见，问他本人是否愿意留下来继续工作，汪懋华直率地告诉他们："不太想留。"原因是待遇太低了，有很多不方便，尤其是脸面上不好看。的确如此，同在一个学校、一个系里教学，汪懋华跟西方来的教授所得到的报酬比起来，他的收入实在太少了。其他教授工作日都是到学校的餐厅吃饭，而汪懋华每天都是回到自己家里吃饭，因为到餐厅吃饭太贵，有些舍不得。另外，这个学校有个风气，就是每到哪个亚洲国家遇到自然灾害后，学生们就会到老师们的办公室来募

在曼谷任教期间，闲暇时参加文艺活动学跳泰国舞

捐。汪懋华一个月只有400美元收入，还要与月收入3 000多美元的其他国家教授一起捐款，否则受灾国家的留学生会有想法，他感到不堪其累。

也许是中国人勤奋、谦逊、严谨的美德给校方留下很好印象，亚洲理工学院还是很希望汪懋华能留下来继续执教，并指派了一位校领导负责与中国国家教育委员会沟通。国家教育委员会征求北京农业工程大学领导班子的意见，当时学校领导给的答复很含糊，只说研究研究，一个月以后给答复；一个月之后，这个答复也没给出来。1992年11月，亚洲理工学院校长给汪懋华正式下发了聘书，并承诺按照亚洲理工学院其他西方国家教授的待遇标准为其发放工资，比原来高了许多。那时恰逢汪懋华在欧洲开会，并没有在曼谷，回来后见到了聘书，思虑再三，他还是提笔给亚洲理工学院校长回了封信。在信里，汪懋华首先对学校给予的信任表示由衷感谢，继而表明这个聘书他个人不便接受，因为自己受政府派遣而来，没有收到政府的通知他不可能留下来。

此事后来惊动了中国驻泰国大使馆，他们再度联系中国国家教育委员会，由国家教育委员会出面与北京农业工程大学共同协商处理。正好在这段时间里，1992年12月在曼谷有个国际会议，北京农业工程大学的田景文副校长来曼谷参加会议。汪懋华把他接到家里招待了一番，田副校长说起这一事项已经学校党委会、校长办公会研究过，大家的想法是充分尊重当事人意见。汪懋华当即向田副校长表态："我的意见是你们让我回去我就马上回去。"这个事也就这么定下来了，上报到使馆以后，使馆给执教学校发了一个文，一接到使馆通知，汪懋华到原定任期届满马上就启程回国了。

回国前，中国驻泰国大使馆的李世淳大使专门在使馆为汪懋华召开了任职期满回国欢送会，亚洲理工学院的几位正、副校长，汪懋华所在院系的系主任和几个知名教授悉数出席，充分体现出学院对汪懋华的尊重。

观看体育比赛

4. 在国际组织中任职

从1985年起，汪懋华不断出访世界各地，特别是经常到一些农业工程学科发展先进的国家，或是参加各种类型的农业工程学术会议，或是与国外同行开展合作交流。他珍惜每一次机会，利用好每一个平台向世界介绍中国农业和农业工程学科的发展。在他的努力和带领下，越来越多的国内优秀农业工程学者走上了国际舞台，也有越来越多国家的农业工程组织和学者开始了解中国农业工程学科的发展，越来越多地关注中国农业工程事业的发展，越来越多地加强与中国农业工程学者之间的合作交流。中国人的身影频繁出现在美国农业生物工程师协会（ASABE）、国际农业和生物系统工程委员会（CIGR）和一些区域、国家的农业工程学术会议的讲坛上，一些中国农业工程学者还在国际农业工程学会组织（如CIGR）担任了重要的职务。

鉴于汪懋华为中国农业工程发展做出的巨大贡献和在国际农业工程中的影响，许多重要的国际农业工程组织邀请和选举他在其中担任重要职务。

1988—1994年,汪懋华一直担任联合国粮食及农业组织（FAO）农业机械化专家组（后改称农业工程专家组）成员，每年都要到意大利首都罗马开会，讨论世界范围内的农业机械化（农业工程）发展问题。这个专家组的成员一般一个国家只聘一个人，而且不是每个国家都有份。

后来，FAO的部分专家又受聘为意大利博洛尼亚国际农业机械化发展战略研究俱乐部成员。这个俱乐部的议题比较宽泛，绿色制造、发展中国家的农业机械化问题、农业机械、电子信息总线标准、食品安全可追溯系统等都在其中。汪懋华第一次参加这个俱乐部始自1991年，后来参加的1997年年会的主题是农业机械电子系统总线标准化；1999年，会议的主题是发展中国家的农业机械化，这次年会上特别邀请他作主题报告。参加俱乐部的会议要求专家们自己出钱买机票，会议期间的食宿由会议主办方安排，这样汪懋华就根据每年的会议主题来决定当年是否参加会议。担任过FAO农业机械专家小组成员的中国学者最早是中国农业机械化科学研究院院长华国柱研究员，之后是北京农业工程大学汪懋华副校长。至今受聘为意大利博洛尼亚国际农业机械化发展战略研究俱乐部的成员先后有汪懋华、时任机械工业部工程农业机械司司长的高元恩研究员、中国农业机械化科学研究院院长原院长李树君研究员等。1988年，英国

1989年9月，FAO农业机械化专家小组北京会议合影（前排左五为时任农业部副部长刘江，前排右一为汪懋华）

农业工程学会建会50周年，邀请汪懋华前去参加在剑桥大学举行的庆典并在庆典上作报告。活动举办期间，主办方授予他英国农业工程学会会士（Fellow）荣誉称号。

20世纪90年代中期，国际农业工程协会（CIGR）（2008年更名为国际农业与生物系统工程协会）的主席是个日本人，他是第三世界科学院院士，1996年他写信给汪懋华，希望中国派个代表进入国际农业工程协会常务理事会，主动提出希望由汪懋华来做协会的执委。他当时考虑，当这个执委每年都得自费去开会，如果自己来做，资金方面会有困难。同时，高元恩这时已经由中国农业机械化科学研究院院长履新到机械工业部工程农业机械司当司长了，他长期从事农业机械化科学研究，基础扎实，外语水平高，也经常出国，还有广泛的人脉资源，是个合适的人选。汪懋华就向这位主席推荐了高元恩。对方回复说，如果推荐高元恩，必须由你汪懋华亲自给执委会写封亲笔推荐信。汪懋华按照他的要求为高元恩出具了推荐信，协会主席带着这封信参加执委会，这件事就这样敲定下来了，这是1997年的事情。

1998年，国际农业工程协会（CIGR）四年一次的世界大会在非洲国家摩洛哥召开，高元恩司长作为执委本应出席，但他因工作忙脱不开身，只好让中国农业机械化科学研究院副院长李树君研究员代劳，以后，高元恩虽然挂名执委，可因为职务所在身不由己，到了2002年，就正式更换了李树君副院长出任CIGR的执委。

此外，20世纪90年代初开始，汪懋华先后被吸收为亚洲农业工程协会（AAAE）终身会员、欧洲农业工程师协会会员、美国农业工程师学会会员等，并先后受聘为英国CAB《农业工程文摘》、荷兰Elsevier出版社《计算机与电子学农业应用》、英国《食品控制》、韩国《农业生物系统工程》、曼谷《亚洲农业工程协会学报》等国际学术刊物国际咨询编委。

亚洲农业工程师协会（Asian Association of Agricultural Engineering，AAAE）成立于1990年，是个区域性的亚洲国际农业工程学术组织，2004年时任AAAE主席的是位印度人，曾与汪懋华一起在亚洲理工学院工作。他觉得他不能再延期担任协会主席，于是在2004年年末找到汪懋华，希望他能继任AAAE主席。汪懋华经过考虑后委婉地告诉他此事不可行，一来汪懋华工作上的经费只有科研这一个渠道，没有其他方面的支持，长期出国开会经费上承受不了；二来汪懋华考虑自己年纪大了，当年已经72岁，再当主席恐难胜任。但同时，汪懋华向他推荐了中国农业机械化科学研究院副院长李树君，一方面，他的学术研究水平在国内属于上乘；另一方面，中国农业机械化科学研究院在资金保障方面有优势。这样，经过沟通协商，进而促进了亚洲农业工程协会迁址北京，由李树君副院长出任了AAAE的主席。

5. 执掌CIGR 2004国际农业工程大会

2004年，四年一次的CIGR学术大会首次在北京召开，会议取得圆满成功，并被认为是CIGR召开的国际会议中最成功的大会之一，极大地扩大了中国农业工程学界在国际上的影响，作为大会主席，这是汪懋华与CIGR交往过程中最重要的一件事情。

CIGR成立于1930年，拥有世界各地96个国家会员，然而20个世纪成立后的70多年里却从未来到中国。在汪懋华的引领下，自20世纪80年代起，我国农业工程领域的一批骨干学者积极推进我国农业工程国际化的进程。1989年中国农业机械学会与中国农业工程学会联合以正式国家会员身份申请加入该组织后，汪懋华在国际学术交流中与CIGR的各国学者交流多了起来，逐渐地同该组织负责人也熟悉起来。1998年2月李树君代表高元恩常务理事出席在摩洛哥举行的CIGR第52次常务理事会，这次会议的数百名代表中只有李树君一个是来自中国大陆的农业工程学者。他在这次会议上做大会发言时，以“初生牛犊不怕虎”的精神首次提出希望由中国来承办CIGR国际农业工程大会；消息传回国内，汪懋华倍感兴奋，为争取到这弥足珍贵的机会，他坚决支持李树君研究员提出的倡议，并且利用自己的声望与CIGR之间进行联系，在国内做中国农业机械学会和中国农业工程学会之间的协调、沟通、组织工作。为了能邀请到更多的国外学者，汪懋华广泛与所熟悉的国际组织和学者们进行联系，甚至在出差途中还与外国学者保持沟通，有时一天之内要编发短信和电子邮件十余条，累得手指都麻木了。经过大家协同努力，我国终于争取到了CIGR 2004国际农业工程大会的主办权，并且确定由中国农业机械学会和中国农业工程学会联合承办，汪懋华担任大会主席，中国农业机械学会理事长、中国农业机械化科学研究院院长陈志担任大会执行主席。

2004年10月11日，CIGR国际农业工程学术大会在北京隆重开幕，这次盛会可谓“群贤毕至，少长咸集”。外宾多达三四百人，与会人数达两千人，规模之大前所未有。汪懋华在大会期间不但主持会议，还注意关照每一位应邀而来的海外来宾的生活起居。2004 CIGR世界学术大会得到了中国政府的高度重视，中共中央政治局委员、国务院副总理回良玉，农业部副部长张宝文都莅会发表演讲，中外学者围绕大会主题展开了热烈而充分的讨论。大会无论从规模、层次，还是参会人员的国别数量及学术影响等均超过了CIGR历次大会，达到世界之最，也开创了CIGR四年一次世界大会中间学术大会之先河。汪懋华的开拓性思维、创造性推进和灵活性协调，对我国

2004年10月11日，GIGR 2004学术大会在北京隆重召开

农业工程领域走向世界，对2004 CIGR国际农业工程学术大会成功举办发挥了极为重要和不可替代的作用。对于这次盛会，CIGR主席团给予了极高的评价，在任主席曾经多次向汪懋华表示感谢。

2004 CIGR国际农业工程学术大会在北京的成功举办，也将汪懋华在国际上的学术声望推到了一个新的高度，使他成为了最受推崇的国际农业工程协会（CIGR）主席候选人之一。2005年，汪懋华率领一个代表团到俄罗斯圣彼得堡市参加俄罗斯农业工程协会和国际农业工程协会联合主办的学术会议，恰逢CIGR执委会会议同期在那里举行。会议之余，时任CIGR主席的西班牙人佩雷拉先生特别找到汪懋华谈话，告诉他CIGR执委会要遴选下任主席，执委会一致建议，希望由汪懋华来出任CIGR下届主席，而这一提议与2004 CIGR国际农业工程学术大会在北京的成功举办有直接关系。出于多重考虑，汪懋华婉拒了他的好意。会议结束的时候，佩雷拉主席再次恳请汪懋华考虑这一提议，并约定2005年9月来中国访问时再做详谈。

2004年10月11日，汪懋华院士（右二）与中国农业机械学会理事长、中国农业机械化科学研究院院长陈志（右一），中国农业大学副校长傅泽田（左二）等人在GIGR国际农业工程学术大会上获奖后与曾德超院士（中）、蒋亦元院士（左一）合影

2005年9月，双方在汪懋华办公室第三次会晤，汪懋华再次委婉谢绝。倔强的佩雷拉主席仍然不放弃，与汪懋华相约2006年在德国波恩举办国际农业工程协会世界大会期间再行商议。巧的是，意大利博洛尼亚国际农业机械化发展战略研究俱乐部2006全体会议国际农业工程大会同期也在波恩召开。大会开幕前，佩雷拉先生最后一次向汪懋华征求意见，他还是没有答应，最终候任主席一职由一位瑞典学者接任。

就在这次波恩举办的国际农业工程协会大会上，CIGR在当地体育馆召开隆重的庆祝大会，授予汪懋华和另外几位曾经担任CIGR主席职务的学者“会士”荣誉称号，并举行授证仪式。国际知名的学术组织通常都采用“会士”制度，这是一种学术组织所能给予的专业领域最高学术荣誉，也是对个人在这个领域学术地位和威望的一种评价和承认。到2010年，更名后的国际农业与生物系统工程协会在加拿大的魁北克市举行的第17届世界大会上，又隆重授予汪懋华CIGR杰出贡献奖（Merit Award of CIGR)。这样，汪懋华就先后成为英国农业工程协会和国际农业工程协会的会士。

2004年10月14日，汪懋华接受GIGR组织为他颁发的奖牌

2006年，在德国波恩召开的CIGR第十六届世界大会上，中国农业工程学界还有一个最大收获，CIGR常务理事会一致决定，由中国举办CIGR 2014第十八届世界大会。为此，中国学者先后在2010年加拿大魁北克CIGR第十七届世界大会、2012年西班牙瓦伦西亚的农业工程国际大会上做了大量的宣传和出色的汇报。CIGR主席团和所有常务理事成员高度评价了中国在国际农业工程发展中的重要作用，并对中方在2014年CIGR世界大会的筹备过程中做出的不懈努力和阶段性成果给予了充分而积极的肯定。2014年9月，全球农业科学家及工程师聚首北京，共同探讨以科技创新为先导、工程技术为手段，促进全球农业与生物工程的可持续进步，提升人类生存质量的发展大计的第十八届CIGR世界大会在北京召开。中共中央政治局委员，国务院副总理汪洋代表中国政府到会致辞，表示祝贺。事实证明，中国为世界承办了一次比2004年CIGR国际农业工程大会更精彩、更可以载入史册的辉煌盛会。

2006年6月，GIGR授予汪懋华“会士”称号

2010年6月，第十七届GIGR世界大会授予汪懋华特别贡献奖

6. 重访俄罗斯

前面提到，2005年汪懋华与华南农业大学副校长罗锡文教授一道，组织了一个九人代表团赴俄罗斯参加在圣彼得堡由俄罗斯农业科学院与欧亚农业工程师协会等联合举办的“生态与农业机械”的国际学术会议，九位中国学者都在会上做了学术报告。汪懋华则是为会议做了主题报告。与会者称：中国派出了最大的代表团，中国农业工程取得了很大进步。九人代表团中还有中国工程院院士、东北农业大学蒋亦元教授，他50年前就在圣彼得堡的卫星城市普希金市留过学，蒋亦元因兴之所至，在会上分别用俄语与英语做了《保护性耕作技术》与《割前脱粒收获技术》两个学术报告，获得一片喝彩，活跃了大会的气氛。在普希金市的国际会议结束前，主办方为中国学者们举行了告别宴会。席间汪懋华把蒋亦元院士介绍给大家，并提议欢迎蒋院士唱首俄文歌。唱歌前蒋亦元院士动情地说：“我在这个城

2005年，汪懋华在圣彼得堡国际农业工程学术会议上

市进修和生活了两年，我的导师、苏联同行给我很多帮助，深感俄罗斯人民的友好、真诚。多年来我怀念着他们。我想唱一首怀念远方朋友的俄罗斯民歌《遥远的地方》。"歌声激起了热烈、友好的气氛。接着专程赶来的苏联卫国战争英雄鲁诺夫院士也讲述了中俄友好往来的故事。会后大家一起又访问了蒋亦元院士的母校圣彼得堡国立农业大学，校长出面接待，双方介绍了各自的发展情况。

会议结束，汪懋华安排大家转道莫斯科，由当年留学苏联时的副导师鲁诺夫院士安排参观游览。在莫斯科期间大家又一起访问了汪懋华的母校，以哥略契金命名的莫斯科国立农业工程大学。时隔近45年，汪懋华故地重游，百感交集，仔细询问和了解了近半个世纪母校的发展与变化。其中重点是向校方领导了解了俄罗斯学位体系设置与研究生培养情况。母校领导为汪懋华一行举行了招待会，在会上汪懋华、蒋亦元等人都致了答谢词。在参观学校时汪懋华又与老朋

汪懋华在莫斯科农业工程师学院电气化系电能实验室与老朋友和新主任相聚

友、他留苏时的同学鲍洛金院士相见，大家在一起相叙甚欢。

与汪懋华同行的蒋亦元院士和鲍洛金院士之间有着一段特殊的交往。1992在北京召开由我国农业工程学会主办的“农业工程与农村发展”的国际学术会议。时任校长的鲍洛金院士与一位主管科研的教授参加会议。那年恰好汪懋华正在泰国曼谷的亚洲理工学院任教，他特意来信嘱咐蒋亦元教授等照顾好他们，会议组委会也把俄罗斯客人交给蒋亦元陪同。蒋亦元院士回忆说，当时苏联刚解体，俄罗斯的经济十分困难，他们缴的费用不足以与西方的外宾享受特设的餐席，而与中方的人员同餐一般的饭菜。有时他们尚未吃饱，菜却告罄，令蒋亦元感到十分尴尬。他与组委交涉可否让俄罗斯学者与西方的代表同桌，但遭到拒绝。蒋亦元只好买些名牌食品，会下多陪陪他们欣赏香山宾馆院内的美景作为补偿。但鲍洛金院士是一位很有素养、谦逊、和蔼可亲的学者，他的情绪没有任何波动，在那次学术会上做了用电器技术提高农作物产品质量的研究报告，内容很有新意。但这次会议给蒋亦元留下很大遗憾，总感觉对比起来20世纪50年代苏联同行们对他的帮助相差得太远了。

在莫斯科期间，汪懋华一行在鲁诺夫院士安排下还访问了国立季米里亚农业大学土壤研究所，这是一座拥有悠久历史和丰厚学术积累的殿堂。研究所展示了各种不同类型的土壤。由岩石经长期风化与自然的鬼斧神工，变成了肥沃土壤的这一过程的标本。真正让他们高兴的是看到了世界著名的伟大土壤学家——威廉斯的塑像，他们兴奋地匆匆在塑像前合影留念。威廉斯发现、创造的土壤团粒结构理论真正揭示了土壤能使植物茂盛生长的根本原理，时至今日仍具有重要意义。

在圣彼得堡全俄农业科学院农业物理研究所访问，虽然时间短，一行人所受教育也很大。这个所的经费匮乏，有的研究人员几乎可说是衣衫褴褛，试验室实际上就是一间屋顶破得开了天窗的破屋，室内挤满了自制的设备；但他们仍然兴致勃勃地向中国科学家们介绍自己的科研成果，比如使高压电作用于含有不同矿物质的晶体混合在一起的矿石上，使之炸开，不同矿物质晶体在接合面上散裂开来，从而实现了矿石的分离技术，这一探索极具创意。此外，所领导还介绍了许多新的理论上的探索。

在莫斯科参观全俄农业电气化研究所时，著名的斯特勒勃柯夫院士为汪懋华一行展示了有趣的试验装置。该装置是为了尝试印证他的设想——在全球三个不同经度的地方建立太阳能发电站，它们之间以泰斯拉（Tesla）高频谐振单线传导电能的原理，形成能全昼夜为全球均衡供应电能的一个电力网。而且这三个站均设在南或北的回归线上，太阳能的利用率能得到提高。这个装置是在一个放着温泉水的水盆里，有条电力驱动的小船，船内有变压器，并以单线引出，线端放在水里。盆外有电源，经变压器，输出线圈的导线的一端也置于水内，水就取代了单根导线，合上电闸，电动船就航行了。这就是泰斯拉高频谐振无线传导电能的室内模型试验。参观后大家很有感触：这位院士竟有如此宏伟的设想，并正以“千里之行始于足下”的精神，启动了他的头一步试验。

7. 参与组建海外华人农业、生物与食品工程师协会

世纪之交，中国经过十几年的改革开放，在农业工程领域已经有了一大批优秀的学生和学者在海外生活和工作。由于美国在农业与生物系统工程教育、技术和实践等各个方面引领着世界农业工程领域科技的发展，吸引了许多来自中国的学生和学者加入美国的农业工程师队伍，并且在大学、研究所和公司成为科研和产品开发中的中坚力量，取得了诸多成果。尽管他们身居海外，但有着强烈的愿望为祖国的农业工程发展做出贡献。长期以来，由于没有一个具有代表性的部门或机构出面协调组织，许多人觉得团队影响力不能完全形成，与国内的交流渠道也并不畅通。大家都热切渴望成立一个境外华裔农业工程师的学术组织，在中国与世界农业工程界之间搭建起搭桥。

这一时期，汪懋华正带领国内农业工程领域的同仁们频繁参加着各种国际交流活动，与包括美国农业与生物工程师学会（ASABE）在内的有关组织和业界人士建立起广泛的联系。1999年，在ASABE年会上，美籍华人学者张乃迁教授向汪懋华透露了建立这样一个学术组织的想法，汪懋华当即表示热情支持，并提供了他所知道的海外农业工程学者、留学生的联系方式。

张乃迁教授1970年毕业于北京农业机械化学院，改革开放后赴

美国留学深造，后任教于美国堪萨斯州立大学农业与生物工程学院，是中国大陆农业工程学界最早在海外产生影响的学者；美国农业与生物工程师学会2011年授予张乃迁教授会士荣誉（ASABE Fellow）称号，他是第一、二届海外华人农业、生物与食品工程师协会（AOC）主席，主要研究方向为传感器技术、机器视觉技术和高光谱成像技术等。1994年张乃迁回到母校拜访老师曾德超教授时，在曾教授处与汪懋华初次相见，汪懋华给他留下的印象是很和气，也很健谈，以后他每次回国都要到中国农业大学去看望汪懋华。“现代精细农业系统集成研究”教育部重点实验室成立后，又聘请张乃迁教授为重点实验室的第一位客座教授和学术委员会委员。

2010年11月，汪懋华院士向美国堪萨斯州立大学张乃迁教授颁发“现代精细农业系统集成研究”教育部重点实验室学术委员会委员聘书

事实上，张乃迁教授在筹备成立海外华人农业、生物与食品工程师协会国际学术团体过程中，给相关学者们发出的关于建立这个组织的第一封电子邮件，就是用汪懋华家中的电脑发出去的！从此，汪懋华也成为海外华人农业、生物与食品工程师协会学术组织建立最关键的倡导者、参加者和支持者。

在汪懋华的热心奔走下，2001年，海外华人农业、生物与食品工程师协会（Assaciation of Oversea Chinese Agricultural，Biological，and Food Engineers，AOCABFE，简称AOC）在美国加州首府萨克拉门托市召开的美国农业工程师学会（ASAE）学术年会期间正式宣告成立，这是在美国、加拿大和世界其他国家工作和学习的华裔农业工程师集体创建的学术组织。汪懋华曾专程赶来参加了AOC的成立大会，之后又3次参加了AOC的年度活动。为了使AOC充分发挥作用和扩大影响，他在2002年积极支持在陕西杨凌组织召开了现代农业国际研究院成立大会暨现代农业与科技创新学术论坛，并作学术报告《海内外华人科学家携手合作协力推进现代农业科技创新》。论坛邀请由12位AOC会员组成的代表团与国内农业工程师见面，被视为国内农业工程发展具有里程碑意义的重大事件。

2011年，汪懋华赴美国出席AOC成立大会

AOC的成立，不仅为海外农业工程界的华人学者建立了一个可以联系和交流的组织，同时它也是国内同仁在国际交流和合作的一个有效平台。在汪懋华的带领和AOC的协助下，中国农业工程学术组织已经同多个有关的国际学术组织建立了紧密的合作关系，并为世界农业工程的发展做出了贡献。他参加多届美国农业生物工程师学会和AOC年会，每次来到美国后立即组织有关人员开会和同美国农业工程师学会开会，探讨如何加强中国农业工程学会同海外的学会及会员的合作。虽然他现在的主要研究领域是精细农业与新一代信息技术农业应用，但他同时对农业工程的其他领域同样有着广泛的兴趣和关注，一个生动的事例是有关再生能源的发展问题，一旦有一些重大的再生能源的政策或者文章及观点在中国出现，汪懋华总是将消息及时传递到国外，同大家共同探讨其科学性和可行性，同时也使大家了解国内的行业动态。另外，他也经常要求AOC的会员把国外有关的科研、产业和政策最新动态提供给他。通过这个平台，尽管汪懋华工作很忙，但许许多多的海外学人都得到过他的热情和亲切的接待，每年年底汪懋华热情洋溢的新年问候信更是使人难忘。

8. 助力联合国亚太农业工程与机械中心落户中国

2003年11月19日，联合国亚洲及太平洋经济社会理事会和中国政府代表在曼谷签署了《联合国亚太农业工程与机械中心东道国协议》，宣告原设于泰国曼谷的联合国亚太区域农业机械网络（RNAM）更名为联合国亚太农业工程与机械中心，并正式由泰国曼谷迁到中国北京落户。这标志着中国与联合国的合作跨出了新的一步，有利于“亚太区域农业机械网络”进一步拓展亚太地区农业工程与机械领域的国际合作，提高与农业相关各领域的整体发展水平。中国政府表示，愿意为亚太农业工程与机械中心提供支持，这也是联合国在中国设置的第一个下属机构。时任亚洲及太平洋经济社会理事会执行秘书金学洙说，亚太农业工程与机械中心落户北京有利于亚太地区各国在农业技术、农场机械化、食物加工和生物工艺学等各个领域的交流合作。

在亚太农业工程与机械中心落户北京过程中，汪懋华也做了大量的推动性工作。2001年，原国务委员中国工程院院长宋健，作为科学家出身的国家领导人，他一直主张和倡导我国的科技要走向世界。当时联合国还没有一个正式机构设立在中国。这时，成立于1947年的亚洲及太平洋经济社会理事会正式启动了一项动议，考虑要将亚洲及太平洋经济社会下面的“亚太区域农业机械网络”由曼谷迁址到中国。亚太区域农业机械网络最早成立于菲律宾，后来迁到泰国曼谷，在曼谷已经设立了十多年，亚洲金融危机以后，泰国经济受到很大冲击，使这个联合国下属的国际组织有了搬迁的想法。宋健同志获知这个动态信息后，立即向中央领导做了汇报，并找外交部谈话，提出要抓住这个机会，想办法把这个联合国的机构吸引到中国来。

外交部立即行动，召集科学技术部、财政部、农业部等几个部的负责同志共同商议，汪懋华也应邀参加了这次会议，因为这是跟农业工程与机械有关的事情，而且他也熟悉泰国的情况，包括亚太区域农业机械网络的情况，他还建议邀请一些农业机械方面的专家参加研究，其中就有曾任机械工业部工程农业机械司司长、亚太区域农业机械网络中国代表、留苏归国的专家鹿中民参加研究。鹿中民每年都参加联合国亚太区域农业机械网络在曼谷召开的年度工作会议，他在曼谷开会的时候还到汪懋华家中做客，汪懋华夫妇在曼谷热情招待过他。

迁到中国后，国务院明确联合国亚太农业工程与机械中心由中国工程院归口管理，中心理事会的理事是各国政府任命的，一个国家派一个代表，中国代表由中国工程院推荐沈国舫副院长出任；另外还有一个技术委员会，委员由成员国推荐，由联合国亚太农业工程与机械中心提名经联合国亚洲及太平洋经济社会委员会理事会聘任。汪懋华于2003—2008年、2009—2012年先后出任技术委员会的中方委员和理事会中方委员。技术委员会和理事会每年都要开一次会，技术委员会会议成员参会的往返飞机票，都由联合国亚太农业工程和机械中心提供；各成员国理事参会的相关费用由成员国政府提供。

技术委员会主要职责是提交成员国有关技术与产业发展年度报告，组织交流讨论技术方案、技术路线，每年开会会期一般是两天，中间休息一天后，接着再开两天的理事会。技术委员会会议所讨论的综合发展报告要向理事会汇报，技术委员会和理事会会议先后曾在中国北京、越南、印度、韩国、泰国召开过。会议期间大家讨论的都是共性的问题，帮助与会人员了解各成员国的工作进展情况；每年汪懋华参加技术委员会或理事会会议回来都会撰写一篇报告向中国工程院详细汇报会上讨论了什么问题。2009年以后中国工程院提议汪懋华出任理事，再另聘技术委员会委员。期间，来自中国工程院的常平秘书长也曾担任联合国亚太农业工程与机械中心副主任，与汪懋华的合作很默契，他经常主动找汪懋华联系，遇到什么问题都愿意和他商量。

2013年1月，联合国亚太农业工程与机械中心正式办理手续由中国工程院移交给农业部代管，经联合国亚洲及太平洋经济社会委员会理事会批准，联合国亚太农业工程与机械中心正式更名为联合国可持续农业机械化中心（Centre for Sustainable Agricultural Mechanization，UN CSAM）。新任命中国国际交流协会前主任赵兵先生为中心主任，并于2012年12月在曼谷召开的理事会上正式上任。农业部国际交流协会代表我国政府归口管理联合国可持续农业机械化中心有关工作。

之后，汪懋华结束了近10年在联合国亚太农业工程与机械中心（UN APCAEM）的服务工作。

9. 张开双臂与世界相拥

从20世纪80年代中国农业工程学科开始与各种国际组织接触，到进入新世纪后，2010年亚洲农业工程学会（AAAE）总部首次离开创建地泰国曼谷迁入中国北京，EI检索的AAAE学术期刊《国际农业工程》也随之落户中国，CIGR学术期刊和海外华人农业、生物及食品工程师协会（AOCABFE）与中国农业工程学会联合主办的英文版《国际农业与生物工程学报》等国际学术期刊编辑部设在中国，均由我国学者出任主编，说明农业工程学科的国际化成效斐然。近年来我国农业工程学者屡屡获得国际组织嘉奖，不少人活跃在国际组织的各项学术科研工作中，我国在农业工程界国际组织中的话语权和作用不断增加。这一切都表明世界农业工程中心向亚洲转移，亚洲农业工程中心向中国转移的情况。

1989年由我国牵头组织的综合性国际农业工程大会在北京举办，此前在我国农业工程领域从来没有召开过如此重要的国际会议，通过这次会议，我国农业工程学界与很多国家和地区的农业工程学术组织的交往日益深厚起来。会议在北京友谊宾馆科学会堂召开，由北京农业工程大学副校长汪懋华主持，时任农业部副部长刘江因担任主办单位中国农业工程学会理事长也出席了会议；会议还得到费孝通先生的指导，并邀请到了几位著名学者，如严济慈等人，他们在大会开幕式上做了重要讲话。

通过这次大会，大陆农业工程学界首次与我国台湾地区农业工程学界建立了联系。20世纪80年代，台湾跟大陆基本没有联系，但是部分在海外的华人学者与台湾学界却有沟通，通过他们，汪懋华联系到了台湾农田水利会会长施嘉昌先生，他在台湾很有名气，是台湾农业工程学界的总带头人。和他取得联系后，施嘉昌先生亲自带队、组织了12个台湾专家来北京参加1989国际农业工程大会。当时台湾还不能直航大陆，他们先飞到日本东京，再从东京飞到中国大陆，这12个人中的大多数都是第一次来大陆。

借助这次国际农业工程大会，汪懋华还率先与以色列建立起了学术联系。1989年，以色列农业工程研究所所长Sarig教授主动与汪懋华联系希望参加在北京举办的国际农业工程大会，汪懋华当即表示欢迎。Sarig教授当时正在美国加利福尼亚大学戴维斯分校做访问学者，需要直接从美国到北京，由于当时中国与以色列尚未建交，以色列在中国没有大使馆只有一个驻华联络处，于是汪懋华通过中国驻旧金山领事馆为Sarig教授办理了签证，这是对方第一次来到中国。中国和以色列建交以后，Sarig教授出任了以色列驻华大使馆第一任农业与科技参赞，积极推动在中国农业大学建立了中以农业科技培训中心，并大力发展中以之间的农业科技交流。

1989年5月中国和苏联实现了关系正常化，苏联学者由鲁诺夫院士和鲍洛金院士带队，有10多位专家来北京出席国际农业工程大会。在北京农业工程大学，20世纪50年代赴苏联留过学的教师们聚集在一起，集体招待苏联的农业工程界同行，主管外事工作的副校长汪懋华手举酒杯，激情四溢，代表大家致辞，用醇厚的美酒，用热情的语言欢迎鲁诺夫老师，欢迎苏联的学者专家。

国际农业工程大会很快闭幕了，但大陆与台湾学者之间的交往却刚刚开始。会议期间双方交流非常愉快，为后来的交流合作打下了坚实的基础。1994年冬天，应台湾农业工程学会及海峡两岸学术文化交流协会的邀请，汪懋华组织了一个12人的代表团前往台湾考察。成员中有农业部规划设计研究院原院长陶鼎来、浙江大学副校长程文祥，还有清华大学水利系的教授、浙江大学的生态学教授、水利部农水司的一名官员等，基本上是跨学科跨单位组织的，考察

1989年10月，汪懋华副校长率北京农业工程大学曾留学苏联的教师们接待鲁诺夫教授一行

期间受到了台湾同胞的盛情款待。

那次考察，足迹遍及台北、台中、台南，学术交流活动则主要在台湾大学、中兴大学（台中市）、屏东技术学院等学校展开，考察的重点是农业工程，那次考察有力加强了大陆农业工程学界和台湾同行学术组织之间的合作联系。

当时台湾也正处在转型时期，经济发展起来以后，生态环境问题日益引起关注。因为台湾的中部是一座山，两边下来就到海了，农业生产中很多是坡地耕作，上面施肥过后经过雨水冲刷下来，影响大片田舍和海水。台湾有很多生猪养殖户，猪粪被雨水冲下来后，环境问题就比较严重了。20世纪90年代以后，台湾已经不怎么养猪，主要就是因为污染太厉害。

汪懋华在台湾发现，台湾的基层推广体系搞得比较好。好多县都有推广机构，有美国留学回来的博士在那里工作。同时，他们的农民合作组织也搞得很好。当地农会的负责人告诉汪懋华，农会把农民组织起来，在台北这样的大城市就可以开设农产品直销商店，

1994年，汪懋华率团考察台湾地区的农业工程

直销农会的产品；农会还办有小超市。此外，观光农业在台湾也做得很好，周末时间，大家都愿意到农村、到山里采摘果子。

让汪懋华尤难忘怀的是台湾的农产品直销机制。农民组织起来自己保护自己，不是政府组织的。它首先是农民与市场之间建立的桥梁，按市场规律办事，自己办销售部，不要中介组织。汪懋华认为这点对大陆很有借鉴价值。目前大陆的菜价比较贵，农民收入却没上去，都让中间各个环节把钱赚走了。这跟农民的组织化程度、文化程度有关，要有会搞经济的人才能搞成这个机制。

那次访问以后，1996年、1997年、1998年，台湾农业工程界的朋友们年年都来大陆，汪懋华亲自主持了几次接待，两岸农业工程学者之间的关系一直很好。1996年年末起，汪懋华被台湾海峡两岸学术文化交流协会水土保持交流委员会聘为荣誉委员。

进入新世纪，汪懋华还被联合国工业发展组织中国投资促进处聘为历届绿色产业专家委员会高级顾问。

汪懋华的博学、进取和开放精神令外国同行深表敬佩，英国西尔索学院当时的院长Redly教授说过一句话：“汪懋华教授是他见到的

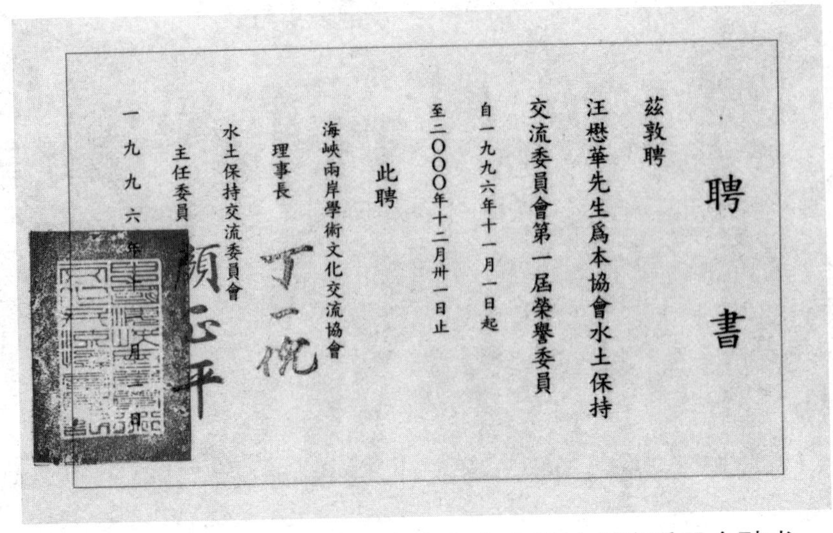

聘書

茲敦聘

汪懋華先生爲本協會水土保持交流委員會第一屆榮譽委員

自一九九六年十一月一日起

至二〇〇〇年十二月卅一日止

此聘

海峽兩岸學術文化交流協會

理事長

水土保持交流委員會

主任委員

一九九六年十一月一日

台湾海峡两岸学术文化交流协会水土保持交流委员会聘书

UNIDO

专聘字（2008）015号

聘书

兹聘任汪懋华先生为联合国工业发展组织中国投资与技术促进处绿色产业专家委员会高级顾问（聘任期：2008—2009年）

联合国工业发展组织绿色产业专家委员会聘书

为数不多对世界农业工程学科有着非常全面和超前认识的专家之一。”

直到今天，现年已近85岁高龄的汪懋华，仍然频繁地活跃在农业工程学科的国际舞台上，每年组织各类国际会议、国际交流、国际科技合作项目，参加各种国际学术考察，敏锐捕捉国际农业工程的新动向，并以之服务于我国农业工程的发展与进步。

第十三章

走在学科发展的最前沿

1. 提出我国“精细农业”发展研究的第一人

学界公认，汪懋华在20世纪90年代中期即率先在我国提出应积极发展“精细农业”技术体系研究与示范应用实践。他与“精细农业”结缘，缘自20世纪90年代前期，他在国际学术交流访问中，结识了一批欧美从事信息技术与农业可持续发展相互融合研究的领衔科学家，并接触到全球卫星定位系统与地理信息系统与农业装备企业研发的相关产品，他从农业科技革命的洪流中敏锐意识到，初现的“精细农业”技术体系是现代农业可持续发展研究的重要发展方向。1998年9月中国科学技术协会召开“科学技术面向新世纪”学术年会，邀请汪懋华到会发言，他在这次会议上发表了题为《精细农作——知识经济时代的农田精耕细作技术》的演讲，这是他第一次面向科学界公开提出了“精细农业”的基本概念与在发达国家的创新实践趋势。同年11月中国农业机械学会在上海召开第六次全国代表大会，汪懋华又在会上做了《精细农业研究的发展与农业装备科技创新》的大会发言，进一步阐述他的观点。不仅是讲，他还亲自动笔写，把他对“精细农业”的理解落在笔端。1999年第3期的《农业工程学报》上发表他的署名论文《精细农业研究与工程科技创新》，对精细农业的概念、内涵、特征、发展方向等问题做了详尽的解析，这是一篇影响以后多年的方向性综述，中国知网统计数据显示，该文被引用达数百次。在1999年第4期的《中国软科学》上，他发表了《精细农业的实践与农业科技创新》一文。在2001年

2001年汪懋华（右二）在韩国出席亚洲精细农业会议

10月的农业部第七届科技委二次全体会议上又发表了《精细农业发展研究的思考》，在2003年第1期的《中国农业科技导报》发表《关于精细农业试验示范与发展研究的思考》等系列论文，详细阐述了我国发展"精细农业"对农业可持续发展与现代化建设的重要意义，提出了"精细农业"的科学内涵和技术体系组成，描绘出了我国实施"精细农业"的路线图。

在他的积极推动下，1999年3月，国家发展计划委员会批准在北京市郊区建立我国第一个政府支持的"北京精准农业示范工程"项目立项。实施过程中，采纳了汪懋华提出的"先引进吸收再创新"的技术路径。1999年10月，在国家发展计划委员会支持下组织了包括国家发展计划委员会高新司、北京市发展计划委员会、北京市农业委员会、中国科学院、北京市农林科学院和中国农业大学"精细农业"研究中心领导与专家代表团赴美国进行考察，汪懋华先通过国际间合作关系，协调组织了这次考察。之后，汪懋华团队全程参与了由北京市农林科学院主持的北京市精准农业示范工程项目的规划与实施，重点参与了基地基础数据采样成图和引进国外精准农业技术装备的消化吸收工作。在他的团队大力支持参与下，小汤山国

2001年，汪懋华院士与学术助手李民赞教授（右四）、刘刚教授（右一）出席精细农业会议

家精准农业研究示范基地的建设取得快速进展。与此同时，汪懋华积极推进科技主管部门对精细农业的支持，他在2003年3月20日科学技术部召开的中国数字农业与农村信息化发展战略研讨会上，再次提出积极发展我国精细农业的战略性建议，得到科学技术部农村科技司领导的高度重视，随后国家科技主管部门从“十五”到“十二五”连续三个五年规划对我国精准农业发展给予了高度支持，同时，“农业精准作业与信息化”在《国家中长期科学和技术发展规划纲要(2006—2020年)》中，也被确定为农业科技发展的优先主题，从国家科技政策方面确保了我国精细农业的未来发展。在我国精细农业的发展过程中，从概念的引进、发展战略、技术路线、研究实践，到项目、基地、人才建设，汪懋华都做出了重要的贡献，对缩短我国精细农业与发达国家的差距、促进我国现代农业发展发挥了重要作用。

国家科学技术进步奖

证 书

为表彰国家科学技术进步奖获得者，特颁发此证书。

项目名称：精准农业关键技术研究与示范

奖励等级：二等

获 奖 者：汪懋华

2007年12月11日

证书号：2007-J-251-2-03-R02

2007年12月11日，汪懋华牵头的“精准农业关键技术研究与示范”项目获国家科学技术进步二等奖

汪懋华不仅一直高度关注并持续开展“精细农业”的研究和战略分析，也一直在跟踪着世界范围内科技发展研究的最新进展，积极学习，并大力帮助兄弟院校发展精细农业研究。

从2003年起汪懋华和他的学生孙宇瑞教授就开始主持中德DAAD/CSC国际合作项目“精细农业中的先进传感技术研究”。李民赞教授也有幸作为项目组成员到德国波恩大学访问和合作研究了2次，每次3个月。2003年6月汪懋华参加在柏林召开的第四届欧洲精细农业国际会议（4ECPA）和第一届欧洲精细畜牧业国际会议（1ECPLF）期间，对德国明斯特大学的精细农业研究成果很感兴趣，与李民赞等人约定8月11日等他到波恩大学访问研究期间造访这个实验室。那天孙宇瑞教授和李民赞教授一大早就到杜塞尔多夫国际机场等候，等汪懋华在机场一出现，几个人一拥而上拿过他的行李，直奔明斯特大学。行进中，汪懋华还是那样健步如飞、思路清晰，丝毫看不出国际旅行的劳累。在明斯特大学他们从上午一直交流到下午，一行人又兴致勃勃地参观了实验室。在回波恩路上，很多人已是饥肠辘辘、疲惫不堪，再看汪懋华院士，他又开始整理一天的笔记，总结一天交流的收获，看不出饥饿难挨的表情，他说

这样的机会难得，苦点累点也是值得的。

曾任浙江农业大学工程技术学院院长的浙江大学副校长应义斌教授回忆道，1998年11月20日至11月23日在中国农业机械学会第六次全国会员代表大会及学术报告会期间，汪懋华院士郑重提出了在我国逐步实施“精细农业”的路线图，随后在11月21日晚上，他专门把应义斌院长叫到他房间，提出“精细农业”是获得农田“高产、优质、高效”的现代农业生产模式和技术体系，代表了现代农业的发展新趋势，必将成为未来农业与生物系统工程学科的一个重要发展领域，浙江大学应该尽快组织力量开展该领域的研究工作。在他的启迪下，应义斌当即给学院的何勇教授打电话，征求何勇教授对加强精细农业领域研究的意见，何勇教授当时就表示了浓厚的兴趣。至今，何勇教授的研究团队在这一领域已经取得了很好的研究积累。

现任浙江大学农业信息技术研究所所长、浙江大学数字农业与农村信息化研究中心常务副主任何勇教授回忆：“我与汪院士相识于1998年，那年，我刚从日本东京农工大学、京都大学做高级访问学者回来，见到了时任浙江大学农业工程与食品科学学院院长的汪懋华院士。当时我已经成为教授几年了，研究方向一直是农业机械装备与节能技术，并具有良好的发展势头。我向汪院士介绍了自己的研究方向并和他畅谈中国农业工程学科的发展如何与国际接轨、如何适应新形势发展的需要等问题。在聆听了汪院士对国际农业工程的发展趋势和未来方向的阐述后，我深受启发，加之在日本做高级访问学者期间，了解到日本大学、国家研究所大力推进的精细农业的研究，先进技术特别是3S技术在农业装备中的广泛应用，更加坚定了我在国内开展精细农业研究的决心。此后，我将全部精力投入到了精细农业的科研和教学中，在此期间，汪院士一直给予了极大的支持和鼓励。1998年，汪院士组织了10多位国际精细农业领域的顶级专家到浙江大学参加国际农业信息技术与精细农业研讨

2000年10月16日，汪懋华（左五）在浙江大学组织召开国际农业信息技术与精细农业研讨会

会。会议期间我接触了一批国际著名专家，拓展了国际视野，并与他们建立起了良好的合作关系。这其中包括美国农业部仪器和传感仪器实验室主任Yudren Chen教授，我与Chen教授一家建立了深厚的友谊。2001年在美国做高级访问学者期间，我受到Chen教授一家热情邀请，与他们一同在位于马里兰他的家里共度了感恩节。通过汪院士的介绍，我结识了现为欧洲自然和人文科学院院士、爱尔兰皇家科学院院士、爱尔兰国立都柏林大学的Dawen Sun教授，并与之成为了挚交，开展了广泛的学术交流合作。此外还包括欧洲最早从事精细农业研究的Simon Blackmore教授，苏联卫国战争英雄、苏联农业部副部长、俄罗斯农业科学院院士、俄罗斯联邦农业部顾问鲁诺夫院士，美国堪萨斯大学的张乃迁教授，美国伊利诺伊大学香槟校区（UIUC）的Lei Tian教授，时任*Computers and Electronics in Agriculture*主编的Sidney Cox教授等。为我之后广泛地参与国际学术交流提供了良好的平台。在汪院士和李民赞教授的大力推荐下，我

多次参加了亚洲精细农业国际学术会议，并担任执行委员会成员。受汪院士国际化视野的启迪，我每次都带领团队的10 ~ 20名师生共同参加亚洲精细农业学术会议，鼓励他们全球化、多角度的思考问题；组织团队师生参加各类国际学术交流，加强团队的国际交流与合作。”

汪懋华认为，从学术的角度看，精准农业的提法是不科学的，容易产生误导。农业的问题不是简单地要求技术上的准确，准确不一定就能让农民赚到钱，准确不一定就适合我国农业的现实。农业生产不像工业化生产，不是越准确越好，还要考虑成本，考虑农民能不能接受、考虑技术落地推广的价值。同样是在中国，东部农民能接受的东西，西部农民就不一定接受得了。在设计和使用技术集成的时候，一定要符合自然、经济、社会等条件，要追求效益，它应该是经济、技术、社会环境的统一，不是只讲准确就可以的。

汪懋华看来，精细农业技术体系应该是在信息技术时代提升产业的效益，帮助人类更合理地利用资源，实现可持续发展、提升产业科学管理水平的一种技术体系，是一套不同技术组装在一起的集成体系。所以它不仅仅要考虑技术上的问题，还要考虑社会经济发

2004年6月13日，汪懋华院士（右一）在河北沧州参与谷物测产试验

展的程度，据此再决定这个技术体系应该怎么组装，保证这个技术既好用，又能满足生产的可持续发展，而且是社会经济条件能够承受的。如果技术上一味追求搞得太精准必定会浪费钱财，对农业生产和农民来说成本上不合算。

汪懋华曾经在1999年2 ~ 12月的《农业机械》杂志上连续发表过11篇连载文章，主要内容是系统阐述应该如何认识精细农业的科学内涵和定义科学名词。其实，不仅仅是农业工程领域，整个学术界都要重视这个问题。比如2002年，制造业出现了一个新概念，叫做“精益制造”，为了搞清楚这个词的准确意思，汪懋华引用了美国密歇根大学“精益制造”项目联合会主席杰弗里·莱克教授在《经济日报》组织的一个论坛上谈到“精益制造”时的说法：“Precision是一种哲学思想，一种理念、一种思维方式。对Precision 的理解，不能仅仅停留在对工具和方法的理解上。它不是一套可以硬性拷贝的工具，而是一种灵活的理念以及与之相关的一系列可用来帮助您持续改进的强有力工具。您必须理解这种理念，再学习使用这套工具，之后构筑自己的Precision System。”由此延伸，汪懋华告诫同行们在定义一个科学名词时，必须理解其中蕴含的哲学思维，要根据本地的实际情况来构建自己的系统，做出来的方案一定是因时因地而不同的。他强调，在搞科学研究的时候要格外注意这个问题，现在国家发展很快，要转变发展方式，要有新的发展思路，对世界科学技术的发展必须很敏感，对自己的未来发展道路以及我国农业农村的现实情况，必须有一个很清晰的把握，这样才能抓住机遇，让自己发展得更好。

2007年汪懋华参与主持的“国家精准农业示范工程”先后获得北京市科技进步一等奖和国家科技进步二等奖。2012年3月，由美国华盛顿州立大学精细农业研究中心主办的国际精细农业发展高峰论坛召开，会议邀请全球各大洲精细农业领域首席科学家共同总结交流经验，共商发展大计。汪懋华作为特邀主题报告人之一，阐述了对未来发展路线图的战略思考。2014国际精细农业高峰论坛由汪懋华担任主席，于2014年9月11 ~ 15日CIGR北京大会之前，在中国北京和黑龙江农垦农场召开。

2. 推动物联网在农业领域的发展战略与应用研究

进入新世纪第二个十年以来，物联网应用技术研究快速发展。2013年1月，国务院办公厅专门下发了有关物联网发展的文件。汪懋华认为，物联网技术发展潜力巨大，在农业领域可以有很大的发展空间。

汪懋华院士（左三）参观物联网在农业上应用展览

所谓“物联网”，就是以感知为前提，实现人与人、人与物、物与物之间全面互联的网络。举个例子，人在外面，拿手机拍个照片，就可以直接连接到办公室的电脑里，汇集处理各种信息，通过知识处理软件，提出科学的过程管理决策，指导农作实践。物联网其实并不神秘，它应该是一种让人“听得懂、记得住”的技术，它的首要任务就是推动产业技术进步。

物联网对于农业能够发挥哪些作用？汪懋华认为可以通过五个关键词来理解：第一个关键词是“资源”。“资源”如土地资源和水资源，要管好现有的农业用地，对土地的数量、质量要同时抓，努力提高农业土地产出率和资源利用率，把有限的农用土、水、地资源利用好；第二个关键词是“环境”。“环境”由水、土、气组成，如土壤有没有被污染、化肥施得过不过量、土壤的质量怎么评价、监测是否到位，这些都是土壤方面需要关注的。同样，水质有没有遭到破坏、大气污染的程度如何、是否会影响食品品质等，这些都是研究水、土、气生产环境时不容回避的问题；第三个关键词是“生产”。物联网服务于生产，它的服务领域具体可以分为三个大块：第一块是设施园艺，第二块是健康养殖，第三块是大田作物。以设施园艺为例，自动浇水、施肥、打药，自动调控环境温度、湿度、光照和二氧化碳浓度，这些过去被模糊处理的问题，现在都可以通过监控系统进

汪懋华出席物联网技术与公共安全产业发展论坛

行实时、定量、精确把关，支持农民种好菜、养好花。第四个关键词是“安全”，也就是常说的农产品和食品品质安全，利用物联网技术，可以构建起一套农产品与食品供应链过程信息可追溯系统，农产品和食品的产地、土壤、水质、大气、施肥、加工、包装……统统可以追踪到，问题出在哪里一目了然。第五个关键词是“智能化”，重点是农业装备的智能化，这是目前我国最薄弱的环节之一。汪懋华曾到美国爱科集团参观考察，考察中看到一台拖拉机在田里出了故障，但是企业的维修人员在总部的办公室里，采用无线遥控通信技术将拖拉机全身扫描一遍，就能基本判断知道问题出在哪里，然后通过远程无线通信服务对机器使用者给出解决方案。类似这种技术，发达国家10多年前就开始研究，现在在农业机械上已经应用得较多了，相比较而言，中国在这方面的研究才刚刚起步，差距还很大。

2010年1月起，汪懋华曾主持了中国工程院与物联网直接相关的两个物联网农业应用发展战略咨询研究课题。一个是国家发展和改革委员会支持立项的“物联网发展战略规划研究”精细农牧业应用分课题；另一个是中国工程院立项的“物联网在各重要领域中的应用”农业领域应用分课题。中国工程院立项的项目，还明确将农业列为物联网运用的重点研究领域之一，而且一开始就旗帜鲜明地提出，农业物联网要面向应用，要以培育新兴产业为目的。

汪懋华认为，物联网不同于一般的科技项目，它是国家“十二五”推动发展战略性新兴产业的重要组成部分，是为支持转变经济发展方式服务的。他提出，农业物联网应用宜聚焦在资源、环境、生产、农产品与食品、农业装备五个领域的技术创新研究上。2012年上半年，汪懋华就特邀了一位希腊学者到中国一起调研中国的设施农业。这位希腊学者Nick Sigrimis教授上大学读的是园艺专业，后来到美国康奈尔州立大学攻读农业工程硕士学位和计算机信息系统科学博士学位，搞物联网的专业背景很好，他现在是希腊雅典农业大学的教授。汪院士与他在国际农业工程协会（CIGR)活动

2006年汪懋华应希腊雅典农业大学邀请，访问交流设施园艺工程发展经验与Nick Sigrimis教授在实验室合影

中多次接触，相互之间很熟悉。

国际农业工程协会（CIGR）共有七个理事会，其中一个叫信息系统理事会，Sigrimis教授是这个理事会多届连任的理事长，他邀请汪懋华为信息系统理事会成员。2006年，他还邀请汪懋华一行到雅典农业大学进行学术交流，汪懋华、李民赞带着两个博士生一道前往。结果，他们发现雅典农业大学的设施农业搞得非常好，一个星期后汪懋华与李民赞返回国内，但把两个博士生留在那里又住了2个月，想把希腊设施农业的技术多学习一些过来。Sigrimis教授很开放，不但传授技术给博士生，还赠送了一些硬件和软件设备给汪懋华的实验室。

近年来，汪懋华正在率领他的团队在设施园艺方面尝试搞点根本性的变革，他邀请Sigrimis教授来华，首先到华北、东北、华东地区农村对中国广泛普及农户经营的设施蔬菜日光温室进行了调查研究。以便Sigrimis教授能更好地了解中国国情与农村农情，使他能更好地在了解中国国情基础上制定合作项目实施计划。务实推动欧共体国家先进设施园艺技术与中国农村市场产业转型的创新需求，联合研发面向中国农村市场需求的解决方案。

汪懋华研究农业物联网是有所侧重的，第一个重点是从推动转变农户经营的北方可不加温周年生产日光温室发展方式的转变上入手，与欧盟专家合作开展。这次他陪同希腊Sigrimis教授一行就是专门去考察农村量大面广的农户经营的日光温室，研究怎样把新技术融入到农户的日光蔬菜温室里面去，他认为这是我国农业物联网应用研究的主流方向之一。农户的日光温室建设成本低、较实用，但也普遍存在技术明显落后、生产效率低、抗风险能力弱、引发水土环境污染、产品质量安全存在隐患等问题。我国设施园艺面积合计已超过380万公顷，其中日光温室总面积占有约24.5%，开发先进适用的物联网应用技术，市场潜力巨大。

汪懋华在农村考察中了解到，农村蔬菜日光温室提升技术进步中的主要问题是土栽温室引发的水土环境恶化，产品质量安全保障不可持续、不安全的问题。蔬菜作物生产更需要靠大水、大肥、大药去增产，由此带来许多连作障碍、土传疾病，有害污染物质都存进土壤里了。有媒体报道，设施蔬菜生产基地种菜的农民们知道内情，多不吃自己在大棚里种出的蔬菜。为此，他常思考：这类产业应该怎样实现可持续发展？

在河北固安地区，汪懋华看到一个村庄建有1 000多个日光温室，变成了温室村，可以用来适度规模经营的成片良田也由种粮改为日光温室了。他对这种现象非常忧虑：如果全国都像这样搞，粮食安全又靠什么来保证？因此，他提出日光温室持续发展的根本出路是推动逐步转变产业发展方式，搞封闭式栽培系统，他想要做的根本性变革就是推进技术创新，引领封闭式低成本栽培的创新发展，这正是物联网农业应用技术创新研究的重要课题。

他从和希腊学者的合作中了解到，发展农村日光温室有几个关键点：第一个是低成本蔬菜栽培基质研究，这无疑要靠与园艺科学家共同合作进行研究。近些年，中国园艺花卉协会已经着手为农业部制定园艺作物的基质标准，基质成分中的70% ~ 80%都可取自地方原料，可代替土壤创造一个根系发育的环境。第二个是封闭膜研究（又叫隔离膜），它也不像人们想象的那样复杂，用的就是普通的防水塑料布，希腊学者们认为中国制造这种产品成本上绝对便宜。具体用法之一是将两边垄沟上铺上塑料膜，之间的沟里放上基质，塑料膜反扣过来即可栽植种苗。再研发一套较低成本的营养液自动调控装备，向苗床基质提供营养液，多余营养液可以循环回收，不会轻易渗入地下，污染地下水，确保能做到安全、简便、环保、高效。

针对蔬菜生产中存在的占用适于集约化、规模化粮食生产用地问题，他提出，虽然“菜篮子工程”很重要，但保障粮食安全还是治国理政的头等大事。我国农村还有许多不适于高效规模化种粮的荒芜土地、低产地、丘陵地、滩涂地和盐渍化严重的土地，完全可以将它们充分利用起来发展设施封闭式温室产业。这个产业不是直接基于土壤，而用基质即可，而基质可以是生物制品、可以是农资工业产品，在各地的中小城镇、工厂里可以制造出来，不但有望解决与粮争地的矛盾，还可能在城镇化推进的过程中催生出一个新的产业。

汪懋华研究关注物联网的另一个重点是温室里的环境如何监测，主要指标是温度、湿度、光照以及二氧化碳浓度等的生长环境监测。众所周知，温室封闭设施中的作物，需要通过太阳能辐射的光合作用转变为生物质产品，需要提高光合效率的二氧化碳供给水平。汪懋华在学术交流过程中得到一个新的知识：在沼气发酵过程中，气体近60%是甲烷，属于可以燃烧的能源。30% ~ 40%是二氧化碳，这是碳源，如果科学家们能研究出一种碳捕获技术把它们捕获下来，放入压缩罐中，在一个温室里放一个，加上自动控制，就可以解决温室中二氧化碳碳源供应的问题。二氧化碳如果被排放到大气中会导致温室效应的产生，有害于人类生存环境，而放入日光温室后则可以作为植物的营养，做到了变废为宝、变害为利。节能减排是我国实现可持续发展的长期基本战略，碳捕获技术能获成功的话，说它有多大的意义都不过分。

经过几年的实践，汪懋华将物联网在农业上的应用需要突破的技术和产品归纳为五点：一是坚持以感知为主线推进物联网农业应用的发展，围绕实现“高产、优质、高效、生态、安全”的现代农业要求，着力突破一批适用于农田作物土壤、设施环境、生产过程参数的先进、适用、低成本感知器件及无线传感网络等技术，着力构建以产学研技术联盟为主体，大力培育适于纳入网络信息传输的农用传感器集成节点。二是大力推进无线传感器网络农业应用研究，着力突破适于农业动态多变环境使用的网络信息传输多跳自组织、信息可靠传输、微功耗等的感知系统技术。三是着力研究农业物联网应用服务模式，加快农业应用云计算服务平台的研究，支持农村“三网融合”和农业与农村生产性信息服务产业发展。四是大力培育面向农产品冷链物流产业服务的信息技术、农资与农产品交易市场服务的物联网应用技术，为家庭农场、农民合作组织、农业产业化龙头企业、农业机械社会化服务组织，研发物联网平台技术与面向问题的物联网技术解决方案。五是加强农业物联网技术标准研究，作好产业架构、演进路线和技术体系等顶层设计。

关于物联网在农业应用的展望，汪懋华也提出了具体的的路径规划：“十二五”期间重点推进农业物联网感知层次及无线传感网关键技术及产业化研究，培育一批先进技术集成产品的应用市场。“十三五”期间着力培育农用物联网装备制造业和基于云计算的农村信息服务产业，全面推进农业与农村信息化与农用物联网服务市场发展“十三五”起，着力建立农业物联网应用产品的标准和实施规范，大力发展农业物联网装备制造与软件产业，形成较完整的产业体系。但愿他的愿望早日能成为现实。

物联网技术的基础是农业资源、环境、生产过程与食品供应链可追溯的先进传感器、无线传感器网络技术与现代农业机械装备智能化应用技术。汪懋华始终重视无线传感网络技术的开发和应用。2010年在他主持下，就在“现代精细农业系统集成研究”教育部重点实验室里举办过无线传感器应用的国际研讨会，可以说“现代精细农业系统集成研究”教育部重点实验室是在全国最早研究物联网技术在农业上应用的研究机构。物联网的应用首先要有计算机做载体，不管是台式机，还是手持机，本身要有完备的功能，才能通过有线和无线的方式加以应用。随着无线通信技术和芯片技术的发展，基于无线传感器网络传输已经得到不断完善，农业上对物联网的使用早已起步，在今天的黑龙江垦区一些农场，已经可以通过无线移动互联技术使拖拉机进入互联网络，坐在主管部门控制室里的人，随时可以知道每台拖拉机几时下地、作业情况怎样、实施机器故障远程诊断；同样，将联合收割机接入网络后，收割机收了几亩地、收了多少粮食、有无出现堵塞、是否发生过故障，也可以随时掌控，这就是实现了“物物相联”。汪懋华麾下“现代精细农业系统集成研究”教育部重点实验室的教师们近年一直在做这方面的研究，其中，刘刚教授负责一个国家课题的研究，重点之一是对土壤中重金属含量进行检测，据此分析特定农田里重金属含量的变化趋势。李民赞教授主要做土壤肥力检测，在果园里建立起物联网，把果树生长的数据实时传到物联网上。李莉博士跟随汪懋华在辽宁省朝阳市做蔬菜日光温室的物联网研究，在信息的获取技术方面，力争从以前的人工获取，逐步走向自动实时获取，支持后续的设备管理更加准确、目的性更强。此外，这个重点实验室正在陕西杨凌从事一个小麦方面的试验，是把检测作物生长的仪器连成一长串，放在拖拉机上，拖拉机移动作业时，就可以把小麦生长的数据记录下来。这个课题是杨凌区管委会申请到的，所以要求所有试验都必须在杨凌做，“现

2007年3月30日，在日本考察田间应用的集成传感器

代精细农业系统集成研究”教育部重点实验室和西北农林科技大学都是课题组的成员。

不过，关于物联网问题，汪懋华一直保持着科学而冷静的态度。2013年12月14日，他在去上海开会的飞机上看到一张报纸上介绍，江苏无锡市已经有600多家物联网企业，报道称，其中，15%有点钱赚，15%不赔不赚，70%要赔本；而且这些赔本公司大多数都是从中央到江苏省、到无锡市各级政府财政资金支持的项目。所以汪懋华告诫同行们，搞物联网不能头脑太热，要冷静一点，先有重点、有目标，从自己熟悉的特长领域下手启动，着力培育应用市场，不要一上来就要求搞得非常全面，一个单位什么都想做肯定是做不成什么事的，还是要聚焦凝练技术创新方向，着力研究目前农业产业发展面对的问题，提出适应面向用户市场需求问题的解决方案，扬长避短，把握创新发展机会。

2004年汪懋华考察丹麦皇家农业大学工程系的小型农用机试验研究

3. 关注紫花苜蓿与奶产品的产量和质量

2014年2月10日，国务院办公厅印发了《中国食物与营养发展纲要（2014—2020年）》（简称《纲要》），对2020年我国主要农产品所要达到的数量、质量指标都提出了具体目标要求。《纲要》出台后，汪懋华第一时间进行了认真学习，并且找出《中国农业年鉴》《中国统计年鉴》等工具书，对纲要上的指标进行逐一核对。他发现在我国整个农业布局中，奶业是个比较被动的产业，2012年我国人均牛奶拥有量是27.7千克，到2013年变成了26.1千克，出现了明显下降。《纲要》中对口粮消费、使用植物油、豆类、肉类、蛋类、水产品、蔬菜、水果等要求的人均拥有指标不少已经达到或超过2020年规划要求。但奶类，《纲要》要求2020年达到人均36千克，而2015年我国人均奶类产量才28.2千克，相差甚远。究其原因是由于奶源不足，而且没有好品质的奶，提高奶源品质问题仍然面对严峻挑战。

汪懋华分析，我国牛奶奶源和奶的质量为什么存在问题？主要是奶牛吃的饲料不够好。奶牛是不能主要用粮食喂养的，仅吃粮食产不出好奶，粮食蛋白质的含量最多不会超过13% ~ 15%，小麦的蛋白质含量也不高。而国外优质紫花苜蓿草蛋白质含量却能达到21% ~ 23%，前几年曝出丑闻的事件在牛奶中掺杂三聚氰胺，就是因为交售鲜奶时要监测蛋白质含量，不法商人唯恐含量不够而添加的。我国紫花苜蓿草质量与国外比相差甚远，汪懋华看到的一份甘肃草原研究所的发展报告显示，近几年来，甘肃省人工种草面积发展很快，其中多年生紫花苜蓿留床面积达到975万亩，但品质上却存在问题。中东部山区生产的紫花苜蓿粗蛋白质含量通常只有13%左右，而国外生产的优质紫花苜蓿蛋白质含量可达23%。我国紫花苜蓿蛋白质含量低，与农业装备和产业政策存在缺陷直接相关：紫花苜蓿的蛋白质含量最高的时候是在植株的现蕾期，花还没有绽开，这个时候抓紧收割，立即干燥、迅速压实后，蛋白质含量有可能达到21% ~ 23%。而一旦花完全开放、植株长高了，蛋白质含量会迅即下降。由于现蕾期产量低农民不愿收获，因为收购部门是按照苜蓿草的重量来收购，而等到开花旺盛期再收割，产量虽然上去了，可蛋白质含量却下降了。

同时，国产的牧草收获、干燥、压实、打捆机器装备也满足不了要求。紫花苜蓿最佳收获期只有5 ~ 7天，它是多年生植物，种一次可生长6 ~ 8年，不需要连年播种种植，但需要在5 ~ 7天的最佳收获期内全部收获、干燥、压实，作业量很大但国内普通缺乏适用的收获后处理机械，大大影响了紫花苜蓿干草后处理效率。另外，国产牧草收获装备最大问题是打捆后压不实，压不实里面就会存留氧气，微生物在富氧环境下会消耗掉苜蓿草的蛋白质，潮气进入也会腐烂打好的草捆。因此，打包、储存、包括防止雨水浇湿等问题都是农机部门需要认真解决的。当今紫花苜蓿第一大出口国是美国，我国从美国进口的紫花苜蓿，都用铁丝捆绑得方方正正，非常结实。

几年前汪懋华参加了一次两院资深院士联谊会，那时他还没有资深，是应邀出席。那次会上，他见到了任继周老院士，任院士是兰州大学草地农业科技学院教授、博士生导师、名誉院长，也是国家图书馆原馆长、著名学者任继愈的弟弟。他培养出的学生也已经是中国工程院院士，汪懋华从他们那里要来草原发展的资料一看，知道了甘肃的紫花苜蓿蛋白质含量有的只有13%，与国外比差距很大，经济效益自然也好不到哪去。

因此，汪懋华开始考虑紫花苜蓿收获装备的解决方案，探索解决收得快、干燥快、能压实等环节的问题。汪懋华建议利用的平台就是孙宇瑞教授和德国波恩大学之间的合作项目研究成果，孙宇瑞教授和波恩大学的第一个合作项目是测量土壤的含水量、土壤压实度和耕作层的坚实度，因为土壤压实、板结之后根扎不下去、吸收不了土壤中的营养，从而影响作物的生长，这是非常重要的耕作层土壤指标测试。近些年，孙宇瑞教授转向了牧草打捆后空间三维分布坚实度监测技术、压实度专用测试装备的研究，这种测试装备能够显示草捆内部压实程度的三维图形，反映出牧草压实程度、空间分布状态，看着构造图不同的颜色，就能知道哪一部分压实得不好。这种测试仪器在圆形和方捆的打捆机上都能使用，结构简单，就是将传感器并排插进草捆之中，全方位地检验压实度。研制过程中，生产牧草机械的国际巨鳄德国克拉斯公司看上了这项技术。对该公司来说，虽然牧草打捆机械是他们在世界上做得最好的机械之一，但却缺乏一种能检验它是否按规定达到压实指标的设备。2013年起孙宇瑞教授的团队去德国进行这项技术研究，经费都由克拉斯公司负担，这是把高科技引入打捆设备环节和领域的一个生动事例。这款装备目前还没有在国内试验，只是在克拉斯公司的打捆机上做了试验，也在位于法兰克福的德国农业协会（DLG）的农业试验站试用过，DLG是通过波恩大学的合作伙伴和孙宇瑞教授取得联系的。

汪懋华断定，牧草收获中打成捆就算完成任务的收获方式已经成为一种通病，后果是直接影响我国的畜牧业发展。前几年从美国进口的紫花苜蓿草，每吨价格2 350元，合一千克2元多钱，用于喂牛成本还不算高。他去看过河北省三河县一家奶牛场，喂养了一千多头奶牛，老板是从美国来的台湾人，牧场里堆满了自美国进口的紫花苜蓿。看到连牧草都要从美国进口，汪懋华感到这里面有问题：在农业转方式、调结构的过程中，我们往往只讲重粮食安全，很少有人去研究畜牧业饲草和相关装备问题，其实饲料问题也是不容忽视的问题。粮食安全问题无疑要放在第一位，但是粮—草关系，农—牧关系不处理好也会出问题。

汪懋华一直认为好的紫花苜蓿品种我国有，紫花苜蓿适生地区在北方，主要是内蒙古、黑龙江、甘肃等省（自治区）；南方是其他草种，且都有区域性和适应性。当年的两院资深院士联谊会形成了一个报告，主送时任国家领导人胡锦涛总书记和温家宝总理。讨论后由从事草业研究的兰州大学任继周院士、从事作物遗传育种研究的中国科学院张新时院士、从事微生物研究的中国农业大学陈文新院士领衔组织，共同提出了一个建议：过去一讲草原就是搞生态建设，要保护草原防治沙尘暴。保护草原无疑是对的，但是我国应该拿出十分之一的草原搞人工草场，我国现有43亿亩多草原，拿出十分之一就有4亿亩多，可以用来种紫花苜蓿和人工牧草。草原上也有河流、湖泊，在河岸、湖畔的地方种上人工牧草，解决奶牛优质饲料高效种植问题，不让奶牛到田野里去啃天然草了，生态自然也保护住了。有位资深院士还当场讲到，紫花苜蓿6～8年种植一次，不需要每年翻土种植；紫花苜蓿地上的部分生物质和地下根系的生物质总量相比，地下部分的生物质是地上部分生物质的5～10倍。汪懋华过去没有这个概念，听了这番话感觉这很了不起，大有发展前途。陈文新院士在发言中提出，紫花苜蓿是豆科牧草，通过施微生物肥，可以显著增强生物固氮作用，用来改良土壤；关键是要促进它的根瘤菌发展，首先要做到根深，可以把大气的氮固定在土壤里，使根系发育，向土壤里钻，如果土壤结构的湿度好，紫花苜蓿的根系可达10米深的话，钻来钻去的根系可以起到生物改良土壤、保持土壤疏松的效果，种紫花苜蓿的土壤有望变成肥沃的农田。汪懋华感觉这真是很令人神往的事情，在传统思维下人们往往只注重作物地上的部分，根本没有想到豆科牧草根系可以起到改良土壤的作用。

由此，汪懋华联想到，黑龙江省也有农业结构调整的问题。黑龙江是我国第二大牛奶主产区，而且是高品质的绿色牛奶产地。全世界公认的养奶牛最佳黄金产业带是北纬44°，处在这个纬度的完达山奶牛最有名气。在他看来，黑龙江农垦对国家的粮食贡献率很高，北京、天津、上海和军队的商品粮供应主要依靠他们，如果在保证粮食产能不下降的前提下，再发展一些紫花苜蓿草业，将牧业搞上去，农产品加工业又可以登上发展的新台阶了。几年前，中国工程院农业学部组织部分院士去黑龙江农垦考察，农场职工曾向院士们叫苦，我们真的干不下去了，以前黑土层都是80～100厘米，现在的耕作层只有15～20厘米，最浅的才15厘米，下面就是犁底层了，特别是东部地区还有大片白浆土。院士们注意到，黑龙江不是没有降水，问题是一遇降雨就要排涝。如果黑土层都是团粒结构，相互之间有缝隙，土深又在30～50厘米以上，就可以形成土壤水库，旱季到来，水也可以从深层处上反。但现在土壤中间有一个板结层后雨季就容易形成径流，不但雨水流走了，连土壤表层的养分都被带走了。2010年前后开始，黑龙江农垦将深松土壤作为一项很重要的粮食增产措施，每三年轮流深松一遍，在旱作农业区绝对是件大好事。

4. 探索提高机械化挤奶效率的路径

黑龙江农业机械工程科学研究院近年申请到一个农业部“948项目”，需要引进国外的挤奶机器人。这个院的领导专程来北京找到汪懋华，向他咨询引进项目事宜。此前，汪懋华在欧洲两次考察访问过这家公司，了解过其挤奶机器人在农场中的使用情况，而且中国农业大学水利工程系的一个硕士毕业生就在这家公司工作，这几年也参加过现代“精细农业系统集成研究”教育部重点实验室组织的物联网国际会议。汪懋华在荷兰参加国际会议时认识了这家公司的老板，他邀请汪懋华在会后到位于鹿特丹的公司去看看。到了公司，他除了带汪懋华参观公司之外，还带他到了农场参观。在农场里，汪懋华看到一位正在劳作的老年妇女，以她为主饲养了200头奶牛，农场只安装两台挤奶机器人及一些自动化饲养管理设备就可以满足生产需要。主人向他介绍，每天挤奶时，首先是清洗程序，奶牛一进去，机器人就给奶牛清洗乳房、消毒，然后按摩，之后四个挤奶装置根据乳房不同的位置自动选择奶头吸附挤奶。接下来的环节是检测奶牛是不是有乳腺炎，每头奶牛都编了号，哪头牛有毛病马上就能知道，农场里不光挤奶，还要每天检验奶牛的健康情况。交谈中汪懋华了解到，这种挤奶机器人在荷兰已经卖出了10 200套，但我们国家还没有开展有关先进技术引进、消化、吸收与创新研究。

听说黑龙江农业机械工程科学研究院想引进这种设备，荷兰公司就派了两个人来谈判，其中一位是华人，毕业于复旦大学。他们来谈判，是想了解中国的市场前景，这是他们的目标。而黑龙江是要把它实实在在放在完达山的牧场里去示范应用，促进新技术的消化吸收。一旦签订引进设备合同后，这家荷兰公司是要派人前来安装和提供售后服务的，而当时这家公司只在上海有个经销产品的办事处，根本无力提供服务，与他们在欧洲已经建立起的完善的营销服务网络根本不能相比。所以说，发展对外开放，促进引进先进科学技术的消化、吸收，提升自主创新能力对我国意义重大。

5. 因地制宜推广暗管改碱技术

汪懋华在“十一五”期间参与了我国科学技术部的暗管改碱技术科技支撑计划的评审工作。这项技术曾从山东沿海一带开始实施，目的是解决滨海地区盐碱地改良问题。由于滨海的土地被海水浸泡，土壤含盐分太高，如何才能将其改造成可以利用的土地？山东省一直在探索暗管改碱的路径。20世纪90年代，时任农业部副部长洪绂曾主持和推动了这项工作，洪绂曾副部长邀请有关专家几次去山东考察。从山东回来后，洪绂曾副部长邀集中国农业科学院老院长卢良恕院士、水利部原部长杨振怀等一起开会,研究向国务院建议将滨海地区盐碱地改良列入科学技术部“十一五”农业科技支撑计划，所用装备可以从荷兰进口开展引进技术消化吸收研究，建议科学技术部在“十一五”期间列入科技支撑计划，报告主送给时任主管农业的国务院副总理温家宝，他阅后批示给科学技术部考虑组织立项研究。项目从2006年开始组织实施，由中国农业机械化科学研究院负责研究制造大型暗管自动铺管机器，这种机器可以把沟开到1.5米深，将装有滤沙网的排水软管铺下去，使用荷兰的技术进行操控。项目实施后，中期评审和验收都是由汪懋华主持的；2013年，整个项目通过了验收，汪懋华在山东东营主持了验收会。

出乎汪懋华意料的是，后来课题组提出可将这项技术推广应用于内陆，如新疆等地区。最早立项时是针对改造滨海地区盐碱地的技术与装备解决方案，实践证明，暗管改碱技术在滨海地区应用是比较适合的。随着技术的进步和完善，课题组有人就提出，我们国家不只在滨海有盐碱地，在新疆也有大片盐碱地。内蒙古河套地区、吉林西部、黑龙江嫩江流域都有大片盐碱地，河北省南部黄淮海地区也有盐碱地，想要在这些地区推广同一暗管改碱技术。

汪懋华对此持不同态度，他认为，内陆盐碱地的形成大多是由于最早的灌溉方式采取大水漫灌，只有灌没有排才造成的，与灌溉技术有关。国外农田水利都是讲究灌溉与排水并重，而我国只讲农田灌溉很少强调农田排水。东北农垦要好一些，既有灌也有排，那是20世纪50年代由苏联专家帮助搞成的。所以当课题组提出要把在滨海地区取得的成功经验推广到国内其他盐碱地区时，主持验收会议的汪懋华旗帜鲜明发表自己的意见："这项技术只适合于部分滨海盐碱地区。"水利部杨振怀老部长在参加的第一次建议会上，也曾谈到这个技术只适合于滨海地区，他还讲出了一些道理，比如为什么不适合于吉林省的苏打盐碱地。这个项目的课题经费是科学技术部立项安排的，由国土资源部具体承担，有很多单位参与其中，汪懋华的实验室参与了激光平地仪研究。

近年，新疆生产建设兵团提出兵团的耕地盐碱化也非常严重，基本上都是硫酸盐的盐碱地，需要改良。为此新疆维吾尔自治区国土资源厅和新疆生产建设兵团领导先后来北京在国土资源部开过两次研讨会，都邀请汪懋华参加并主持。在两次会上他每次都提醒新疆的同行们，在新疆地区推广采用暗管改碱技术要慎重、慎重、再慎重。因为滨海地区的暗管改碱技术源于东营的胜利油田一带，那里是黄河入海口，黄河水是淡水，他们可用黄河淡水去冲淡表层的含盐量，水往地下流，地下铺的带滤膜多孔暗管吸收下层的水，土壤中含盐度高的水达到高浓度后可以通过地面排水系统排到大海中去。但是淡水资源也很宝贵，当地建立了小水库，第一遍、第二遍洗盐的水还没有那么咸，排出后就留在小水库里面，还可以再用来冲洗，而且冲洗过两次的水还远比土壤表层的含盐量要低，自然可以当做淡水资源用；一直到检测出水中含盐浓度很高，起不到洗盐作用了，才将其排到海里去。

这套模式怎么才能搬到新疆去？首要问题是新疆的淡水从哪里来，排出的盐水往哪里去，滨海地区可以排到海里，新疆能向哪排？当地同志告诉汪懋华，说是示范区里有个水库，汪懋华以为他们那里真有淡水资源，可再一了解，水库是座咸水湖，根本用不上，所以他坚持认为暗管改碱技术在新疆应用的可行性是值得质疑的。可见，不唯书、不唯上、仅唯实，是汪懋华一贯的作风和性格。

6. 推动精细农业向智慧农业演进发展

改革开放30多年来，我国的经济社会建设取得了巨大的进步。但长期以来我国经济发展方式，还主要是以拼资源、付出高的环境代价、利用低成本的人力资源等粗放型、中低端产业为主的发展模式。之前我国劳动力成本低，土地便宜，吸引了大量的外资到中国建厂、贴牌生产，对外贸易量快速发展，但许多核心技术仍受制于人。随着我国经济高速发展，土地和劳动力价格持续攀升，资源制约、环境污染、食物安全、国民健康等问题日益引人关注，“转方式、调结构、促改革、惠民生”，实施创新驱动发展战略，发展高科技、新产业，避免陷入中等收入陷阱，已经成为实现国家经济社会可持续发展的重要战略。

20世纪90年代初期，发达国家基于信息技术推进农业生产经营信息化与可持续发展方面提出了“Precision Agriculture”概念。汪懋华及时准确地把握了国际农业工程的这一发展新趋势，1994年开始带领团队在国内组织“精细农业”相关理论探索、示范实践与产业化技术研发，与世界发达国家同行具有密切的合作联系，与国际同步开始主攻“精细农业”智能信息技术与系统集成研究这个全新领域。他们介绍了大量发达国家迅速发展中的相关工程科技与系统集成技术的研究进展，促进和直接参与组织了在我国精细农业示范应用的早期实践。

正是在汪懋华极具战略眼光的判断和团队的不懈努力下，使得国内“精细农业”技术体系的应用研究发展基本与国际保持同步。

受此鼓舞，到20世纪90年代中期，发达国家提供精细农业技术支撑的许多著名农业装备厂商，开始关注开拓其先进技术产品的中国市场。由此也推动了中国农业工程科技与产业界开展相关技术消化吸收和基于中国国情的技术创新与成果产业化示范研究。

进入2010年，世界新一代信息技术发生了革命性换代的重大变化。如物联网、无线通信与泛在互联、云计算、大数据等技术受到各产业技术领域的重视。2008年年末，IBM提出建设“智慧地球”的概念，并随即被美国等发达国家列为国家战略。“智慧”一词已在推进传统产业转型创新、服务业经济发展与公共服务能力建设方面广泛使用和更好为人们理解。

“智慧农业”就是在这些新一代信息技术飞速发展背景下提出

的引领农业可持续发展的新理念。

2013年联合国粮食及农业组织发表了570页专著——《CSA气候智慧型农业（*CSA-Climate-Smart Agriculture*）》。内容涉及农用水土资源、能源、遗传资源保护与可持续利用、作物生产、畜牧养殖、林业、水产养殖系统的智慧化管理和食品供应链系统，及政策、财政、灾害风险预警和能力建设等方面关于实施基于气候变化的智慧农业的详尽论述，值得研究。

与此同时，汪懋华结合当前世界范围内新的技术发展特点和我国农业转型升级发展的现实需要，提出积极发展我国和世界“智慧农业”的主张，大力推动精细农业向智慧农业演进。他也因此成为我国“智慧农业”领域的先行者和权威，也是首届“智慧农业”国际研讨会的发起人、会议主席和主旨报告人。

2011年，汪懋华团队牵头申请了一个中美政府间的合作项目：基于生物传感器的禽流感病毒快速检测装备平台研究。他们的美国合作伙伴曾经多年在美国农业部的鼎力支持下取得了一些重要的进展，包括汪懋华派出的访问学者、博士后也有了多年的中美学术团队间的合作交流基础。

汪懋华意识到这需要多学科协同创新支撑，就联合了中国科学院半导体研究所、中国科学院安徽精密光学机械研究所、华南农业大学预防兽医学院、中国科学院自动化研究所等相关研究团队，在汪懋华实验室的总体设计、协调组织下，各显其能，取得了良好效果，分项研究成果又保持了和美方合作伙伴的密切联系，有的还提交美方实验室进行检测评价，较好地完成了复杂的任务，也体现了我方协同创新做出的重要贡献，正在进一步开展成果产业化推进研究。

对于智慧农业，汪懋华有着深入的理解。在他看来，“智慧农业”不仅需要有更快捷、准确度更高、成本更低廉和多元化信息共享服务机制的支持，还要综合不同地区农业与生物资源、环境、生态和社会经济条件进行分析；同时善于用生产管理者的智慧来利用好客观的数据信息，做出科学、节本、增效的管理决策。这些独到而深刻的理解，成为他推进我国农业从精细农业向智慧农业演进的力量源泉和重要支撑。

2015年3月召开的“两会”上，李克强总理在政府工作报告中提出推动“互联网+”行动计划的战略思维，要推动互联网与各行业产业发展的深度融合，促进大众创业、万众创新，加快形成经济发展的新动能。在消费互联网行业，中国已经取得了巨大的成绩，像阿里、百度等在面向市场、面向应用方面创造了奇迹，“互联网+”正在把这些创新创业的优势用于推动产业互联网的发展，以支持调整产业结构、转变产业发展方式，支撑产业、产品向中高端转型。“互联网+现代农业”将成为农业科技创新驱动发展的重点和关键领域之一。

但总体来看，智慧农业还是个新事物。在如何认识和把握智慧农业概念的问题上，汪懋华提出了自己的看法：认知智慧农业，有两个重要维度：一是技术维度，二是目标维度。

在技术维度上，汪懋华提出的看法是，建设智慧农业系统要集成运用物联网、移动互联、云计算与大数据服务平台等获取、汇聚、处理农业生产相关的客观数据，又能和农业生产管理人员的经验与智慧深度融合来做出生产经营管理、控制与决策。

在目标维度上，汪懋华认为，智慧农业将农业生产提质增效、农民增收，实现创新、协调、绿色、开放、共享的发展理念，保障农产品食品安全和加快推进农业现代化作为目标。也就是说，智慧农业的深度应用，将最终实现农产品产出、农民经济收入和绿色生态维护的综合效益最大化。

简单说，智慧农业就是集成运用先进的信息技术与农业装备产品，结合管理者的知识、经验和智慧，实现对农业生产环境和生长信息的智能感知、分析、调控与智慧管理决策、为农业生产提供精细化种植、可视化管理、智能化决策的农业生产经营管理新业态。

事实上，信息化与农业现代化的融合在中国应该如何推进，是汪懋华一直关心和推动前进的课题。2015年，他在一次接受媒体采访时曾表示，几天时间里，他连续参加了三个农业发展战略规划的研讨会，一个是中国农业科学院的2020—2030年科技发展战略规划；第二个是中国工程院的"关于推动农业全程全面机械化发展战略研究"；第三个是中国工程院和国家自然科学基金委员会联合组织的"中国工程科技中长期发展战略研究"第二轮会议。在这些会议上他也听到了不少专家的发言，也有一些不同的看法。他认为，有些观点出发点是好的，但和中国的实际情况相距比较远，比如提出农业全程全面机械化发展战略研究，有点距离实际基础太远了。应该首先对我国农业机械化发展的现状与问题有深入的调查分析研究。2014年，我国粮食作物耕、种、收综合机械化水平刚达到61%，而畜牧业、养殖业、农产品储藏加工业相关的机械化水平则仍然相当滞后，所以在制订中长期发展战略研究规划时，宜重视结合中国国情，强化问题意识，在中长期发展战略目标上，提出分步走的发展战略。制定产业创新驱动发展战略，不要单纯研究技术驱动，而且要密切关注农业发展现实的体制、机制和农业农村社会经济发展的全局性思维。

在汪懋华看来，智慧农业是解决上述问题的最佳战略选择。与以往农业发展理念相比，智慧农业"新"，就体现在新一代信息技术与农业现代化的深度融合。一是提升农业水土资源的高效利用和生产投入要素结构的优化组合，提高农业劳动生产率和显著减少人力投入成本；二是生产过程受控程度更强，每个阶段都会受到严密监控和及时做出适当处理。智慧农业较传统农业有更强应对各种不确定性的能力。三是生产出的产品更加符合优质、安全要求。智慧农业由于实现"智慧"化生产，易于实施优化的过程管理，获得更高的综合效益。

进入21世纪以来，我国北斗卫星定位与导航系统快速发展。迄今为止，我国已成功发射了22颗北斗导航卫星。天上北斗卫星加上北斗地基增强系统，可与美国GPS系统和俄罗斯格罗纳斯全球卫星导航系统兼容，已具备对亚太地区和“一带一路”主要国家提供不同精度定位服务的能力，至2020年可达到全球服务全覆盖。在具备差分校正服务地区，已可满足农地厘米级高精度实时定位导航的需求。

在汪懋华等人的推动下，北斗系统在我国农业领域的应用迅速发展，推动了智慧农业的实践。如大中马力拖拉机田间自动导航，联合收割机异地收获作业服务导航，农用土地管理中在划定永久性基本农田与监督管理，高标准基本农田建设规划实施，农用地分等、定级、估价规程实施，农村土地经营权确权登记与流转管理等的测绘科学技术，都在基于北斗卫星导航厘米或分米级精度的GNSS定位技术的基础上取得一定应用进展。

尽管取得了一定进展，但汪懋华对智慧农业的发展仍然保持着冷静，对于我国推进智慧农业发展的实践还需要克服的困难有着清晰的认识：一是现在还没有针对智慧农业发展的顶层设计、系统性规划和相关政策安排研究。二是一些相关的技术和设备仍然受制于人。三是配套的硬件基础设施与创新平台建设滞后。

目前中国还有5万多行政村没通宽带，拥有计算机的农牧民家庭不足30%。据2015年7月8日发表的《中国信息社会发展报告2015》，用信息化4个指数来衡量，我国信息化发展全球排名仍位居第88位，还处于工业社会向信息社会加速转型期，到2020年整体上才能进入信息社会的初级阶段。

因此，汪懋华认为，推动智慧农业发展研究与实践，要强化问题意识，坚持问题导向，注重不同地区农业、农村与农民的发展机遇与潜力，尊重基层和农民群众的首创精神，依靠基层和农民群众的智慧创造，脚踏实地、务实求真、创新发展。对支持新一代信息技术与实现农业现代化深度融合发展这一短板的认识尚待提高，相关创新研究公共服务平台建设应着力加强。

我国农业发展进入了新阶段，挑战与机遇并存。中央提出的“十三五”规划纲要第四篇关于“推进农业现代化”中提出：必须加快转变农业发展方式，着力构建现代农业产业体系、生产体系、经营体系，提高农业质量效益和竞争力，走产出高效、产品安全、资源节约、环境友好的农业现代化道路。他明确提出了要“提高农业技术装备与信息化水平”的目标；“加强农业与信息化技术融合，发展智慧农业，提高农业生产力水平”。

为推动我国农业从精细农业向智慧农业的演进，汪懋华提出了一些建议：一是要做好顶层的制度设计，勾勒出我国智慧农业的发展路线图，明确应用驱动导向的发展战略，着眼于农业产业转型和结构升级需要的智慧化技术创新。二是从集成已有共性关键技术产品和多年来积累的无线传感器网络技术研究成果着手，强化智慧农业发展的技术支撑。重点是农用感知工业化产品开发及其标准化技术研究；加强自主产品研发和产业化基地建设；创新主体方面，要建立高校、科研院所和企业的产业技术联盟，协力提升多学科、多部门协同创新攻关能力。智慧农业的发展需要促进不同学科间的交叉融合，创新研究方式，跨入信息科技研究的技术前沿。加大对农业大数据的开发利用，将熟练农户积累的技术和知识数据化，从而有利于让下一代农户或农业企业继承发展。

在他看来，我们应用技术不仅要好，而且要能帮助农业生产经营主体实现农业产业提质增效、节本增收，走出一条“生产技术先进，经营规模适度，市场竞争力强、生态环境可持续”的精耕细作、精细经营的现代农业发展之路。推动利用新一代信息技术和先进适用的农业装备，适应不同地区的资源、环境、生态、生产的具体条件，促进农机农艺密切结合，推进现代农业的实践。如何提高分散经营的农业资源、环境、土地产出率的差异性管理与信息化的深度融合发展，如何加快推动集约化、规模化生产和培育农业经营主体健康发展，是加快推进农业科技创新，包括智慧农业发展的重要方向。

第十四章

坦荡的人生和睦的家庭

1. 精力旺盛堪比青壮年

熟悉汪懋华的人都知道，汪懋华有“三快”：说话快、走路快、动作快，这大概与他长期高强度的工作有关，做事必须保持高节奏、高效率。“说话快”表现在日常交流和大会报告中，他讲话从来不是慢声细语，两句话之间间隔很短，讲起话来就像连珠炮，听者必须全神贯注，否则就会漏掉点什么。“走路快”更是出了名，一般的年轻人也很难跟得上他，他的标准动作是甩开膀子走路，一边走一边说话，两不耽误；“动作快”不仅表现在日常的形体动作上，更表现在他的工作节奏上，有时候白天开会，晚上准备多媒体，熬到后半夜那是家常便饭。

汪懋华的日程表总是排得满满当当，每天早上6点半起床，晚上12点休息，没有节假日，也不分白天黑夜。但他始终保持着充沛的精力，令许多同龄人自愧弗如，也让许多后辈晚生都钦佩不已。特别是在外地参观考察过程中，不熟悉他的当地陪同人员总有追不上他的时候，就连上下车、上下楼梯，他也从不让别人帮忙，很多时候动作像年轻人一样敏捷。在外地考察或开展学术活动，虽然时间紧，应酬多，但大家从未看到汪懋华显露疲惫之态。特别是一些国际学术会议，坐飞机要倒时差，按照国外的习惯，中午还没有午休，只吃一点简单的快餐，许多年轻人都难以适应，但身为长者的汪懋华仍然神采奕奕。

李民赞至今对汪懋华的一件往事记忆犹新。2003年夏季，欧洲遭遇了百年不遇的热浪，炎热的气候席卷欧洲大陆，造成了巨大的生命和财产损失。这样“难得”的机会正好让前来考察的汪懋华一行给赶上了。正常情况下，欧洲特别是中欧、北欧的夏天，是以凉爽而闻名的，所以一般宾馆都没有冷气设备，连汽车也没有安装制冷装置。波恩大学的Karl-Hans Kromer教授学识渊博、待人热情，和汪懋华有着深厚的情谊。在波恩大学访问期间，Kromer教授亲自驾车带领汪懋华和李民赞参观德国的农村和农业机械化，这趟行程的内容非常丰富。这原本是好意，可一路上的酷暑让几位中国教授吃尽了苦头，下车参观，骄阳似火，这还勉强可以忍受，但是一坐进车里，就像坐进蒸笼，酷热难耐。行驶在普通公路上，车窗虽可以打开，但是吹进来的风超过体温，丝毫起不到降温的作用。一上高速公路，Kromer教授立即遵守交通规则，关闭车窗，状况可想而知。车内所有人都是汗流浃背。可一路上汪懋华仍然兴致勃勃，虽然也是浑身湿透，但丝毫不显疲惫。当Kromer教授提出是否需要删减一些参观内容时，汪懋华立即婉拒，一再表示机会难得，一定要看完全程。路上Kromer教授提议可否到麦当劳店里休息一下，因为麦当劳店里有冷气空调，但汪懋华考虑到时间紧，怕耽误考察行程，予以婉谢。渴了就喝自己带的水。这样如期完成了全部的参观内容，包括一户农场、农场主自己办的农业机械作业服务公司、一家农业合作社、一家设施农业农场和一家世界著名的农业耕作机械制造厂商雷肯公司。回想起这次考察，李民赞由衷感慨："这次考察是一次'痛苦'的经历，更是一次收获巨大、受益终身的经历。在这以后我和学生一起做田间试验，只要想起那次经历，就感受不到苦和累。"

2. 能力是通过刻苦和勤奋得来的

汪懋华投身农业工程事业60多年，所取得的成就，举世公认，而这些成就，正如他嘱咐学生用功学习时所说的那样：能力是通过刻苦和勤奋得来的。

他是一位非常勤奋的人，所有认识他的人，包括外国同行，都说他身上似乎有着与他的年龄完全不相符的、怎么也用不完的精力。不管到什么地方参观他都是全神贯注，像小学生一样永远有问不完的问题。每次一住进旅馆，他就立刻进入电脑的世界，开始与世界各地的联络。汪懋华喜欢随时记笔记，每天的活动，他都要用密密麻麻的蝇头小楷在笔记本上记下来。这些年来他记下的笔记，已经有厚厚一大摞！因为在学术领域投入了太多精力，汪懋华对专业以外的事情便显得不甚了了，比如电视剧和文艺节目，与他人聊起来，他往往答非所问，文不对题。

汪懋华早已是硕果累累、桃李满天下，但他仍然虚心好学，一丝不苟，孜孜不倦。他喜欢随身带个小本，无论是开会还是与别人谈话，他总会把小本子拿出来，虚心听、认真记，遇到关键问题还会提出问题，比如“你能给一点具体数字吗”“你对将来发展怎么看”等。与分隔一段时间的学生或同行们碰面，他总会问“最近有什么新课题吗，给我讲讲你的新进展”，这让大家既想见到他，又怕见到他，害怕近期没有新的学习成果而令汪懋华失望。

汪懋华不仅站在学科的前沿，以其广博的学识、宽阔的视野、睿智的洞察、精深的专业来引领学科发展，更以其丰厚的积淀、豁达的胸襟、克难的刚毅、坦诚的胸怀，让学生领略到高山仰止的大师风范和的人格魅力。2011年4月，浙江大学生物系统工程与食品科学院整体搬迁至紫金港校区后，汪懋华专门为大一的新同学做了题为《发展的机遇与成长的思考》讲座。期间，汪懋华向青年学子们讲述了自己的求学、工作经历和人生感悟，强调要取得成绩离不开认真学习、锐意进取、实践创新。他还播放了一组精心准备的视频，在悠扬的音乐声中，激情昂扬地诵读了《精神栖息于茅屋》，希望同学们追求更高层次的精神富足。同学们备受鼓舞，激动地说：“听汪院士的讲座，使我们有机会学习院士为学为人的态度、方法和

孜孜不倦

心得，让我们享受到关于生命的深刻思考与启迪”“汪院士的这份人生感悟是对我们最好的‘心语’，是一次启发心智的机会！”

汪懋华从来不屑于门户之见、派系之争。他是我国精细农业技术的开拓者，开始从事这项事业时，行业内曾有过“精准”“精细”之争。汪懋华坚持自己的观点，但从不打压其他意见，几年讨论后，终于得以统一。由于体制的原因，中国农业机械学会和中国农业工程学会分属两个部门，汪懋华任中国农业工程学会理事长时，也任中国农业机械学会荣誉理事长，在认真履行中国农业工程学会理事长职责的同时，他也十分关心、爱护中国农业机械学会并积极参加其活动。

汪懋华一贯重视培养新人、提携后人。他是农业工程著名教育家，桃李满天下自不必说，在他日常工作中，还要花费大量的时间接待各方面来访者，上至政府高官，下至普通学子。对海外华人学者和回国创业者，包括陕西杨凌团队和江苏常州项目，他都倾注了

汪懋华在陕西杨凌西北农林科技大学考察

大量心血，不仅在专业方向上给予指导，就连与地方的关系也常帮助出面协调。在本学科稍微有点成就者，有几人能说从来没有得到过他的教导呢？

时至今日，汪懋华依然以充沛的精力、昂扬的斗志活跃在农业工程学科发展的最前沿。2012年3月，汪懋华参加由华盛顿州立大学组织召开的国际精细农业高峰论坛，当他健步走上讲台就中国精细农业发展现状和前景娓娓而谈时，坐在中国代表团旁边的一位美国教授悄声询问这位老人多大年纪了，当得知汪懋华已年逾80岁高龄时，他无比惊讶地说："如此高龄又成绩卓著的院士，没有享受天伦之乐，却依然奋斗在科研的第一线，实在不可思议！"

是的，汪懋华那种饱满的工作热情和埋头苦干的敬业精神无处不在，他用自己的言行激励着我国农业工程学科的后辈们，要以更加饱满的热情和更加强烈的社会责任感投入到祖国农业工程的教学和科研中去。

3. 夫唱妇随　琴瑟和谐

汪懋华在事业上能够取得成功，除了党和国家的培养、个人的勤奋努力之外，还有一个重要的因素，那就是他有一个幸福、和谐、美满的家庭，来自家庭的温暖是他奋发向上的不竭动力。

大学时代，由于把主要精力都投入到学习和劳动实践中了，加上经济条件的限制，汪懋华在本科期间从来没有谈过恋爱，后来又被选送到苏联留学，为了学业，他留学归国时年届三旬依然是孑然一身。

汪懋华的夫人张乃云老师1955年考入北京农业机械化学院农业机械系，比汪懋华小三岁，是北京人，家住北京西单大木仓新皮库胡同。1955级新生入学时，汪懋华作为学院团委的宣传部长负责查看档案，从新生中挑选班干部和团干部时，张乃云就是他挑选出来的一个班的团支部组织委员，她的档案资料早在入学时就被汪懋华翻看过，知道她是北京人，毕业于北京女三中。在召集新入学15个班的学生干部们开会时汪懋华也见过她，只是后来在校园里很少有个人交往，汪懋华对张乃云来说也只是个学生干部而已。

1962年，汪懋华从苏联留学毕业回国，已经步入而立之年，一个与他非常要好的同学毕业后分配在北京农业大学农业机械教研室工作，家住复兴门内，经常邀请汪懋华到他家里去玩，生活上也对他十分关照。一天，这位同学找到汪懋华说："你该考虑解决个人问题了，我给你介绍一位我们教研室的老师怎么样？你到我家里来一趟吧。"就约好某日到他家去，同时，这个同学把要介绍给汪懋华的人也邀请到他家里去。到他家后见面一看，对方正是同一个系、比汪懋华低三届的学妹张乃云，那是汪懋华和夫人正式相见的第一面。

两人在汪懋华同学家进行了初步交谈，彼此的感觉都很好。因为汪懋华带过张乃云这届学生的电工实验课，他对这届学生比较熟悉：谁的性格怎么样、毕业后都去干什么了等，两人有很多共同话题。

1964年，汪懋华夫妇结婚照

1962年秋天，俩人开始交往，1963年谈了一年恋爱，到1964年就开始考虑结婚的问题了。当年汪懋华32岁，张乃云29岁，那时年轻人结婚没什么讲究，朴素得很。结婚地点就在北京农业机械化学院第一批建设的1号楼招待所，两人在招待所租个房间住了几天，把各自的铺盖搬过去合在一起就算度了新婚之夜，没有添置新家具、新首饰，连婚宴也没有。几个同学朋友送点礼物，吃几颗喜糖就算结婚了。

汪懋华从苏联回国后，学校安排他住在学生集体宿舍新北楼，寝室里面摆着三张双层床，本来可以住三个人，实际上就住了两个人。同宿舍的同事已经结婚，爱人在杭州。每个礼拜六晚上，张乃云到汪懋华宿舍来。每到这个时候，汪懋华的同事就主动到其他宿舍去过夜，那个年代许多新婚夫妻就是这么过来的。

到“文革”前的1965年，学校才给汪懋华分了一套房子，那时候，张乃云还在北京农业大学农学系农业机械教研室上班，当时北京农业大学给所有学生都开了农业机械公共课，所以农学系也有农业机械教研室。

1965年年初，张乃云怀孕了，而汪懋华这个时候却带队和几个教师一起在顺义县木林公社陈各庄大队蹲点，住在农民家里。教师们需从北京东直门坐长途汽车到顺义县木林公社，然后下来走一段

20世纪70年代，汪懋华院士一家四口的快乐生活

路到陈各庄。那个时候汪懋华与张乃云刚结婚不久，属于新婚就分开，但是也并不觉得有什么不能克服的，他在农村一共蹲点实践8个多月。到了1965年11月，张乃云快要生产了，汪懋华才把母亲由广东家乡请过来帮忙，那时候他母亲50多岁，过来帮忙照顾孩子。大女儿汪宁是在北京妇产医院出生的，出生时汪懋华都没在家，第二天接到电话后才从农村赶回来看望妻子和孩子。

后来“文革”开始，汪懋华和几位教师从顺义县回到了学校，这期间反而有机会天天在家和家人待在一起了。那段时间，张乃云要经常到河北涿县农场带着学生做实验。在“文革”期间，总的来说，汪懋华和家人没有受到太大的冲击。

2011年11月，汪懋华与夫人和母亲合影于广州

1968年7月，张乃云生下了第二个女儿汪晓华，两个孩子刚出生时都是汪懋华母亲帮忙带的。到了1969年，汪懋华被下放到河

南信阳地区罗山县的“五七”干校，之后整个学校战备搬迁到了河南省，家人才得以重新团聚。当时学校有个政策，夫妻可以选择跟着一方走，结果是张乃云选择了跟随丈夫前往河南省沁阳县农村落户。又过了半年，学校搬到重庆办学，直到两年后才正式解决了张乃云的工作调动问题，把她从北京农业大学调到了北京农业机械化学院，成为了北京农业机械化学院的正式教师，分配在理论力学教研室。因为那个时候北京农业大学迁往延安，北京农业机械化学院迁往重庆，才有机会解决工作调动问题。之后夫妻二人就一直在一起了，包括后来到邢台、再回到北京，两个孩子和汪懋华母亲也跟着他们一起走，再没有分开。

2012年汪懋华院士夫妇结婚48周年纪念照

这样的过程汪懋华觉得没有多复杂，经济上过得去，有饭吃，没有饿肚子，也没有哪个家庭成员生过大病、出过大问题。无论是“反右”运动、思想改造、还是“文革”期间，受到的冲击都是一般性的，身体也很健康，应该说是比较顺利的。汪懋华家中就两兄妹，妹妹从广州中山医学院毕业后分配到贵阳医学院，汪懋华回国那年专门到贵阳去看过她。汪懋华妹夫在新疆有色金属研究所工作，妹妹在“文革”前跟随丈夫调去新疆，被提升为医院的主任医师。他们有三个孩子，都很健康。汪懋华一直很庆幸自己的生活没有经历过太多曲折，性格也得以保持淡定平稳，给自己创造了一个简单纯粹的环境，可以安心工作。

4. 长女承继父业

汪懋华的长女汪宁于1983年参加高考，就读于北京农业机械化学院电气化系应用电子技术专业。1987年毕业时，汪懋华鼓励她继续读硕士。于是她又考取了硕士研究生，1990年毕业，拿到了自己的第一个硕士学位：应用电子技术专业硕士。

那一年汪懋华开始准备到曼谷亚洲理工学院工作，汪宁硕士毕业后留在学校的电工教研室当教师，她的表现让汪懋华放心，老师和同学都很喜欢她。

1994年，汪宁来到曼谷亚洲理工学院攻读工业管理工程硕士学位，1996年获得第二个硕士学位后，在泰国一家电信公司给总裁当技术助手。总裁很赏识她，出差的时候总是让她随行，让她有机会接触到一些著名的实业家。这家公司和中国电信、中国联通等公司都有密切的业务往来，所以一年内汪宁总能有几次机会回国，但是父母要见她一面却很不容易。她的老板到中国出差，享受的是高规格的接待标准，大多数时候入住钓鱼台国宾馆。汪宁也只能跟公司同事们一道住在宾馆里，父母不便进去相见。再加上她本人也每次都忙得不可开交，难得有时间出来。后来汪懋华问她："女儿，你都干些什么工作呀？"汪宁告诉父亲，自己跟随总裁一起开展商业谈判，需要整理讲稿、做PPT、介绍企业情况、做会议记录等。

到了1997年，亚洲金融危机发生了，汪宁所在的公司损失惨重，连汪宁平时攒的钱也一下子贬值了一半。她的很多同学都不愿意在泰国继续待下去，于是到北美念博士去了。1998年秋汪宁也去了美国，在堪萨斯州立大学读了三年半博士，学习农业与生物工程学科，侧重研究电子信息工程科技农业应用，于2002年毕业，同时获得工学博士学位和电气电子工程硕士学位。之后，她在美国农业部下属的谷物研究中心做了半年的博士后，这样，她便有了1个工学博士学位和3个工学硕士学位和半年多博士后研究工作经验的积累。

汪宁读博士期间，导师是张乃迁教授，他对学生要求特别严格，他建议汪宁在攻读农业与生物工程系博士的同时，再修电气电子工程（EE）学科硕士学位要求的学位课程。获得博士学位后的前半年，汪宁就在美国农业部谷物研究中心做研究助理，后来又做了短暂的博士后。当时美国要从瑞典一家公司进口一批检测谷物质量的设备，这个设备从来没有在美国谷物检测上使用过，所以美国农业部组织专家对这批设备开展研究检测，而且还要派人员到瑞典公司的总部去调研考察，这件事情就由汪宁来承担。

2002年，美国农业生物工程师学会（ASABE）年会在美国芝加哥召开，汪宁也受邀前去参加。在那里见到了加拿大麦吉尔大学的系主任，是位印度学者。麦吉尔大学在加拿大是所很有名望的学校，系主任见过汪宁后通过交流进一步增进了了解，对她十分欣赏，就把汪宁招聘到了他们学校任职。麦吉尔大学给汪宁提供的待遇比较优厚，主要是做电子检测与仪器相关的研究和教学工作。那个学校的工作环境和学术氛围很好，汪宁在麦吉尔大学工作了4年。

2006年，美国俄克拉何马州立大学从事电子电气方面研究的系主任、教授退休了，他是美国农业工程师学会的会士，在美国农业工程学界享有较高名望，他想找一个跟他学术方向相符的人接班。汪宁经过面试就被录用了，她这个岗位的职责中，有30%的内容是教学，70%的内容是科研，也就是说以科研为重点。汪懋华觉得这样很好，免得被教学捆住影响参加国际学术交流活动和科研工作。学校给了汪宁比较多的支持，提供了相当优厚的启动经费用来建设实验室。于是，2006年12月，汪宁博士调任美国俄克拉何马州立大

学生物系统与农业工程专业任副教授

汪宁仍然常年在国外，她每年暑假期间会回国讲学、交流。另外她还在海外华人农业、生物和食品工程师协会（AOC）担任过第一、二届秘书长，与国外的学者联系比较频繁，这给她的学术研究带来了良好条件。2011—2012年，汪宁还担任了AOC主席。

5. 平淡而美满的家庭生活

汪懋华的小女儿叫做汪晓华，一直在国内学习、生活和工作。汪晓华年幼时，父母并没有刻意计划把她送到什么重点中学去，只希望孩子健康成长，所以她在离家不远的矿业学院附中上中学。后来考大学的时候到中国政法大学法律系念了大专学位。毕业之后在王府井的一家银行工作，她每天骑着自行车上下班，后来改骑摩托车，再往后自己开车。银行工作期间，她在中国人民大学继续学习国际金融专业本科，获学士学位，所以她既懂会计，也懂金融、经济、法律方面知识，长期在银行系统工作。

汪晓华的孩子，也就是汪懋华的小外孙，生于1996年。小孩子上初中时，汪晓华想把他转到中关村上中学。可是这样一来，孩子的上学地点就跟她的工作单位离得远了，为了就近照顾儿子，汪晓华离开银行到位于双榆树的一家公司上班，主要任务是给企业咨询如何在银行办理各种手续。她头脑聪明，办事利索，领导和客户对她很满意，写材料、操作计算机，各方面都干得得心应手。现在她陪在父母身边，让汪懋华夫妇感到很安心。

汪懋华家庭成员之间的职业方向既有重叠又有差异。汪晓华的孩子在中关村中学念到初中二年级的时候，学习压力非常大，每天早上6点15分背着书包出门，夜里写作业写到12点多，非常辛苦。家人觉得这对孩子性格的培养不利，开始考虑把他送到国外去上学。2011年8月，家人把孩子送到美国汪宁那里，借住在一个美国家庭里，当时汪懋华也在美国，正在参加ASABE会议。参加完会议，汪懋华和汪宁一起把孩子送到那个美国家庭里去，在那里只待了一个小时就告辞了。孩子一个人留在人家家里，但是孩子一点都不紧张。由于之前在国内受过良好的教育，孩子有着很开放的思想，不封闭，独立性很强，很快就融入到这个美国家庭中去了。汪宁的住处离外甥借住的地方大概有1小时20分钟的车程，汪宁常常接孩子到自己家过周末。孩子适应得很快，长得也快，他的英语水平也得到大幅提升，就是一些科学方面的专用名词还差一点，学习成绩总体还是属于A级这个层次。

汪宁的孩子，也就是汪懋华的长外孙女，2011年考上美国密歇根大学，同时学习声乐和组织行为学两个本科专业。她在北京出生，小时候在泰国生活过，后来又跟着妈妈到处走，看待世界的眼光很开放。她每年暑假回北京度假，保留了较好的汉语交流能力和对中国文化的见解。2012年暑假回国前，她自己通过互联网联系了两个北京的单位，利用假期回国参加了社会实践。这年6月8日，她从美国回来，11日就开始上班，到中山音乐堂去实习。每天7点钟出门，晚上6点半回来。她每天下班回家后，汪懋华都要问她今天工作怎么样，她说“挺好，挺有收获”。她做这些都是义务的，不要工钱。她很愿意与外公交流自己的工作进展，比如某天她告诉汪懋华，欧洲有个乐团要来中国演出，她要去帮忙做策划、翻译材料。她的英文很好，也很会处理这些社会性的事务，跟一些国内普通的大学生不一样。

2015年12月外孙女在密歇根大学获得双学士学位，毕业后，应聘到加州硅谷谷歌公司总部人力资源部工作。

汪懋华的家庭环境比较好，没有那么多坑坑洼洼的事情。每个成员都自得其所，日子过得平淡而幸福。夫人张乃云的脾气很好，她退休前在理论力学教研室，除教学外还曾担任教研室的党支部书记多年，工作积极、负责细致、为人正直，群众基础好，她们支部多次被评为学校的先进党支部。1991—1992年汪懋华去曼谷工作时，夫人办理了退休手续陪他一起去了亚洲理工学院，专职照料汪懋华的生活，使汪懋华能顺利地在国外陌生复杂的条件下完成教学科研、指导研究生以及有关的各项任务。

汪懋华平时工作繁忙，与住在广州年近百岁的母亲相聚时间不多，但他每次到广州出差，不管白天工作多忙，晚上他都尽量回家陪老母亲。由于母亲年岁已高，听力不好，他与母亲常常通过肢体语言和纸笔相互书写文字进行交流。这样一位对待学术态度严谨、作风严肃的学者，在面对母亲时内心却极其温柔，尽善尽孝。

汪懋华这一生，不屑于刻意经营人际关系，坚持本分做人、本色待人。历经风云变幻、岁月洗礼，而能一以贯之、处变不惊。“立身苦若浮名累，处世无如本色难”说的便是这个道理。然而正是这副坦诚平淡的性格和豁达乐观的胸怀，让汪懋华赢得了人们的尊重与爱戴。他就像那安然流过的溪水，不张扬，静无声，可才华与品性却在自然清澈流动中，无可阻挡地喷涌溢出，源源不绝。

附　录

附录1　汪懋华院士年表

1932年　出生

1932年11月11日出生于广东省兴宁县，其为客家人，家庭在当地算是普通贫民家庭，其祖父有两个儿子，父亲名叫汪铿，是次子。母亲为家里早年为其父定下的童养媳，在家里扛起照顾老人、养育儿女的重任。

1933年　1岁

父亲离家不归，他靠母亲独自抚养。

1934年　2岁

在家乡与母亲、祖母一同生活。

1935年　3岁

妹妹出生，家中四口人相依为命。

1936年　4岁

开始在家里帮助母亲做帽子时当下手。

1937年　5岁

帮助母亲做工时打打下手。

1938年　6岁

在其家乡兴宁城镇上小学，接受正规新式教育。小学一年级在城里的立范小学上学，上小学时候正值抗日战争期间。

1939年　7岁

为躲避日军空袭城镇，迁居城郊。后在兴宁城镇南郊培英小学续读小学二年级。

1940年　8岁

秋季起，在兴宁城镇南郊培英小学读小学三年级。

1941年　9岁

秋季起，在兴宁城镇南郊培英小学读小学四年级。

1942年　10岁

秋季起，在兴宁城镇南郊培英小学读小学五年级。

1943年　11岁

秋季起，在兴宁城镇南郊培英小学读小学六年级。

1944年　12岁

小学毕业，秋季起进入兴宁第一中学初中一年级。原来办在城里的中学为躲避日本飞机轰炸搬到了离城10多里外的农村。上中学后便不能每天回家，住在学校一般一周回家一次。

1945年　13岁

因头疼等病症在家休学一年。

1946年　14岁

秋季起复学，在兴宁一中读初中二年级。

1947年　15岁

秋季起在兴宁一中读初中三年级。

1948年　16岁

考上兴宁一中高中，秋季入学，学校在兴宁学宫，开始接触进步同学、进步思想。

1949年　17岁

在兴宁一中读高中二年级，迎接兴宁解放。

1950年　18岁

在兴宁一中读高三，被学校任命为新民主主义青年团总支副书记。

1951年　19岁

高中毕业，在其父亲与兄长的支持下，带领45名兴宁一中同届毕业生组成“兴宁升学团”赴广州参加高考，最终被北京农业大学农业机械系录取。于1951年9月初离开南国广东，开始了北上求学生涯。

1952年　20岁

3月底到10月，参加了为期半年的“大一”农耕实习，地点在北京丰台区卢沟桥永定河畔的北京农业大学实习农场。期间在农场成立了青年团总支委员会，任总支委员会委员。同年7月农业部决定将北京农业大学一分为三，其所在的农机化专业归属于新成立的北京机械化农业学院，由于学院校舍尚未建立，遂于10月15日在北京双桥农场举行北京机械化农业学院成立大会，并选双桥农场为临时办学场所。在这里参加了学校组织为期一个月的俄语突击学习。

1953年　21岁

按照农垦部和学校达成的协议，参加了学校组织的农机专业二、三年级学生共37人的垦荒队前往华南农垦分局参加天然橡胶种植基地垦荒，1～6月由其作为垦荒队副领队带领11人去海南岛参加垦殖橡胶实践，任务是驾驶和维修拖拉机。7月回到学校后，参加8月学校组织的暑期基础课补习，之后重新开始了大学二年级学习生活。

1954年　22岁

担任北京农业机械化学院团委宣传部长。

1955年　23岁

被系里指派，负责辅导1955级新生入学后的班级学生与团支部组织建设工作。

1956年　24岁

1月学校党组织批准其加入中国共产党，夏天大学毕业，经考试选拔进入教育部留苏预备部学习俄语，准备去苏联留学。

1957年　25岁

夏季留苏预备学习结束，被北京机械化农业学院领导指定留苏研究生改学农业电气化专业，作为新办电气化专业的师资培养对象，在学校自修电气自动化本科专业课程为留苏改学电气化专业打基础。并于同年7月第一次回家探亲，与家人留合影作为纪念。

1958年　26岁

夏天，赶上“大跃进”，期间参加了学校组织的大炼钢铁活动，同时为出国做准备参加农村电气化的调研。同年10月乘火车启程前往苏联。进入莫斯科农业机械化电气化学院，拜纳扎洛夫教授作为指导师，攻读苏联技术科学副博士学位。

1959年　27岁

继续在莫斯科农业机械化电气化学院攻读副博士学位，被中国留学生选为学校留学生党支部书记。参加了访问苏联的彭德怀元帅的接见。

1960年　28岁

在合并后的莫斯科农业大学继续攻读副博士学位，被选为合并后的国立莫斯科农业大学中国留学生党支部书记。

1961年　29岁

在莫斯科农业大学继续攻读副博士学位。莫斯科农业大学、莫斯科师范大学、莫斯科音乐学院、莫斯科戏剧学院、莫斯科铁道学院的中国留学生党支部联合成立的党总支，被大使馆留学生党委任命为党总支书记。

1962年　30岁

6月进行副博士学位论文答辩，题目为《电力拖动绳索牵引机驱动性能的研究》。于6月底回国，在留苏预备部翻译完学位论文，接受了形势教育之后被分到北京农业机械化学院农业电气化系任教。

1963年　31岁

在北京农业机械化学院电气化系任教，担任电能在农业中应用教研室主任，主抓电能应用实验室的建设。

1964年　32岁

与北京农业大学农业机械教研室老师张乃云结婚。冬天在顺义县陈各庄养猪科技试点蹲点，帮助解决生产队问题。

1965年　33岁

夏秋之季，组织了四五个教师一起参加北京市郊区农业科技综合示范基地——顺义县陈各庄养猪科技试点蹲点。11月，大女儿汪宁出生。

1966年　34岁

5月，“文革”风暴来临，学校停课、停止招生，蹲点被迫中断撤回学校接受政治运动教育。被扣上推行修正主义教育路线干将的帽子。

1967年　35岁

“文革”中的逍遥派，在家闭门学习专业业务，练习装半导体收音机。

1968年　36岁

7月，二女儿汪晓华出生。

1969年　37岁

被派送到河南信阳地区的“五七”干校进行劳动锻炼，于7月出发。次年9月北京农业机械化学院整体搬迁到河南焦作市的博爱县，其全家随之搬到沁阳县农村落户。

1970年　38岁

5月北京农业机械化学院全体教职员工被整体搬迁到重庆，进驻地处北碚的西南农学院校区办学。

1971年　39岁

在重庆市长寿县长寿电机厂蹲点，帮助做电动机设计与制造工作。

1972年　40岁

自学半导体原理。

1973年　41岁

原北京农业机械化学院改名为华北农业机械化学院。

1974年　42岁

国家计委批复了华北农业机械化学院迁河北邢台的计划。

1975年　43岁

学校开始组织往河北搬迁，随学校到河北邢台市农村落户。

1976年　44岁

在河北邢台华北农业机械化学院当教师，没有教学任务。

1977年　45岁

帮助邢台市科协开展顺序控制器技术培训与推广工作。

1978年　46岁

国家恢复职称制度，评上了副教授。为全院老师开办电子技术教师进修班。

1979年　47岁

学校搬回北京原校址，并将校名改回了“北京农业机械化学院”。参加中国农业工程学会的发起筹备工作并在杭州举行的学会成立大会上当选为理事。

1980年　48岁

加入中国自动化学会教学指导委员会，成为中国自动化学会会员。为驻留在校园的机械部起重机研究所开设自动控制理论课程。

1981年　49岁

开始给学校应用电子技术专业本科生、研究生开自动控制理论课程。担任北京农业机械化学院科研处处长。

1982年　50岁

在珠海召开的中国农业工程学会电子技术专业委员会上当选为副主任委员。

1983年　51岁

大女儿汪宁参加高考，考取北京农业机械化学院电气化系应用电子专业本科。

1984年　52岁

7月被农牧渔业部任命为北京农业机械化学院副院长。大力扶持农业工程学科和促进农业机械化的发展。

1985年　53岁

由其代表起草了关于变更学校名称的报告。同年北京农业机械化学院正式更名为北京农业工程大学，并于同年筹备主持了农业工程学科建设研究生教育研讨会。被国务院学位委员会办公室任命为"农经、农业机械化"学科评议组召集人。同年赴英国参加英国皇家农学会举办的"电子技术在农业中的应用"国际会议和顺访英国农业工程学科高等院校和主要科研机构。作了《关于我国农业电子信息技术发展的思考》的学术报告。

1986年　54岁

当选为中国农业工程学会副理事长。同年发表了题为《农业工程学科和专业建设问题的探讨》以及《微电子技术在农业中应用的发展与加强研究开发工作雏议》的学术论文。

1987年　55岁

评上教授。同年，国务院学位委员会提出修改学科专业目录，被任命为农业工程学科专业目录修改小组组长。农牧渔业部成立全国高等农业院校教材指导委员会，受聘为委员兼任农业工程学科组组长。大女儿汪宁考取本校农业电气自动化系攻读硕士学位。同年发表了题为《微机化电孵化机温度场实时检测系统的研究》的学术论文。

1988年　56岁

参加英国农业工程学会建会50周年庆典，并于庆典活动上作大会报告，被授予英国农业工程学会会士（Fellow）荣誉称号。同年起代表中国方面担任了FAO农业机械化专家组成员。研制出第一台微电脑孵化机控制器。该课题于1993年和1995年两次获得了北京市的科技进步奖。

1989年 57岁

由其牵头组织主持在我国首次召开了综合性国际农业工程大会。通过该次大会，使我国与许多国家和地区的农业工程学术组织交往日益深厚。同年发表了题为《加强国际交流 开拓中国农业工程科技工作新局面》的学术论文。

1990年 58岁

为去泰国曼谷的亚洲理工大学任教，辞去大学副校长一职。11月中旬辞职报告批复。大女儿汪宁硕士毕业获电子技术与自动化专业硕士学位后留校在电工教研室任教。

1991年 59岁

1月6日，同夫人从北京启程赴泰国曼谷的亚洲理工学院任教。其妻子办理了退休手续同往。

1992年 60岁

在泰国曼谷亚洲理工学院农业与食品工程系和能源技术系任教，为各国研究生开设学位课程和硕士论文研究课题指导。

1993年 61岁

结束在曼谷亚洲理工学院执教生涯，回国前夕中国驻泰国大使李世淳邀请使馆和亚洲理工学院领导在大使馆设宴送别。

1994年 62岁

教育部启动“面向21世纪全国高等学校教学内容与课程体系改革”研究项目。同年末组织代表团赴台湾考察，此次考察促进了同台湾地区的学术交流。大女儿汪宁到曼谷亚洲理工学院攻读工业管理工程硕士学位。

1995年 63岁

5月5日被遴选为中国工程院院士。同年同其博士研究生运用图像处理理论研究了苹果的品质检测与分级技术。发表了题为《信息技术革命与持续农业发展》的论文、《农业院校工程学科专业课程体系改革的思考》的论文。

1996年　64岁

教育部成立"面向21世纪全国高等学校教学内容与课程体系改革专家顾问组"，汪懋华受聘为由全国17位专家组成的顾问组成员之一，历时5年。同年"九五"计划提出新的农业科技革命，科技部成立了专家顾问组，其为专家组成员之一。同年他用小波算法给图像处理升级，用于奶牛体型评估。牵头申报成功农业部"农业电气化与自动化重点实验室"。小女儿汪晓华的孩子出生。同年发表了题为《BP神经网络在奶牛体型判别中的应用研究》《水果果形判别人工神经网络专家系统的研究》的学术论文。

1997年　65岁

关注精细农业的研究。同年在农业部科学技术委员会会议上发表《精确农业研究的发展与新的农业科技革命》学术报告。同年发表了题为《并行遗传算法与神经网络、模糊系统的结合》的学术论文。

1998年　66岁

申报成功，建立了中国农业大学"精细农业研究中心"。大女儿汪宁赴美国堪萨斯州立大学攻读生物系统与农业工程博士学位。支持中国农业机械化科学研究院副院长李树君在国际农业工程协会（CIGR）第52次理事会上提出由中国承办2004 CIGR学术年会的提议。同年发表了题为《"精细农作"——知识经济时代的农田精耕细作技术》《用计算机图像技术进行苹果坏损自动检测的研究》《实现现代集约持续农业的工程科学技术》的学术论文。

1999年　67岁

10月，被任命为农业部全国高等院校教育指导委员会副主任兼农业工程学科组组长。参加了意大利博洛尼亚国际农业机械化发展战略研究俱乐部会议，并作主题报告。同年发表了题为《"精细农业"技术发展与农业装备技术创新》《基于计算机视觉的水果实时分级技术发展与展望》《精细农作发展与工程技术创新》《图像形态学在苹果自动分级视觉信息处理中果梗判别与边缘检测中的应用》等的学术论文以及主题为“精细农作”技术发展与农业装备技术创新的系列讲座论文，题为《农业中的信息科学》的报告论文。

2000年　68岁

组织申报“现代精细农业系统集成研究”教育部重点实验室获得成功，并任实验室学术委员会主任。5月起，受聘到浙江大学农业工程学院担任兼职院长。同年发表了题为《工厂化农业的发展与工程科技创新》《电子信息科技发展与农业机械化技术创新》《信息科技：农业可持续发展的加速器》等学术论文。

2001年　69岁

参与美国堪萨斯州立大学张乃迁教授组织推动的海外华人农业、生物与食品工程师协会（AOC）的策划。同年还负责实施了中国工程院重大项目的子课题“现代农业装备制造业发展战略研究”。同年发表了题为《精细农业发展研究的思考》会议论文和《一种土壤电导率测量方法的数学建模与实验研究》的学术论文。

2002年　70岁

大女儿汪宁在美国堪萨斯州立大学获工学博士学位和第三个工学硕士学位。同年发表了题为《基于颜色分形的水果计算机视觉分级技术》的学术论文。

2003年　71岁

参加中国农业大学农业工程学科研究生教育与学科发展问题座谈会。2003年发表了题为《关于精细农业试验示范与发展研究的思考》《3S技术在农田基础地图测绘与更新中的集成应用》的学术论文。

2004年　72岁

出任中国农业工程学会理事长。负责协调、组织了CIGR 2004国际农业工程大会首次在中国召开，并担任大会主席。受聘为美国堪萨斯州立大学兼职教授。主持了中国工程院“中国信息化持续发展战略研究”项目的分课题“信息化与农业现代化研究”。同年发表了题为《联合收获机测产系统数据采集与处理的误差分析》的学术论文。

2005年　73岁

率领代表团到俄罗斯圣彼得堡市参加由俄罗斯农业工程协会和国际农业工程协会联合主办的国际会议。参与主持了中国工程院重大咨询项目“中国农业机械化发展战略研究”。11月出席了在德国汉诺威举行的Agritechnica 2005农业机械博览会、意大利博洛尼亚举行的国际农业机械化发展战略研究俱乐部学术年会。同年发表了题为《欠发达地区农业装备与农业机械化发展战略》《基于动态规划的快速序列比对算法》的学术论文，题为《推进信息与通信技术为“三农”服务和提升产业技术发展的思考》的讲演稿。

2006年　74岁

5月30日受内蒙古农业大学聘请为学校特聘院士。参加中国工程院“草原牧区畜牧业机械化发展战略研究”专家研讨会，并做《建设现代化农业与农业技术创新思考》报告。同年在波恩召开的第16届CIGR世界大会上被授予CIGR会士荣誉称号。同年发表了题为《农业机器人在农业生产全过程信息化中的重要作用》的会议论文。

2007年　75岁

发表了题为《激光平地技术在土地开发整理中大有可为》的会议论文。

2008年　76岁

发表了题为《基于无线传感器网络的农田土壤温湿度监测系统的设计与开发》《现代农业要有现代农机流通做支撑》《把握发展机遇加快推进农业机械化》的学术论文。

2009年　77岁

8月获中国农业工程学会杰出贡献奖。卸任浙江大学生物系统工程与食品科学学院兼职院长职务，改任学院发展顾问。同年发表了题为《基于模糊控制的农用车辆路线跟踪》《基于GPS和GIS的土地整理现场调查技术开发与应用》的学术论文。

2010年　78岁

加拿大魁北克举行的CIGR第17届世界大会上，被授予CIGR杰出贡献奖。主持了中国工程院“物联网发展战略规划研究”和“物联网在重要领域中的应用”有关农业领域应用分课题。同年发表了题为《物联网农业领域应用发展对现代科学仪器的需求》《基于单目视觉的田间菠萝果实识别》的学术论文。

2011年　79岁

3月31日，在内蒙古人才工作会议上受聘为自治区政府的特聘院士科技顾问。主持了中国工程院立项的“农业工程学科发展现状及发展方向”咨询项目研究。发表了题为《基于叉指阵列微电极的阻抗免疫传感器研究进展》的学术论文。

2012年　80岁

6月，中国工程院在北京召开第十一次院士大会，由其作为农业工程学科代表作专题汇报，题目为《农业工程学科发展现状与发展方向》。

11月，中国农业大学、中国农业工程学会为庆祝他80岁寿辰，在北京举办了有数百位中外学者参加的农业与生物系统工程科技创新发展战略国际论坛。进入资深院士行列。

2013年　81岁

主持启动北京市国外高端专家引进三年计划项目，开展“物联网用于日光蔬菜温室转型创新示范应用”国际合作研究。

2014年　82岁

8月获河北省政府院士特殊贡献奖。10月第18届CIGR国际大会在北京举行，会前组织了海外华人农业、生物与食品工程师协会（AOC）学术研讨会。

附录2　国内外重要学术性任职与贡献

国内：

1962年，汪懋华以全优的成绩和通过论文答辩，获得了苏联技术科学副博士学位，按时回到祖国开始了人生的新旅程。

1984年7月，汪懋华被任命为原北京农业机械化学院副院长。

1985年，在汪懋华的积极倡导、论证，学校其他领导共同努力下，经国家教委正式批准，原北京农业机械化学院正式更名为北京农业工程大学，汪懋华被任命为副校长。这一年开始，汪懋华受聘担任国务院学位委员会“农经、农业机械化”学科评议组成员兼召集人之一，组织了我国高等学校和科研单位授予博士、硕士学位及学科专业目录调整的研究。根据农业部和国务院学位委员会办公室要求，组织了我国第一次全国农业工程学科建设发展研讨会，提出了关于中国农业工程学科属性定位与二级学科专业设置的全新方案，他在工作中紧紧依靠老一代专家学者，团结全国中、青年学术骨干，根据国内外农业工程产学技术和教育发展新趋势，提出了适于我国国情发展需求，与国际科技发展相接轨的完整的农业工程学科体系改革方案。该方案明确提出农业工程学科作为我国工学门类一级学科和下属二级学科专业设置用于高等院校和科研机构培养硕士和博士研究生的培养方案，经国务院学位委员会批准，于1986年第二届学科评议组会议起开始试行和正式批准于1990年开始颁布实施的专业目录中。同时，国务院学位委员会正式将原“农经、农业机械化”学科评议组一分为二，成立独立的农业工程学科评议组。汪懋华在1986—2003年，一直作为国务院学位委员会农业工程学科评议组成员兼召集人，持续主持了18年我国农业工程学科建设与高级专门人才培养与教育改革研究工作，起到了我国农业工程学科承上启下，凝聚全国农业工程学科建设队伍，推进科技创新与深化教育改革的作用。1985—1990年，他还受聘为北京市人民政府科技顾问，并兼任国内多所高校的客座教授和名誉教授等职。

1987年，拖拉机牵引性能综合测试方法和基于微处理器的农业机械多用测试仪研究成果形成产品后获得了国家实用新型专利。

1988年，汪懋华带领研究生研制成功微电脑孵化机控制器，随后又发展成为二级分布式孵化厅控制系统。这一课题于1993年和1995年两次获得北京市科技进步奖，引进这项科研成果的北京西山孵化设备厂生产的新型孵化机在1993年获国家星火科技进步奖，1995年获国家新产品奖。

1989年，汪懋华作为中国农业工程学会副理事长在北京成功组织召开了我国第一次大型综合性农业工程学术大会，对推进我国农业工程学科实施改革开放，走向世界起到了关键性作用。

1990年开始，汪懋华先后被任命为联合国粮食及农业组织（FAO）农业工程专家组成员、国际农业工程协会农业电气化与能源理事会副理事长、意大利全球农业机械化发展战略研究俱乐部特约成员，每年都要参加相关的年度工作研讨会议。

1990年年末，汪懋华被国家教育委员会选派，作为我国教育系统第一位教授到国际知名的泰国曼谷亚洲理工学院（AIT）任教，为该院农业与食品工程和能源技术系开设研究生课程和指导研究生。

1991年10月1日起被批准享受国务院政府特殊津贴。

1995年5月，汪懋华被遴选为中国工程院院士。

1996年，他带领的学术团队申请建立了农业部农业电气化与自动化重点实验室。

1996年，由于汪懋华对发展我国农业工程高等教育事业的突出贡献和重要影响，教育部批准他主持有全国11所高等农业院校参与的教育部重点资助科研项目“面向21世纪高等农业工程本科人才的培养方案、教学内容和教学体系改革研究”，聘请他担任教育部“面向21世纪高等学校教学内容与课程体系改革研究顾问组”成员。同时，汪懋华还连续担任多届中国农业工程学会和中国农业机械学会副理事长，全国高等农业院校教学指导委员会委员兼农业工程学科组组长。

1996年11月至2000年12月，受聘为海峡两岸学术文化交流协会水土保持交流委员会第一届荣誉委员。

1998年5月，受聘为中国农学会首批中国农业专家咨询团专家。

1998年7月，主持成立了中国农业大学“精细农业研究中心”，世纪之交，他带领的学科被批准成为我国第一个农业电气化与自动化国家级重点学科点和在整合中国农业大学农业工程相关学科研究团队与优势研究方向基础上，建立了“现代精细农业系统集成研究”教育部重点实验室，成为农业工程学科的主要科学研究与高级专门人才培养基地。

2002年1月，受聘为河北农业大学机电工程学院兼职院士院长。

2004年5月，在中国农业工程学会第七次全国会员代表大会暨学术年会上，汪懋华当选为第七届理事会理事长。

2004年11月1日，我国第一部《中国农业机械化促进法》正式颁布实施。中国工程院批准将“中国农业机械化发展战略研究”作为院级重大咨询项目，由中央财政支持，于2005年启动实施。汪懋华承担起作为项目常务主持人的责任，组织全国科技、教育、管理部门300多位著名院士、专家，历时3年多的调查研究、专题研讨、现场考察、国外合作研讨等，研究了加快促进农业机械化在我国国民经济发展中的战略地位与功能定位、中长期发展的战略目标、战略重点、促进发展的战略措施与保障对策等，为中央有关部门提供辅助决策支持。2006年10月26日，汪懋华作为“中国农业机械化发展战略研究”项目负责人之一，代表项目组到中南海向国务院副总理回良玉和中央11个部委有关领导汇报了项目研究的主要成果。

2006年，汪懋华推动中国农业大学、北京市农林科学研究院等多家兄弟单位共同合作推动建立的北京小汤山精准农业工程示范农场，成为我国开展对国外引进技术应用消化吸收和国产化技术创新研究的试验实践平台，培养了一支年轻学术研究团队，由多个单位共同合作完成的“精准农业关键技术研究与示范”研究成果，获北京市科技进步一等奖，2007年荣获国家科技进步二等奖。

2008年，组织研发的“低成本激光控制平地技术与装备”获农业部神农中华农业科技奖三等奖。

2009年8月，获中国农业工程学会杰出贡献奖。

2013年9月，获广东省雁洋公益基金会特别授予“叶剑英奖”。

2014年8月，获河北省政府院士特殊贡献奖。

国外：

1988年，汪懋华被英国农业工程协会五十周年大会推荐为该协会会士（Fellow of the Institution of Agricultural Enginneers - FIAgrE）至今。

1989年，汪懋华积极推动了中国农业工程学会、中国农业机械学会合作联合申办加入国际农业工程协会获得成功。

1990年，他被聘任为联合国粮食及农业组织农业工程专家组成员、意大利博洛尼亚国际农业机械化发展战略俱乐部正式成员和CIGR农业电气化与农村能源理事会副理事长；之后先后相继被聘为五个国外农业工程重要刊物的国际咨询编委；20世纪80年代后期起，他在北京多次组织召开了综合性农业工程国际学术大会(1989、1999)、国际工程大会农业工程分会(2000)、中国农业科技大会农业分会(2001)和世界工程师大会农业与食品分会(2004)。特别是2004年10月在北京成功组织召开的国际农业工程协会（CIGR）世界大会，被誉为是CIGR最成功的大会之一。

2006年，汪懋华在德国波恩举行的CIGR世界大会上受到表彰，被授予CIGR Fellow荣誉称号，大大提升了中国农业工程学术界的国际影响。

2007年2月，汪懋华被遴选为国际欧亚科学院院士。

2010年6月，在加拿大魁北克召开的国际农业工程协会（CIGR）第17届世界大会上被授予杰出贡献奖（MERIT AWARD）。

附录3　汪懋华1986—2010年发表的主要学术论文题录与2008年后主编出版的专著

1. 汪懋华，农业工程学科和专业建设问题的探讨，北京农业工程大学学报，1986（3）：113–119。

2. 汪懋华，微电子技术在农业中应用的发展与加强研究开发工作雏议，农业工程学报，1986（3）：1–9。

3. 汪懋华，加强国际交流开拓中国农业工程科技工作新局面，农业工程学报，1989（5）：8–11。

4. 汪懋华，农业院校工程学科专业课程体系改革的思考，高等农业教育，1995（3）：13–16。

5. 汪懋华，实现现代集约持续农业的工程科学技术，农业工程学报，1998（3）：1–9。

6. 汪懋华，工厂化农业的发展与工程科技创新，发展中的中国工厂化农业——工厂化农业可持续发展讨论会论文集，2000：3–10。

7. 汪懋华，欠发达地区农业装备与农业机械化发展战略，农机科技推广，2005（2）：6–7。

8. 汪懋华，现代农业要有现代农机流通做支撑，农机市场，2008（1）：40–42。

9. 汪懋华，把握发展机遇加快推进农业机械化，农机科技推广，2008（12）：4–6。

10. 汪懋华，信息技术革命与持续农业发展，中国工程院第三次院士大会农业、轻纺与环境学部学术交流论文，1995。

11. 汪懋华，关于我国农业电子信息技术发展的思考，中国工程院农业、轻纺与环境工程学部“农业信息工程发展研讨会”主题报告，1985。

12. 汪懋华，农业中的信息科学，国家自然科学基金委员会“生命中的信息科学论坛”特邀报告，1999（4）：22。

13. 汪懋华，信息科技：农业可持续发展的加速器，科学时报，2000（1）：18。

14. 汪懋华，电子信息科技发展与农业机械化技术创新，农业机械化工程技术，2000：262–297。

15. 汪懋华，推进信息与通信技术为“三农”服务和提升产业技术发展的思考，国务院信息化工作办公室、农业部、信息产业部、国家信息化专家咨询委员会共同主办的“2005中国信息化推进大会”上的讲演稿，2010.3。

16. 汪懋华，物联网农业领域应用发展对现代科学仪器的需求，现代科学仪器，2010（3）：5–6。

17. 汪懋华，精确农业研究的发展与新的农业科技革命，世纪的呼唤：新的农业科技革命，1997（9）。

18. 汪懋华，“精细农作”——知识经济时代的农田精耕细作技术，科技进步与学科发展，1998：296–299。

19. 汪懋华，“精细农作”发展与工程技术创新，农业工程学报，1999，15：1–8。

20. 汪懋华，“精细农业”的实践与农业科技创新，中国软科学，1999，26：21–25。

21. 汪懋华，“精细农业”技术发展与农业装备技术创新，数字地球，1999：47–53。

22. 汪懋华，“精细农作”技术发展与农业装备技术创新系列讲座，农业机械，1999：2–12。

23. 汪懋华，精细农业发展研究的思考，农业部第七届科学技术委员会第2次全体会议学术报告论文集，2001（1）：22–32。

24. 汪懋华，关于精细农业试验示范与发展研究的思考，中国农业科技导报，2003（5）：7–12。

25. 汪懋华，一种土壤电导率测量方法的数学建模与实验研究，农业工程学报，2001（2）：20–23。

26. 汪懋华，3S技术在农田基础地图测绘与更新中的集成应用，农业工程学报，2003（3）：220–223。

27. 汪懋华，联合收获机测产系统数据采集与处理的误差分析，农业机械学报，2004（2）：172–174,171。

28. 汪懋华，激光平地技术在土地开发整理中大有可为，2007年中国科学技术协会年会论文章（二），2007：770–776。

29. 汪懋华，孙宇瑞，微机化电孵化机温度场实时检测系统的研究，农业工程学报，1987（1）：59–69。

30. 汪懋华，刘禾，水果果形判别人工神经网络专家系统的研究，农业工程学报，1996（12）：171–176。

31. 徐娟，汪懋华，并行遗传算法与神经网络、模糊系统的结合，小型微型计算机系统，1997（7）：1–7。

32. 刘禾，汪懋华，用计算机图像技术进行苹果坏损自动检测的研究，农业机械学报，1998（4）：81–86。

33. 徐娟，汪懋华，图像形态学在苹果自动分级视觉信息处理中果梗判别与边缘检测中的应用，农业工程学报，1999（2）：177–180。

34. 李庆中，汪懋华，基于计算机视觉的水果实时分级技术发展与展望，农业机械学报，1999（6）：1–7。

35. 冯斌，汪懋华，基于颜色分形的水果计算机视觉分级技术，农业工程学报，2002（2）：141–144。

36. 唐玉荣，汪懋华，基于动态规划的快速序列比对算法，生物数学学报，2005（2）：207–212。

37. 谭玫芳，陈顺三，汪懋华，BP神经网络在奶牛体强判别中的应用研究，中国图象图形学报，1996：461-465。

38. 颜小飞，汪懋华，安冬，基于叉指阵列微电极的阻抗免疫传感器研究进展，分析化学，2011（10）：1601-1610。

39. 贾文涛，刘峻明，于丽娜，汪懋华，基于GPS和GIS的土地整理现场调查技术开发与应用，农业工程学报，2009：197-201。

40. 周建军，张漫，汪懋华，刘刚，纪朝凤，张智刚，基于模糊控制的农用车辆路线跟踪，农业机械学报，2009：151-156。

41. 乔军，周南，汪懋华，刘刚，李民赞，农业机器人在农业生产全过程信息化中的重要作用，2006年中国科学技术协会年会农业分会场论文专集、中国农学通报，2006：64-67。

42. 刘卉，汪懋华，王跃宣，马道坤，李海霞，基于无线传感器网络的农田土壤温湿度监测系统的设计与开发，吉林大学学报（工学版），2008（3）：604-608。

43. 李斌，Ning Wang，汪懋华，李莉，基于单目视觉的田间菠萝果实识别，农业工程学报，2010（10）：345-349。

汪懋华主编专著：

2008年12月，主编中国工程院重大咨询项目（2005—2007）——《中国农业机械化发展战略研究》五卷集，合计190万字，中国农业出版社出版。

2011年6月，主编普通高等教育“十一五”国家级规划教材——《精细农业》，42万字，中国农业大学出版社出版。

2012年9月，合作主编“十一五”国家重点图书出版规划项目——《数字农业》，86万字，电子工业出版社出版。

2012年10月，与李民赞合作主编国家出版基金项目——现代农业高新技术成果丛书——《现代精细农业理论与实践》，91万字，中国农业大学出版社出版。

2012年，《汪懋华文集》，中国农业大学出版社出版。

附录4　汪懋华2011年至2017年7月应邀作学术报告题录

2011年

1. 1月15日，《转变农业发展方式与推进农业工程科技创新发展的战略思考》，黑龙江省农业工程学会2011学术年会暨第八次会员代表大会，黑龙江哈尔滨。

2. 4月14日，*The Advances of China's Agriculture & Investigation of Micro-nano Technologies for Agro-industry Safety*（《中国农业的发展与微纳技术用于农业产业安全的探索》），2011农业与食品检测用纳米技术与生物传感器国际学术研讨会，浙江杭州。

3. 4月14日，《发展的机遇与成长的思考》，与浙江大学农业与生物系统工程学院研究生讲座与交流，浙江杭州。

4. 5月13日，*Exchange with faculty members in KSU*，访问美国堪萨斯州立大学（KSU）农业与生物工程系教师们交流报告，KSU USA。

5. 5月27日，*Demands on Farm Machinery Support at the New Development Stage of Chinese Agriculture*，AGCO Agricultural Machinery Company in Wichita，Kansas State，USA。

6. 6月16日，《发展现代农业与工程科技创新》，云南科学大讲坛，云南昆明。

7. 7月5日，*Vision on the Practice of Precision Agriculture in China*，The 4th Asian Conference of Precision Agriculture，Obihiro，Hokkaido，Japan。

8. 7月11~15日，*Promotion of ICT Applications for Agriculture in China*，

The 17th Information Systems in Agriculture and Forestry Conference (ISAF), Prague，CZK。

9. 9月8日，《发展现代农业与工程科技创新支撑》，第八届中国科学家论坛，北京。

10. 9月21日，《发展的机遇与水土、设施环境工程科技创新的思考》，河北农业大学，河北保定。

11. 9月22日，《2011都市型现代农业发展论坛暨第二届中国现代农业产业投融资峰会致辞》，北京。

12. 10月22日，《发展现代农业与工程科技创新支撑》，2011 中国农业工程学会学术年会，西南大学，重庆。

13. 10月23日，《机遇、挑战与成长的思考》，西南大学农业工程学院研究生交流讲座，西南大学，重庆。

14. 10月29日，*Intelligent ICT Advances and Agricultural S & T Innovation*（《智能信息与通信技术发展与农业科技创新》），第六届智能化农业信息技术国际学术会议，北京。

15. 11月19日，《把握机遇，锐志创新，为提升农机企业品牌发展建新功》，第二届精耕杯品牌评选颁奖盛典暨中国农业机械行业品牌高峰论坛，钓鱼台国宾馆，北京。

16. 12月16日，首届中国县域现代农业发展高层暨北京农业科技交流会致开幕词，北京。

2012年

1. 3月4日，《解读中共中央国务院2012一号文件》，中国农业工程学会第八届第五次常务理事与专业（工作）委员会主任会议报告，北京。

2. 3月5日，*Review on the PA Promotion & Vision on the IoT for Agriculture*，Sino-US Workshop on Precision Agriculture，Beijing.

3. 3月16日，*PA Practice & Vision on the IoT for Agriculture*，Precision Agriculture International Network Meeting，WSU，USA.

4. 3月22日，*Exchange with KSU Colleagues*，Seminar at Biological and

Agricultural Engineering Department, Kansas State University, USA.

5. 4月28日,《创新驱动，加快推进水稻种植机械化发展》，水稻种植机械化技术发展论坛，广东深圳。

6. 5月9日,《创新驱动，提升工程科技支撑现代农业发展的战略思考》，辽宁沈阳。

7. 6月5日,《创新驱动，加快推进草原牧区现代畜牧业发展》，内蒙古草原牧区科技发展战略论坛，内蒙古农业大学，内蒙古呼和浩特。

8. 6月14日,《农业工程学科发展现状及发展方向》，中国工程院农业学部学部全体大会，中国工程院农业学部主动咨询研究项目汇报会，北京。

9. 6月21日,《创新驱动，引领学科发展与提高人才培养质量的思考》，中国农业大学信息与电气工程学院学术交流会，北京。

10. 6月25日,《智慧农业——信息化与农业现代化的深度融合》，杭州市科学技术协会第5届学术年会，浙江杭州。

11. 6月27日,《学科的发展与成长的回顾》，浙江大学农业生物系统工程与食品科学学院学术交流会，浙江杭州。

12. 7. 02,《创新驱动，为耕地整治和持续增强农产品供给保障能力提供强力科技支撑》，中国土地学会第22个土地日专家座谈会，北京。

13. 7. 21,《创新驱动，协同推进信息化与农业现代化的融合》，2012农业物联网发展高峰论坛暨润和农业农村信息化研究院成立大会，内蒙古呼和浩特。

14. 7月23日,《智慧农业——信息化与农业现代化深度融合的方向》，中国农业科技服务协会全国精准农业与农业空间信息技术学术交流暨农业信息化智能化科技成果推介会，陕西西安。

15. 8月7日,《成长的回顾与农业的未来》，2012全国青少年高校科学营北京科学营中国农业大学分营讲座，北京。

16. 8月15日, *Promotion on Technological Innovation for Agro-products' Quality and Safety Monitoring*, The 2nd International Workshop on Nondestructive Quality and Safety Evaluation of Agricultural & Livestock

Products，Beijing.

17. 8月16日，《“转型、创新与发展”引领农业工程学科跨越发展的思考》，第十届全国高等院校农业工程及相关学科建设与教学改革学术研讨会，内蒙古呼和浩特。

18. 8月26日，《创新驱动，引领环首都现代农业园区建设发展》，第十四届中国科协年会，廊坊科技与环首都现代农业园区建设专题调研座谈会，河北廊坊。

19. 8月27日，《创新驱动，加快推进果园农机研发与机械化发展》，首届全国果园农机研发与应用现场观摩会，山东高密。

20. 9月28日，《创新驱动，服务发展》，第十届中国国际农产品交易会，农机科技创新与农业机械化发展论坛，北京。

21. 11月9日，*The Strategic Thinking on the Innovation-Driven Development off ABS Engineering*，国际农业与生物系统工程科技创新发展论坛，北京。

22. 12月1日，《转型创新，推动物联网在设施园艺产业领域应用的发展研究》，2012中国—朝阳设施农业发展高峰论坛，辽宁朝阳。

23. 12月11日，《转型创新，推动设施园艺装备技术发展的思考》，中国农业机械工业协会组织，北京。

2013年

1. 1月8日，《把握机遇，创新跨越》，黑龙江省农业机械工程科学研究院访问交流，黑龙江哈尔滨。

2. 1月11日，《加快推进北斗卫星导航系统农业领域应用研究与开发的思考》，2013（首届）北斗卫星导航系统农业应用交流研讨会，北京。

3. 1月11日，《转型创新，推动设施园艺装备技术发展的思考》，中国农机工业协会设施农业装备技术高层论坛，北京。

4. 3月8日，黑龙江省农业机械工程科学研究院院长一行来我重点实验室交流报告，北京。

5. 5月13日，《会见广东省梅州市领导座谈交流会报告》，北京。

6. 7月23日,《智慧农业——信息化与农业现代化深度融合的方向》,中国科学技术馆高新科技知识院士讲堂,北京。

7. 7月26日,《农业机械装备工程科技创新发展的思考》,黑龙江省农业机械学会第十次会员代表大会暨学术年会,黑龙江哈尔滨。

8. 8月13日,《加强海峡两岸合作,协力推进绿色农业发展》,海峡两岸农业环境与食品安全合作高层论坛,黑龙江哈尔滨。

9. 8月9日,《机遇、挑战与成长的思考》,传播科学思想,营造创新氛围,激励创新精神活动,江苏大学,江苏镇江。

10. 8月19日,《农业工程科技转型创新发展展望》,中国农业工程学会2013年学术年会(CSAE 2013),江苏大学,江苏镇江。

11. 8月22日,《推进物联网技术农业领域应用发展的思考》,中国农业国际合作促进会物联网技术农业领域应用交流促进会,北京。

12. 9月12日,《发展的机遇与成长的思考》,与信息与电气工程学院新同学交流会,北京。

13. 9月14日,《农业工程科技教育转型创新发展展望》,农业工程教育与新型农业经营主体培育论坛,北京。

14. 9月19日,*Evolution from Precision Farming to Smart Agriculture*,(《精细农业向智慧农业演进发展的思考》),智慧农业国际学术会议(7th ISIITA & 7th CCTA),北京。

15. 9月20日,《智慧农业——信息化与农业现代化深度融合的方向》,农业与农村信息化发展高峰论坛,北京。

16. 9月20日,《EU-TEAP 双边项目组会议关于中方项目实施进展报告》,北京。

17. 9月25日,《推进物联网农业领域应用与设施园艺应用模式创新》,2013 中国农业网站发展论坛暨农业物联网技术与应用峰会,河北廊坊。

18. 10月13日, *Smart Horticulture & IoT Applications in Solar Greenhouses*(《智慧园艺与物联网技术在日光温室中应用》),1st International Symposium on Energy-saving and Environmental Control in Protected Cultivation(沈阳第一

届设施节能与环境调控学术论坛），沈阳农业大学，辽宁沈阳。

19. 10月18日，《创新驱动，加快推进农业农村信息化和智慧农业发展》，中国信息协会第十届中国农业信息化高层研讨会暨智慧农业峰会，河南鹤壁。

20. 11月21日，《转型创新——推动畜牧养殖产业持续发展（*Transformation & Innovation -Promotion of Sustainable Livestock Farming Industries*）》，International Symposium on Health Environment and Animal Welfare，重庆。

21. 11月22日，《创新新驱动，加快推进智慧果园信息化与装备技术发展（*Innovation-driven，Speeding up Smart Orchard Development with ICT & Equipment Technologies*）》，International Symposium of Informatinization and Precision Management in Fruit Industries & 2nd National Symposium of Fruit Information Technology，2013，Chongqing，果树信息化精准管理技术国际论坛，重庆北碚。

22. 11月26日，《创新驱动，加快推进智慧果园机械与信息装备技术发展》，果树现代生产与果园机械化学术研讨会，北京。

23. 11月15日，《信息科技革命与智慧农业创新发展》，第十届中国科学家论坛——创新驱动，助力转型发展，北京。

24.《推进丘陵山区农业机械化发展的战略思考》，海峡两岸丘陵山区农业机械化发展交流会，福建漳州。

25. 11月22月，《农业工程科技创新驱动发展的思考》，与华南农业大学工程学院老师同学们交流，广东广州。

26. 11月28日，《农业工程科技创新与县域经济发展》，第三届中国县域现代农业发展高层会议，北京。

27. 11月30日，《中国农业机械化战略升级发展论坛》，北京。

28. 12月6日，《精细农业向智慧农业演进——信息化与农业现代化深度融合的方向（*Evolution of Precision Farming toward Smart Agriculture，A Direction of ICT Application for Agricultural Modernization*）》，中国（国际）精

准农业与高效利用发展高峰论坛，上海。

2014年

1. 1月25日，《植物生产系统光能有效利用国际研讨会开幕式致辞》，北京。

2. 2月24日，《现代农业发展对大数据科学的应用需求》，科学数据大会，中国科学院大学，北京怀柔。

3. 3月17日，《发展的机遇与成长的思考》，中国农业大学第九期“求真讲堂”，北京中国农业大学东校区，北京。

4. 5月8日，《智慧农业发展的战略思考》，中国安防技术公司中央研究院与物联网研究院交流，广东深圳。

5. 5月25日，《创新驱动，加快推进云南省现代农业发展》，中国科学技术协会2014第16届学术年会云南省党政干部座谈会，云南昆明。

6. 6月6日，《提升农业工程学科创新发展的战略思考》，2014 中国农业工程学会常务理事会与学科发展研讨会，北京。

7. 7月7日，《转型创新——推动畜牧养殖产业持续发展》，全国现代生态畜牧工程技术高级，河南郑州。

8. 7月19日，《发展现代农业对大数据应用技术创新的需求》，农业大数据产业技术创新战略联盟2014 农业大数据论坛，山东龙口。

9. 8月7日，《新一代信息技术发展与加快推进畜牧产业信息化》，中国畜牧兽医学会信息技术分会 2014 年学术年会，江苏无锡。

10. 8月29日，《物联网农业领域应用创新发展的战略思考》，2014 首届山东物联网大会，山东济南。

11. 9月12日，*Opening Speech*，The Chinese Engineering Science and Technology Symposium & Second International Summit on Precision Agriculture（ISTPA 2014），Beijing.

12. 9月16日，*Innovative-Driven Development on the New Generation of ICT for Modern Agriculture*，Session VII–Information System session，The 18th CIGR World Congress，Beijing.

13. 9月26日，《京津冀食物安全与节水农业发展的战略思考》，京津冀农产品质量安全与水肥定量控制技术论坛.河北廊坊。

14. 9月26日，《现代农业设施与智能装备应用》，2014 中国现代农业发展国际峰会，河北廊坊。

15. 10月17日，《第四届中国县域现代农业发展高峰论坛开幕词》，中国农业大学，北京。

16. 10月22日，《再论“精细农业向智慧农业演进——信息化与农业现代化深度融合的方向（*Evolution of Precision Farming toward Smart Agriculture–A Direction of ICT Applications for Agricultural Modernization*）》，”第二届中国（国际）精准农业与高效利用高峰论坛（PAS 2014），主题报告，北京。

17. 10月26日，《新一代信息技术发展与加快推进农业信息化》，2014 农业信息化高峰论坛（农业部市场信息司与农业部信息中心组织），山东青岛。

18. 11月6日，《物联网与现代农业》，第二十一届农高会首届新丝路·农业物联网发展论坛，陕西杨凌。

19. 11月7日，《农业工程学科创新驱动发展的战略思考》，湖南农业大学教育部2011协同创新工程——农业工程学科发展研讨会，湖南农业大学，湖南长沙。

20. 11月17日，*The New Generation ICT to serve Regional Agricultural Mechanization Development*，The 10th Session of the Technical Committee of CSAM & Regional Workshop on Establishing a Regional Database of Agricultural Mechanization in Asia and the Pacific，17–19 November 2014，Siem Reap，Cambodia.

21. 11月28日，《确保粮食安全，创新驱动农业机械化与现代农业装备产业发展》，农机360 2014 博鳌论坛——农业机械化与粮食安全与“十三五”我国农业机械化发展战略分析，海南博鳌。

22. 12月7日，《农业与生物系统工程学科创新发展的战略思考》，浙江大学生物系统工程与食品科学学院学科发展论坛，浙江大学紫金港校区，浙江杭州。

23. 12月8日，《发展的机遇与成长的思考》，浙江大学生物系统工程与食品科学学院为大学生们学术报告，浙江大学紫金港校区，浙江杭州。

24. 12月10日，《西南地区农业工程科技创新驱动发展的战略思考》，全国农业工程学科发展与改革高级研讨会，云南师范大学、昆明理工大学、云南农业大学联合承办，云南昆明。

25. 12月16日，《工程科技支撑现代农业创新驱动发展的战略思考》，中国工程咨询协会和中国勘察设计协会农业专业委员会2014年年会，山西太原。

26. 12月20日，《精细农业向智慧农业演进发展——信息化与农业现代化深度融合的方向》，第三届中国（杨凌）现代农业发展高峰会议，陕西杨凌。

2015年

1. 1月14日，*The Advances of New Generation of ICT leads Smart Agriculture Innovative Development*（《新一代信息与通信技术引领“精细农业”向智慧农业创新驱动发展》），农业信息化技术与农业可持续发展研讨会，北京。

2. 1月24日，《新常态下农机科技创新驱动发展的战略思考》，农业部农机化科技创新专业组工作会议，江苏南京。

3. 1月25日，《成长的回顾与发展的思考》，北京市少年科技后备人才早期培养计划科普报告会，北京。

4. 2月3日，《信息惠农，加快推进农业现代化与智慧农业发展》，2015信息惠农高峰论坛，河南鹤壁。

5. 4月10日，《发展的机遇与成长的思考》，与中国农业大学信息与电气工程学院研究生交流，北京。

6. 5月16日，《“互联网+”的实践与推动信息化与农业现代化的融合发展》，第十三届“中国农业人才论坛”，北京。

7. 6月6日，《“互联网+”的实践与推进信息化与农业现代化深度融合发展》，第二届农业信息化发展论坛暨新技术交流会，北京。

8. 6月15日，《转型创新——助推甘肃省草牧业持续发展的思考》，甘肃省农业机械学会第六次会员代表大会，甘肃兰州。

9. 7月8日，*Review on the Precision Agriculture Practice and its Future for Innovation-driven Development*（《精细农业实践的回顾与创新驱动发展的未来》），UK China Agri-Tech Workshop on Precision Agriculture and Soil Management，北京。

10. 7月26日，《农业工程学科转型创新发展的思考》，中国农业工程学会2015年学科发展研讨会，北京。

11. 8月1日，《作物育种科技协同创新发展的思考》，2015全国育种和主要农作物机械化生产装备协同创新学术专题研讨会，山东青岛。

12. 8月6日，《新阶段农业工程学科建设与科技创新发展的思考》，2015中国农业工程学会学术年会，黑龙江哈尔滨。

13. 8月8日，《“互联网+”畜牧产业科技创新发展的思考》，中国畜牧业信息化发展论坛暨中国畜牧兽医学会信息技术分会第十届学术研讨会，北京。

14. 8月9日，《农业信息学科群科技创新发展若干重要问题》，农业部农业信息学科群十三五学科群建设研讨会，北京。

15. 8月17日，《加快推进南方与丘陵山区农业机械化发展的思考》，江西省首届南方农业机械化发展高峰论坛，江西井冈山。

16. 9月12日，《“互联网+”的实践与创新驱动加快农业现代化建设的思考》，2015中国安徽（合肥）农业产业化交易会，“互联网+现代农业”高端讲堂，安徽合肥。

17. 9月24日，《“互联网+”助推农业现代化建设发展的思考》，第五届中国县域现代农业发展高峰会议，北京。

18. 9月26日，《“互联网+”助推农业现代化建设发展的思考》，第二届中国国际现代农业发展峰会，河北廊坊。

19. 9月28日，*Advances of New Generation of ICT and Innovations on Smart Agriculture*（《新一代信息与通信技术发展与智慧农业技术创新》），Joint International Conference on Intelligent Agriculture（ICIT 2015），北京。

20. 10月17日，*Thinking on Promotion of Precision Farming to Smart Agriculture*（《精细农业向智慧农业演进发展的战略思考》），庆祝中国农业大学建校110周年，中国发展论坛2015暨第二届智慧农业创新发展国际研讨会大会主题报告，北京。

21. 10月22日，《农业工程学科建设与新一代信息技术支持智慧农业发展》，参加云南省农业科学院学术交流会，云南昆明。

22. 10月24日，*"Internet plus" China's Modern Livestock Farming Innovative Development*（《"互联网+"中国现代畜牧业创新发展》），2015 International Symposium on Animal Environment and Welfare（2015 ISAEW），重庆。

23. 11月17日，*The New IT Revolution For Smart Agriculture Innovative Development*（《"新一代信息技术革命助推智慧农业创新发展"》），第六届亚洲精细农业国际研讨会（6th ACPA），广东广州。

24. 11月13日，《农业现代化与智慧农业发展展望》，第十三届广东省科学技术协会学术活动周暨第69期广东科协论坛，广东广州。

25. 11月27日，《作物生产系统转型创新发展的思考》，天津作物学会2015年学术年会，天津。

26. 12月5日，《新一代信息科技驱动智慧农林业创新发展》，2015年精准林（农）业经营关键技术论坛，北京。

27. 12月7日，《物联网技术支撑蔬菜日光温室转型创新发展的探索》，全国日光温室发展学术论坛，辽宁沈阳。

28. 12月12日，中国科学院合肥分院智能技术研究所作技术交流报告，安徽合肥。

2016年

1. 1月5日，《推动信息化与农业现代化深度融合发展的思考》，农业部农业信息技术学科群“2015年度工作总结会及农业信息技术学术交流会”，海南三亚。

2. 1月14日，《“互联网+物联网”助推智慧城市建设发展》，第六届中国物联网产业与智慧城市发展年会，北京。

3. 3月19日，《“精细农业”向“智慧农业”演进发展与对卫星导航技术的应用需求》，第十四次金桥产业技术创新会议“北斗导航— 精准农业”跨界融合发展研讨会，上海。

4. 4月6日，《“互联网+”现代设施园艺产业转型发展的思考》，沈阳农业大学，辽宁沈阳。

5. 5月3日，《精细农业向智慧农业演进发展的趋势》，对话汪院士，国土资源报采访稿，北京。

6. 5月14日，《推进信息化与农业现代化深度融合发展的思考》，中国信息协会第三届农业信息化发展论坛暨新技术交流会，北京。

7. 5月25日，《北斗导航定位系统农业应用发展展望》，第二届广东院士高峰年会，北斗与遥感卫星商业化应用论坛，广东深圳。

8. 6月22日，《新一代信息与通信技术快速发展支撑中国制造创新发展的未来》，中国通信工业协会物联网应用分会主办的高峰论坛，北京。

9. 7月12日，《发展的回顾与成长的思考》，中国农业大学信息与电气工程学院2016研究生暑期夏令营开营典礼学术报告，北京。

10. 7月18日，《2016 关于 CAU WP2 & WP6 of FP-7 项目汇报》，接待EU TEAP合作项目欧方主持人西班牙Fernando教授，北京。

11. 7月20日，《推动智慧农业创新驱动与产业转型发展的思考》，2016 中国国际智慧农业应用与创新发展高峰论坛，北京。

12. 7月29日，2016中关村新型智慧城市信息化创新大会主论坛作专家代表大会开幕式主题发言，北京。

13. 7月8日，《围绕国家“十三五”规划纲要加快推动农业农村信息化创新发展》，中国自动化学会农业知识工程专业委员会，2016 年全国智能工程与农业信息化学术会议，河北廊坊。

14. 8月23日，《农业工程学科与人才培养创新发展的思考》，第十二届全国高等院校农业工程相关学科建设与教学改革学术研讨会，吉林大学，长春。

15. 8月27日，《新一代信息科技推动智慧园林创新发展》，2016北京市智慧园林高峰论坛，北京。

16. 9月10日，参加亚洲智慧畜牧业国际学术研讨会，代表中国农业工程学会作开幕式祝词，北京。

17. 10月14日，《新一代信息技术引领智慧农业创新驱动发展的思考》，参加山东省老科协组织的智慧农业技术应用与前景2016泰山科技论坛，山东济南。

18. 10月28日，《新一代信息科技革命助推智慧农业创新发展（*The New ICT Revolution Boosts Smart Agriculture Innovation-driven Development*）》，中国发展论坛暨第三届智慧农业创新发展国际研讨会，北京。

19. 11月2日，《农业发展新阶段与农业工程科技创新发展的思考》，仲恺农业工程学院，广东广州。

20. 11月9日，《农业发展新阶段与智慧农业创新发展的思考》，第三届河北省科学技术协会年会，河北衡水。

21. 11月16日，《农业发展新阶段与智慧农业创新发展的思考》，河北农林科学院，河北石家庄。

22. 11月18日，《“互联网+物联网”助推智慧养老健康产业创新发展》，中国新型智慧城市研究院与网联合组织的“互联网+”智慧养老创新论坛，山东淄博。

23. 11月20日，《新一代信息与通信技术助推智慧农业创新发展》，第一届大溪谷（中国·文登）农业高峰论坛，山东威海。

24. 11月22日，《中国农业工程学科与人才培养创新发展的思考》，农业工程学科发展国际研讨会，浙江大学，浙江杭州。

25. 11月27日，《专题一：基于“互联网+”的农业精准生产方式研究》，中国工程院“互联网+现代农业行动计划发展战略研究”咨询课题研讨会，北京。

26. 11月28日，《创新驱动水稻种植机械化发展展望》，2016水稻机械化直播技术国际研讨会大会，华南农业大学，广东广州。

27. 12月7日，《信息与通信科技发展趋势与创新能力的成长》，会见中国农业大学信息与电气工程学院一年级尖子班、试验班学生，北京。

28. 12月13日，《智慧农业发展与农业工程学科建设》，河北农业大学，河北保定。

29. 12月16日，《把握信息化科技高速发展态势加快推进农业现代化创新发展》，广东省现代农业信息技术创新发展论坛，广东广州。

30. 12月24日，《新一代信息技术推动智慧农业发展与农业工程学科创新驱动发展》，内蒙古农业大学机电工程学院学术交流，内蒙古呼和浩特。

31. 12月27日，《信息科技发展新趋势》，中国农业大校学工部委托组织的"相约星期二"第12场与学生互动开放座谈会，北京。

2017年

1. 1月7日，《智慧农业——新一代信息科技与推进农业现代化深度融合发展的重要方向》，首届中国智慧农业年度峰会，紫光阁杂志社，北京。

2. 1月11日，《把握信息化科技高速发展态势，加快推进农业现代化创新发展》，与中国农业大学研究生交流发言，北京。

3. 2月21日，《菊芋产业发展研讨会主题发言》，国务院扶贫开发领导小组办公室和紫光阁杂志社联合组织的"推进扶贫攻坚、农业供给侧结构性改革——促进菊芋产业发展研讨会"，北京。

4. 3月18日，《把握新一代ICT高速发展态势推进农业现代化与信息化深度融合发展》，农业部农业信息技术学科群、农业遥感学科群2016年度工作总结会及十三五建设方案论证会，北京。

5. 3月24日，《智慧农业发展对农业装备技术的创新需求》，精准农业技术装备发展高峰论坛，河南郑州。

6. 3月29日，《新一代信息与通信技术快速发展支撑中国制造创新发展的未来》，智能制造万里行活动2017 山东智能制造解决方案大会，山东济南。

7. 4月22日，《贯彻国家信息化发展战略纲要推进信息化与农业现代化深度融合发展》，中国农业工程学会信息与情报专业委员会信息化与现代农业发展专家研讨会，北京国际展览馆，北京。

8. 4月23日，《智慧农业发展需要农业航空技术与服务型制造产业的创新支撑》，国际工程科技发展战略高端论坛——农业航空技术暨2017 世界精准农业航空会议，北京。

9. 5月12日，《成长的回顾与发展的思考》，广东省佛山市参加广东院士联谊会“院士走进校园活动”，到佛山市百年老校佛京学校作报告，广东佛山。

10. 5月22日，《发展的机遇与成长的思考》，浙江农林大学学生大会报告，浙江临安。

11. 7月8日，《农业发展新阶段与推进智慧农业系统创新（*The New Stage of China’s Agriculture Development & Boosting Smart Agriculture System Innovation*）》，中国发展论坛暨2017智慧农业创新发展国际研讨会，北京。

12. 7月17日，《把握信息科技革命促进产业变革新趋势，赢得创新驱动发展新未来》，2017 中国创业创新博览会高峰论坛，内蒙古乌兰察布。

附录5 采访汪懋华院士的女儿汪宁教授

汪宁和女儿

我们通过电子邮件，联系并采访到了远在美国的汪懋华院士的大女儿汪宁教授。以下是采访整理的内容，通过它，我们得以进一步走进汪懋华院士的家庭生活和内心世界。

采访记者：张桃英

问题一：在您眼中，您父亲汪懋华是一个怎样的人？

汪宁：我想我父亲像一座山，高大、巍峨、丰富、包容。在我和妹妹的心中，他对于工作的热爱、执着、勤奋和努力是我们无法超越的。他的人生经历了沟沟坎坎，波峰波谷，到如今步入事业的顶峰，使他的人生得以丰富多彩。他的每一项成果、每一个成就都是他辛勤耕耘、刻苦努力的结果。他心怀坦荡，对人包容真诚，不计前嫌，总是尽自己的最大能力去帮助别人成功，这也使他的朋友遍布世界各地，而且不仅有同辈的老朋友还有很多年轻一代的晚辈忘年交。他重视亲情，尽管他工作繁忙但是家里的每一个人都能随时感受到他的爱和关心。所以对父亲，我们崇敬、热爱，更多的是骄傲！

问题二：您如何看待父亲与母亲之间的感情经历？

汪宁：父母是一对很平常、很普通的夫妻，之间没有很多卿卿我我、风花雪月的浪漫表现。我甚至没有见过父亲给母亲送过花，也没听父亲和母亲说过什么甜言蜜语。但是从他们每天不经意的谈话、聊天和举手投足之中，可以发现他们之间的浓浓爱意其实一直都没有变过。我没有他们吵架的记忆，他们好像就是通过这样看似平淡的生活维系着温馨的家庭氛围，也让我们健康快乐地长大。母亲是一个很淡定、谦虚、宽容、睿智的人，工作的时候兢兢业业，与同事们坦诚相处，对父亲信任支持，对我和妹妹既严格又爱护。很多同事、朋友和家人都觉得妈妈像一个“政委”，她很会开导劝解人，在爸爸遇到不开心的人和事的时候，妈妈的劝导和开解就像是一剂良药。妈妈退休后一直全身心地支持爸爸和我们姐妹的工作和生活，她不喜欢高调的生活，她总是默默地付出她的关心、帮助和支持。我觉得父亲和母亲之间不是那种轰轰烈烈的爱情，而更像是潺潺溪水，温馨绵润，绵绵悠长。

问题三：您的家庭生活，特别是您的父亲，给您的人生造成了哪些重大影响?

汪宁：因为我是家里的老大，从小在家里就被当做男孩子一样养，没有娇生惯养。父亲也一直把我朝着工程师的方向培养，小的时候很少玩洋娃娃，倒是在父亲的指导下更多地接触一些类似于如今乐高这样的组件玩具，父亲和他的同事也经常做些小的电子游戏跟我们玩。所以我从小的目标就是做工程师，从没变过。慢慢长大的过程中，尤其是接触了社会，经历了工作和家庭之后，发现父母亲的影响已经在自己身上潜移默化：努力工作，不计较个人得失，对朋友真诚，关爱家人。父亲对工作、对家庭和对朋友的态度对我的人生都有着重大的影响。

问题四：能否谈谈，您在和父亲相处的过程中，留给您印象最深刻、对您影响最大的一件或两件事？

汪宁：父亲学英语几乎是和我同时开始的，那时我十几岁，父亲已到中年，在那之前他一直是学俄语，曾经留学苏联。因为他意识到英语会在今后的工作中起到很大作用，为此他充分发挥了刻苦、认真的劲头，不断地练习，很快就超过了我。他刚刚学会了一点英文，第一次就只身去了英国访问，在这次访问中还结识了很多终生的好朋友。他那股韧劲儿，不服输的劲头，哪怕在我最桀骜不驯的年纪，我也不得不服。几年之后，他被国家教委派往亚洲理工学院做客座教授，那时候他已经可以全英语教学。所以父亲以事实告诉我，年龄不是一个退缩的理由。

父亲是一个活到老，学到老的典范，他的学习范围不仅仅是本专业，而是全方位的。我们去欧洲旅行，他会认真研究地图、行车路线、当地的制度、生活习惯等，我们不经意的谈话，他也会从中汲取一些信息，总结出来，为朋友和家人出行时提供参考。我的女儿高中毕业时他来美国参加毕业典礼，他会细致地观察美国的高中教育方式，认真地跟孙女了解学习的课程和方法。孙女上了大学，他又会从学生的角度去了解和观察美国大学的教育制度，把这些观察和体会认真地加以记录和总结，作为他思考问题的依据，他还会把这些无保留地分享给他的同事、学生和朋友。这一点也是我非常钦佩的。

问题五：您与父亲的相处方式，是否会影响到您和您的儿女的相处方式？

汪宁：当然会的。我和父亲之间的相处是非常开放和自由的，父亲总是无私地支持我追求理想。无论是生活上还是工作上，他从来没有给我设立“远大”的目标，只是用他的行动影响着我——脚踏实地追求理想。我一直觉得我是幸运的也是幸福的。在和女儿的相处过程中，我也在践行同样的模式，希望我的女儿和我一样有自己的发展空间，脚踏实地地追求自己的梦想。

问题六：您在人生的重大关头面临重要抉择的时刻，父亲如何为您提供建议？

汪宁：父亲无论在任何时候都是我强大的支柱，无论是生活上还是工作上。他不会直接地给出他的意见，他尊重我的考虑和选择，以他的阅历和经验，给出建议供我思考。父母在我的人生中给予我的更多的是理解、支持和尊重。我毕业后工作的选择和变迁，他们帮我分析可能面临的问题和情况，哪些对我未来发展更有益，对家庭更好等。父亲是一个非常细心的人，他总能提醒我对问题要进行全面的思考。

问题七：从一个研究工作者的角度来看，父亲又是一个怎样的学者？

汪宁：严谨、刻苦、广博、激发创新，不断汲取新技术、新观念、新信息和新思路，无私地鼓励帮助年轻人，提倡真诚的团队合作和国内国际交流。

问题八：在学术问题上，您和父亲是否会进行充分的交流和沟通？父亲的哪些学术观点曾经深刻影响到您？

汪宁：因为我的研究教学方向和父亲几乎是完全相同的，所以我们会经常讨论、分享信息和想法。我们的学生也经常互相访问，共同研究课题。我很赞同父亲的一个观点就是作为农业工程师，目标是为农业的发展和实际应用服务，理论研究的目的是为了转化为实际的应用技术。因此在农业传感器、控制器和信息技术的研究上，应该以实践为本，而不仅仅是为制造数据和写文章。这也是我一直在追求的专业理想。

问题九：父亲是一个为了工作而忽略家庭的人吗？

汪宁：父亲非常忙碌，尤其是近些年，经常到祖国各地、世界各地去开会考察。即使在办公室，他也需要经常接待各地来访的人，指导学生，参加会议等，因此常常早出晚归。但是我们从没有被忽略的感觉，只要有时间，他就会和家里人在一起聊聊天，看看电视。这个暑假他依然很忙，但他记得外孙女和外孙回美国的日期，会及时赶回家和他们多待些时候，送他们上机场。他跟家里人从没有那些甜言蜜语，但是我们所有人都能感觉到他的爱、他的惦念和他的关心。

问题十：在您看来，一个幸福和谐的家庭应该是怎样的？

汪宁：尊重、平等、相爱、健康、平和、富足。这是我的父母和我们全家追求的目标。

（采访日期：2012年7月）

参 考 文 献

农业部农业机械试验鉴定总站，等，2010. 中国农业机械化大事记（1949—2010）[M] 北京：中国农业出版社.

农业部图书档案处，2002. 农业部干部任免名录［Z］. 内部资料.

陶鼎来，2009. 中国农业工程［M］. 北京：中国农业出版社.

宋毅，2013. 一生献给中国农业工程事业——中国农业工程事业奠基人之一陶鼎来口述回忆［M］. 北京：中国农业出版社.

汪懋华，2012. 汪懋华文集［M］. 北京：中国农业大学出版社.

中国农业大学百年校庆丛书编委会，2005. 中国农业大学百年校庆丛书：百年人物［M］. 北京：中国农业大学出版社.

中国农业百科全书总编辑委员会，等，1994. 中国农业百科全书：农业工程卷［M］. 北京：中国农业出版社.

中国农业大学百年校庆丛书编委会，2005. 中国农业大学百年校庆丛书：百年回眸［M］. 北京：中国农业大学出版社.

中国农业大学百年校庆丛书编委会，2005. 中国农业大学百年校庆丛书：百年掠影［M］. 北京：中国农业大学出版社.

中国农业大学百年校庆丛书编委会，2005. 中国农业大学百年校庆丛书：百年纪事［M］. 北京：中国农业大学出版社.

中国农业大学，2012. 汪懋华院士风采录［Z］. 内部资料.

中国农业大学，2012. 情满农工——恭贺汪懋华院士八十华诞随笔集［M］. 内部资料.

中国农业工程学会，2012. 献身农业工程 促进学科发展——中国工程院院士汪懋华口述学术生涯［M］. 北京：中国农业出版社.

后　记

中国工程院院士传记系列丛书《汪懋华传》付梓印刷了，我们忐忑了几年的心仍旧放不下来，接下来我们的劳动成果将要接受广大读者的检验，特别是农业工程业内专家们的检验，我们从内心将此过程视为一次大考。

为中国工程院汪懋华院士作传对于我们来说并不陌生。2012年，当农业工程学界在为汪院士即将到来的八十华诞准备学术活动时，我们3人当时都供职于《中国农机化导报》，长期从事农业工程和农机化领域的新闻报道。受中国农业机械学会理事长、中国工程院院士、华南农业大学罗锡文教授和中国农业工程学会理事长、时任农业部规划设计研究院院长朱明研究员的委托，我们3人合作执笔撰写了《献身农业工程 促进学科发展——中国工程院院士汪懋华口述学术生涯》（简称《口述学术生涯》）一书，由中国农业出版社出版，作为献给汪院士八十大寿的礼物之一。此书出版后，引起了中国工程院二局的关注，科学道德建设委员会办公室吴晓东处长找到中国农业出版社宋毅磋商，希望在此基础上，进一步丰富内容，按照中国工程院院士传记丛书系列的要求，再写一本将“口述”变为“他述”的《汪懋华传》。在征得汪院士同意后，我们“打起背包又出发”，从2014年起开始了这本传记的写作。

宋毅曾长期担任《中国农机化导报》社长、总编辑，夏明是《中国农机化导报》的部门主任，张桃英也曾是《中国农机化导报》的部门主任，我们3人都有长期跟踪报道汪院士的经历，多次参加汪院士主办或参与的各种活动，与汪院士的学术团队、不少汪院士的同事和学生、农业工程学术界的学者都较为熟悉，这为我们继续深入挖掘素材提供了有利条件。汪院士作为当今农业工程学科的领军人物，自我定位在农业工程“承前启后的开拓者”这个位置上，于是，我们在访谈汪院士、研究汪院士的过程中，努力搞清楚“承前”——继承了前人什么?“启后”——启发了后人什么?开疆拓土——为农业工程学科带来了什么？正如本书中所反映的那样，经历几十年辛勤耕耘，汪院士在农业工程领域做出的贡献令人仰止，无论是在学科平台建设、学科方向凝练、国际交流合作、教书育人擢才等各方面都有很多建树，采访汪院士、写作汪院士的过程对我们3人来说本身就是向老前辈学习的过程。

汪院士给人的印象是思维敏捷、视野开阔、精力充沛、行事果断，在采访他周边人士时几乎每个人都谈到了这几点显著特征。成书过程历时几年，我们明显感到汪院士思考的脚步一直没有停顿，科研的节奏从来没有放慢。比如，2012年11月《口述学术生涯》杀青时，汪院士和我们谈的较多的是农业工程的六大发展方向，包括农业机械化与装备、农业水土工程、设施农业生物环境工程、农业信息与电气工程、农产品加工与食物安全、农业生物质资源化利用等，认为这是2020—2030年的主要发展方向，以及精细农业、农业物联网等。而在本书采访中，汪院士谈的更多的是有关如何推进精细农业向智慧农业转变发展的问题，而且形成了一套完整的理论思考，并将其作为引领未来农业工程学科发展的重点。所以，我们始终有一种感觉，我们不仅是在回顾和总结汪院士的成功经验，而且还是在追踪他不断跳跃发展的思维，稍有懈怠，就会被走路大步流星的汪院士远远甩下，这就是作为著者感受到的最大压力所在。

在本书写作中我们得到了很多人的大力帮助，要感谢的人和事情很多：

最要感谢的是本书的“传主”汪懋华院士，老前辈两年多时间里在百忙中接受了我们近20次采访，留下了上百小时的录音视频资料，还为我们介绍了不少同仁学者，使我们了解了更多、更丰富的一手资料。特别是在书稿完成之后，汪院士对书稿亲自把关，几番审阅，每次都是逐字修改，一丝不苟，以治学的严谨风格审视书稿，使我们对书稿的质量感觉心里有底。

要感谢农业工程学界德高望重的院士们，在对他们的采访中，让我们深深感受到每个人与汪院士之间结下的深厚友谊。东北农业大学蒋亦元院士2017年以来，1～3月前后5次住进医院，在接到采访请求后欣然接受，我们是在哈尔滨医科大学第一附属医院的高干病房中完成对蒋院士采访的。2016年12月在广西柳州中国农业机械化协会主办的甘蔗生产机械化会议期间，作者向中国工程院院士、华南农业大学罗锡文教授提出，请他来为即将出版的《汪懋华传》作序时，罗院士很爽快地答应下来，而且后来对序言的文字仔细雕琢，今天捧献给读者的序言字里行间饱含着他对汪院士的敬佩之情。中国工程院院士、中国农业大学水利与土木工程学院康绍忠教授是继汪懋华院士、罗锡文院士之后的又一位国务院学科评议组的召集人，他在百忙中接受采访，从农业工程学科的另一个领域讲述了汪院士多年来对农业水土工程的鼎力帮助。在汪院士的安排下，我们还在深圳采访到了回国定居的美国工程院院士、美籍华人学者、夏威夷大学农业工程系原主任王兆凯教授，他早年在南京中央大学附中上学时，与袁隆平院士是同级同学，后来由台湾到美国留学学习农业工程，毕业后在夏威夷大学农业工程系任教。1979年中美建交之前，受美国农业部委派，回中国大陆考察与中美农业合作的可行性。中美建交之后，正式被美国农业部派回中国，是他第一个向时任农业部党组成员、中国农业工程研究设计院院长、新中国农业工程奠基者之一陶鼎来提出建议，利用世界银行贷款进行黄淮海平原治理的“华北平原农业项目”，成为我国改革开放后，大胆利用外资进行农业基本建设的“试水破冰之举”。如今，他的业务专长锁定在特种海藻的养殖上，将藻壳用来做可降解的塑料大棚材料、纳米级的3D打印材料和新兴的飞机外壳、发动机外壳材料等方面。他在深圳的家中向我们生动地讲述了他的学术团队与汪院士学术团队合作研发的有关情况。

要感谢中国工程院二局的领导，为我们提供了这样好的一个宣传平台，特别是2017年6月，二局与中国农业出版社之间签订了合作出版中国工程院农学部院士传记的战略合作协议；高中琪局长、左家和副局长、王元晶副巡视员对传记撰写出版工作给予了支持和指导；科学道德建设委员会办公室吴晓东处长、郑召霞女士亲力亲为，在院士、作者、出版社之间穿梭协调，化解困难，付出了很多努力。

要感谢农业工程领域里的知名专家学者们，作为在汪院士提携引领下成长起来的一代农业工程学界的栋梁之才，受访者们从各自不同的视野角度给我们讲述了丰富多彩的汪院士的故事。这期间接受过我们采访的学者有：中国农业工程学会理事长、农业部规划设计研究院原院长朱明研究员，国家农业信息化工程技术研究中心主任赵春江研究员，东北农业大学赵匀教授，黑龙江农垦科学院院长、原黑龙江八一农垦大学副校长汪春教授，华南农业大学洪添胜教授，千人计划学者、华南农业大学兰玉彬教授等。

要感谢汪院士的学术团队——“现代精细农业系统集成研究”教育部重点实验室的各位专家学者。重点实验室主任李民赞教授帮助我们拟定采访计划、采访对象和采访内容，还数次陪同我们进行对汪院士的采访。张淼博士、李莉博士做了大量的协调、沟通、联络工作。特别是重点实验室提供的大量汪院士照片的电子版，以及《情满农工》一书的电子版，对本书的出版给予了极大的帮助。

要感谢中国科学技术协会组织实施的“老科学家学术成长资料采集工程”，2016年将汪院士列为学术成长资料采集工程的对象，设立了“老科学家学术成长资料采集工程汪懋华资料采集组”，由宋毅担任课题组负责人，中国科学技术协会提供项目经费支持。这使得我们将撰写本书与采集工程集合起来，有机会来到汪院士家乡广东省梅州市参观了客家博物馆，了解客家人的历史和习俗；参观了客家大学校长博物馆和梅州市院士广场。并且到访汪院士的出生地兴宁市，瞻仰了汪院士家的祖屋和故居，在故居中一是采访到了他在家乡的两位亲人——七堂弟汪棠华和九堂弟汪骏华及下一代子女；二是在故居里看到了他祖父母、父母、伯父母的照片，以及一幅非常珍贵的20世纪20年代汪院士母亲在汪家做童养媳时的照片。在兴宁，我们还寻访了当地客家人崇学象征的“兴宁学宫”，汪院士上中学的兴宁一中，今兴民中学，及今天的兴宁一中，参观了那里的校史馆。

要感谢中国农业出版社的编辑们，本书责任编辑刘晓婧、吴洪钟不只是编辑书稿，还参与了大量的采访和资料收集整理工作，为本书的出版做出了贡献。

要感谢所有为本书出版提供帮助、给予厚爱的人。

需要说明的一点是，按照本书原定写作计划，第15章是访谈录，将采访各位院士、专家的访谈录汇集于此。但由于中国工程院对院士传记系列的字数篇幅有统一要求，每书不得超过30万字，因此，在征得汪院士同意后，只能忍痛割爱。好在“老科学家学术成长资料采集工程”有“汪懋华学术成长研究报告”项目，拟在那里将访谈成果进行充分地展示。

最后，衷心祝愿汪懋华院士健康长寿！

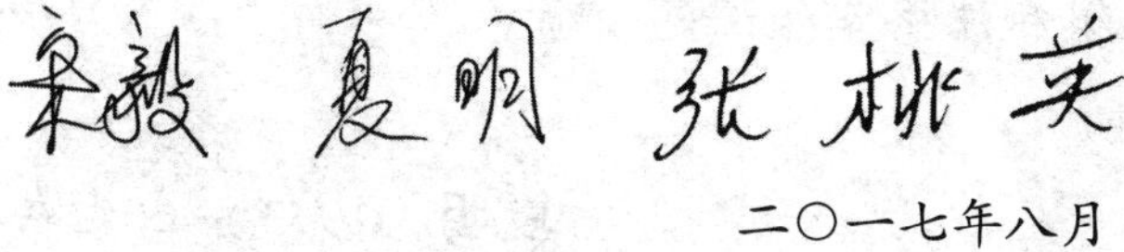

二〇一七年八月

作者简介

宋毅 1959年5月生，1982年7月毕业于中国人民大学历史系，曾在共青团中央青年运动史研究室工作；1986年7月起在农业部系统从事农业新闻宣传工作，曾任农业部办公厅新闻处副处长，中国农机安全报社（《中国农机化导报》）副社长、社长、总编辑；2012年7月调中国农业出版社任副总编、《世界农业》（中文核心期刊）主编。著有《笔写阡陌——一个新闻记者笔耕农业机械化之旅》《献身农业工程 促进学科发展——中国工程院院士汪懋华口述学术生涯》（合著）《一生献给中国农业工程事业——陶鼎来口述回忆》《我与农业工程高等教育——高良润口述回忆》等。2014年起，先后担任中国科学技术协会“老科学家学术成长资料采集工程”——陶鼎来组和汪懋华组课题负责人。

夏明 1973年出生在内蒙古通辽市。1995年毕业于东北师范大学。2004年12月进入中国农机安全报社工作，历任记者编辑、广告部主任助理、发行部副主任、发行部主任、业务部主任等职。

进入农机媒体行业13年来，关注跟踪了一批重大项目，采访撰写了一批新闻稿件，策划组织了一系列活动，为行业发展贡献了点微薄的力量。

此间，还参与了全国人大常委会副委员长、民盟中央主席张宝文带队主持的《以改革创新为引领，加快推进我国农业机械装备制造转型升级》大调研，参与了《献身农业工程 促进学科发展——中国工程院院士汪懋华口述学术生涯》撰写，参与了国家知识产权局《产业专利分析报告——农业机械》分册的策划和研究工作。

张桃英 生于1983年12月，毕业于中国青年政治学院新闻与传播系新闻学专业。2005年8月至2014年8月，在中国农机安全报社工作，历任记者、编辑、广告部副主任、办公室主任。现为中央国家机关工作委员会《紫光阁》杂志社新媒体部副主任（主持工作），着力推动党刊与新兴媒体融合发展，构建了“三纸六媒”党刊传播新格局（《紫光阁》《学以资政》《党课》和网站、微信、微博、客户端、手机阅读产品、云图书馆），覆盖受众6.5亿人次，综合影响力跃上中央机构所属媒体第四位。负责建设的“基于移动互联技术的党政媒体融合项目”和“中国党政内容中英数字传播平台建设项目”分别入选2016年度、2017年度国家新闻出版改革发展项目库。